# 훈민정음에서 길을 찾는다

# 훈민정음에서 길을 찾는다

경산 박재성 산문집

발 행 일 ┃ 2024년 5월 15일 초판 1쇄

지 은 이 ┃ 박재성
삽     화 ┃ 장선환
펴 낸 이 ┃ 배수현
디 자 인 ┃ 천현정
제     작 ┃ 송재호
홍     보 ┃ 배예영
물     류 ┃ 이슬기
문     의 ┃ 안미경

펴 낸 곳 ┃ 가나북스 www.gnbooks.co.kr
출 판 등 록 ┃ 제393-2009-000012호
주     소 ┃ 경기도 파주시 율곡로 1406
전     화 ┃ 031)959-8833(代)
팩     스 ┃ 031)959-8834

ISBN 979-11-6446-111-0(03190)

# 훈민정음에서 길을 찾는다

경산 박재성 산문집

가나북스

## 차 례

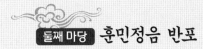

**여섯째 마당** **훈민정음 보도 내용**

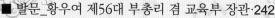

# 첫째 마당

# 훈민정음 창제

ㄱ。牙音。如君字初發聲
並書。如虯字初發聲

ㄱ。牙ᅌᅡ音ᅙᅳᆷ·이·니 如ᅀᅧ君군ㄷ字ᄍᆞᆼ 初총發·ᅙᅡᆼ聲셩·ᄒᆞ·니 並뼝書셩·ᄒᆞ·면 如ᅀᅧ虯ㅸ字ᄍᆞᆼ 初총發·ᅙᅡᆼ聲셩·ᄒᆞ·니·라

ㄱ·ᄂᆞᆫ 엄쏘·리·니 君군ㄷ字ᄍᆞᆼ 처ᅀᅥᆷ·펴·아·나ᄂᆞᆫ 소·리 ·ᄀᆞ·ᄐᆞ·니 골·ᄫᅡ·쓰·면 虯ㅸ字 처ᅀᅥᆷ·펴·아·나ᄂᆞᆫ 소·리 ·ᄀᆞ·ᄐᆞ·니·라

ㅋ。牙音。如快字初發聲

ㅋ。牙ᅘᅡᆼ音ᅙᅳᆷ·이·니 如ᅀᅧ快·쾡ᇹ字ᄍᆞᆼ 初총發·ᅙᅡᆼ聲셩·ᄒᆞ·니·라

ㅋ·ᄂᆞᆫ 엄쏘·리·니 快·쾡ᇹ字ᄍᆞᆼ 처ᅀᅥᆷ·펴·아·나ᄂᆞᆫ 소·리 ·ᄀᆞ·ᄐᆞ·니·라

ㆁ。牙音。如業字初發聲

ㆁ。牙ᅌᅡ音ᅙᅳᆷ·이·니 如ᅀᅧ業·업字ᄍᆞᆼ 初총發·ᅙᅡᆼ聲셩·ᄒᆞ·니·라

ㆁ·ᄂᆞᆫ 엄쏘·리·니 業·업字ᄍᆞᆼ 처ᅀᅥᆷ·펴·아·나ᄂᆞᆫ 소·리 ·ᄀᆞ·ᄐᆞ·니·라

ㄷ。舌音。如斗字初發聲
並書。如覃字初發聲

ㄷ。舌·쎯音ᅙᅳᆷ·이·니 如ᅀᅧ斗:ᄃᆜᇢㅸ字ᄍᆞᆼ 初총發·ᅙᅡᆼ聲셩·ᄒᆞ·니 並뼝書셩·ᄒᆞ·면 如ᅀᅧ覃땀ㅂ字ᄍᆞᆼ 初총發·ᅙᅡᆼ聲셩·ᄒᆞ·니·라

ㄷ·ᄂᆞᆫ 혀쏘·리·니 斗:ᄃᆜᇢㅸ字ᄍᆞᆼ 처ᅀᅥᆷ·펴·아·나ᄂᆞᆫ 소·리 ·ᄀᆞ·ᄐᆞ·니 골·ᄫᅡ·쓰·면 覃땀ㅂ字 처ᅀᅥᆷ·펴·아·나ᄂᆞᆫ 소·리 ·ᄀᆞ·ᄐᆞ·니·라

# ◉ 훈민정음 창제는 언제부터 시작했을까?

세종대왕은 훈민정음 창제를 정확하게 언제부터 시작했을까?

아무리 ≪세종실록≫을 자세하게 살펴보아도 새로운 문자 창제 작업의 시작에 관한 기록을 찾을 수가 없다.

단지 ≪세종실록≫의 세종 25년 1443년 음력 12월 30일 자의 기사에 '이달에 임금이 친히 언문 28자를 지었다(是月上親制諺文二十八字-시월상친제언문이십팔자)'라는 것만 기록하고 있을 뿐이다.

그래서 ≪세종실록≫을 포함하여 『훈민정음 해례본』의 〈정인지 서문〉, 『동국정운』의 〈신숙주 서문〉과 신숙주의 문집 『보한재집』, 성삼문의 『직해 동자습』〈서문〉을 비롯한 훈민정음 창제와 관련된 사료들을 면밀하게 살펴보아도 창제 시기와 관련된 기사를 찾을 수 없어서 더욱더 미궁 속에서 헤매게 된다.

국가의 정무뿐만 아니라, 국왕과 신하들의 인물 정보, 외교와 군사관계, 의례의 진행, 천문 관측 자료, 천재지변 기록, 법령과 전례 자료, 호구와 부세, 교역의 통계자료, 지방정보와 민간 동향, 계문, 차자, 상소와 비답 등, 당시 조선 시대의 거의 모든 정치, 사회, 경제, 문화, 외교적 동향을 파악할 수 있는 자료 등 내용의 풍부함과 상세한 묘사 등에서는 세계 최고 수준인 편년체 역사서로 평가받는 ≪조선왕조실록≫ 어디에도 위대한 문자 훈민정음 창제의 시작과 과정에 대한 기록이 단 한 줄도 없다는 것이 참으로 이해하기 어려운 역사의 불가사의한 의문으로 남는다.

실록편찬의 공정성을 보장하고, 기록자를 정치적 탄압으로부터 보호하기 위해 왕조차 볼 수 없는 비공개 문서를 작성할 수 있는 권한으로 왕들을 따라다니면서 왕과 주변 관료들이 하는 행동을 빠짐없이 적을 수 있었던 춘추관 사관들마저 눈치조차 채지 못하게 세종은 왜 새로운 문자 창제 작업을 은밀하게 시작했을까?

아무리 이 나라 이 겨레의 운명을 짊어지게 될 새로운 문자를 만드는 일일지라도 당시의 명나라에 대한 눈치 보기, 즉 사대주의가 대세였던 시대 상황에서 중국 글자와 다른 새 글자를 만들어낸다는 일은 왕위를 걸 만큼 위험천만한 일이었을 것이다.

그런 까닭에 훈민정음 창제 작업에 대하여 드러내 놓고 공개적으로 작업하다가 만약 문자를 새롭게 만들기 시작했다는 사실이 사초에라도 기록되었다면 당시 지식인들의 우두머리급인 최만리를 비롯한 학자들의 훈민정음 창제 반대 상소에 보이듯이 의기양양하고 당당하게 임금을 궁지로 몰아넣을 만큼 기세등등했던 사대 모화에 명운을 걸고 있던 기득권 세력들 때문에 새로운 문자 창제에 관한 작업은 시끄럽게 떠들 일도 아니었고 드러내 놓고 여럿이 상의할 일도 아니었을 것이다.

그래서 실록에는 훈민정음 창제에 관한 기록이 거의 보이지 않는 것이다. 더 체력이 떨어지거나 병으로 앓아 드러누워 버리기 전에 완성하고자 했던 세종의 의지보다도 최만리의 예에서처럼 반대 상소로 시끄럽게 할 신하들을 의식하면서 혼자만의 시간을 내기 위해 경연마저 중지하기를 거듭하고, 되도록 정사를 줄이기 위해 세자에게 처결권을 하나씩 넘기는 방안을 마련하여도 임금의 숨은 뜻을 알 길 없는 신하들의 강력한 반대에 부딪히곤 할 때마다 세종은 답답한 마음을 삭이면서 잠 못 이루는 밤이 이

어질 수밖에 없었을 것이다.

이처럼 얼마나 오래 걸릴지도 기약할 수 없는 새 글자 창제라는 것이 단기간에 딱 끝날 수 있는 것도 아닐뿐더러, 그 비밀스러운 작업이 끝까지 유지될 수 있으리라는 보장마저 할 수 없는 긴장 속에 있었던 1443년 3월 1일 훈민정음을 창제했다고 발표하기 8개월 전 세종은 소헌왕후를 비롯한 세자와 대군 및 제군과 대간과 육조를 거느리고 온양현 온천 가는 길에 용인현 도천에서 초저녁부터 이고(二鼓 : 북을 두 번 쳐서 시간을 알림. 밤 9시~11시)까지 영인(伶人 악공과 광대) 15인으로 하여금 풍악을 울리게 했다는 세종실록의 기록은 무엇을 의미하는 것일까? 궁금증을 떨칠 수가 없다.

## 훈민정음 창제를 서두른 이유

세종 28년은 1446년이다. 그해 9월 29일 자 《세종실록》에 "이날에 훈민정음이 이루어졌다"라고 기록되어 있다. 이어서 임금이 쓴 어제가 보이고, 그 뒤에 예조판서 정인지 등이 쓴 서문이 실려 있다.

그런데 3년 전인 세종 25년(1443) 12월 30일 자《세종실록》에 이미 훈민정음이 창제된 사실을 발표해 놓았을 뿐만 아니라 훈민정음의 실용성을 시험해 보기 위하여 정인지·권제·안지를 시켜《용비어천가》를 짓게 하여 훈민정음을 반포하기 1년 전인 1445년에 완성하였고, 이 기간에《운회》를 언해하고, 아전들에게 언문을 가르쳐서 행정실무에 이용하도록 하는 등 세상에 이미 다 알려진 '언문' 곧 '훈민정음'을 새삼스럽게 어제와 서문, 그리고 해례를 발간하여 1446년 다시 반포한 것은 무슨 까닭인가?

그 답을 『훈민정음 해례본』의 정인지 서문에서 찾아보고자 한다. 즉, 정인지 서문의 끝에는 서문을 쓴 날짜가 정통 11년 9월 상한이라고 기록되어 있는데 '정통(正統)'이란 단어를 국어사전에서는 '바른 계통, 정당한 혈통 또는 사물의 중심'이라는 의미로 풀이되어 있지만, 이 정인지 서문의 '정통'은 명나라 영종 황제의 연호이고, '상한(上澣)'은 당나라 때 관리에게 열흘마다 하루씩 목욕 휴가를 준 데서 유래한 말로 '상순(上旬)'이라는 의미와 같이 매월 초하루부터 열흘까지를 일컫는 말이기 때문에《세종실록》의 1446년 9월 29일 자의 훈민정음이 반포된 날짜보다 20여 일 전에 집필한 것을 알 수 있다.

그렇다면 세계 모든 문자 가운데 가장 완벽하다고 평가받는 위대한 문자 훈민정음을 1443년 12월 중에 창제하여 놓고 33개월이 지난 1446년 9월에 이르러서야 반포한 이유는 어디에서 찾을 수 있을 것인가? 이 물음에 대한 실마리는 명나라와의 관계에서 찾아볼 수 있을 것이다.

당시에는 명나라 황제의 권력이 막강하여 조선을 크게 압박하는 상태에서 조선만의 문자 창제는 매우 어려운 일이었다. 조선과 명나라는 '차동

궤 서동문(車同軌, 書同文)'의 관계를 맺고 있었는데, 이는 '수레가 달리는 궤도가 서로 같고, 같은 문자를 사용하고 있다'라는 뜻이다.

그러니까 정치제도와 문자 생활이 서로 같은 나라라는 것이다. 따라서 만약 조선이 독자적인 문자를 만들어 사용한다면 이는 명나라 황제에 대한 반역으로 오해받을 위험이 매우 컸다.

그러다가 세종 17년(1435)에 명나라에서 가장 허약한 황제가 등장한다. 바로 아홉 살의 어린 나이에 6대 황제로 등극한 영종(英宗) 정통제(正統帝)로 그는 명 왕조 사상 첫 복위를 한 황제인데 정통의 연호를 사용하였다가, 복위 후에 천순(天順)으로 개원하였으며, 어머니 태후가 섭정했다.

세종은 바로 이때를 새로운 조선의 문자인 훈민정음을 창제할 수 있는 하늘이 내려준 절호의 기회로 포착한 듯하다. 그래서 이미 28세로 장성한 세자에게 권력의 상당 부분을 넘기고 훈민정음 창제에 몰입하려고 하자 세자의 대리청정을 극구 반대한 신하들에게 세종 24년(1442년) 8월 23일 다음과 같이 의미심장한 말을 한다.

"경들은 자세하고 세밀한 뜻을 알지 못하고, 한갓 유자(儒者)의 정대(正大)한 말만 가지고 와서 아뢸 뿐이다."[卿等 未知詳密之意 徒將儒者正大之言 來啓耳-경등 미지상밀지의 도장유자정대지언 래계이]]

여기서 임금이 "자세하고 세밀한 뜻을 경들이 알지 못한다."라고 말한 것은 명나라에 어린 황제가 등극했으니 그가 장성하여 친정하기 전에 훈민정음을 창제할 기회를 놓칠 수 없으므로 세자에게 대리청정을 시키지 않을 수 없다는 것을 에둘러 표현한 것으로 추측할 수 있을 것이다.

# 🌸 훈민정음 창제 과정의 조력자들

"이달에 임금이 친히 언문(諺文) 28자를 지었는데, 그 글자가 옛 전자(篆字)를 모방하고, 초성·중성·종성으로 나누어 합한 연후에야 글자를 이루었다. 무릇 문자에 관한 것과 이어(俚語)에 관한 것을 모두 쓸 수 있고, 글자는 비록 간단하고, 요약하지만 전환하는 것이 무궁하니, 이것을 '훈민정음'이라고 일렀다."

이 기록처럼 과연 세종대왕이 혼자서 훈민정음을 창제하였을까? 이 질문은 훈민정음 창제 이후부터 지금까지 580년 동안 의문의 꼬리표를 달고 있는 현재 진행형이다.

그 이유는 아마도 임금이 친히 창제한 〈훈민정음〉이라는 엄청난 문화적 업적을 대서특필해도 부족할 터인데, 세종실록 1443년 12월 30일 기사에 두서너 줄로 간단하게 소개한 것 때문에 의문을 갖게 되었을 것이다.

그렇다면 훈민정음은 《세종실록》의 기록처럼 세종 재위 25년 12월 30일에 만들어졌을까? 그것은 그렇지 않았을 것이다.

왜냐하면, 그다음 해에 시작할 언해 사업을 염두에 두고 그 전에 이미 만들어 놓고서 그 발표 시기를 연말에 맞춘 것으로 보이기 때문이다.

또 12월 한 달 안에 만들었다고 한 것도, 임금이 그동안 이 일 때문에 정사를 소홀히 했다는 인상을 신하들에게 주지 않기 위한 연막일 수도 있을 것이다.

세종이 훈민정음 창제에 열성적으로 몰입했던 시기는 재위 23년 무렵으로 임금과 몇 사람의 조력자 외에는 아는 사람이 없을 정도로 철통같은 보안 속에 아주 은밀하게 진행되었을 것이다.

이렇게 훈민정음 창제 작업이 공개적으로 이루어진 것이 아니고 밀실에서 이루어졌을 것이라고 추론할 수 있는 근거는 훈민정음을 반포한 뒤에 최만리 등 집현전 학사들이 "신하들과 의논도 하지 않았다."라고 상소문에서 언급한 점을 들 수 있다.

만약 집현전 관원들이 공개적으로 조력하였다면, 집현전 실무책임자였던 집현전 부제학 최만리를 비롯한 신석조, 김문, 정창손, 하위지, 송처검, 조근 등 집현전 최상위층 보수파들이 모를 리가 없었을 것이고, 만약 그들이 알고 있었다면 훈민정음이 창제되기도 전에 이미 반대 운동이 거세게 일어났을 것이다.

그러니 집현전 학사들이나 조정의 벼슬아치들이 이 작업에 참여하지 않았던 것이 확실하다.

그렇다면 세종대왕이 훈민정음을 창제할 때 도움을 청한 조력자들은 누구일까? 그 조력자들을 구할 때 가장 중요시한 선발기준은 비밀을 지킬 수 있어야 한다는 조건이었을 것이다.

이러한 조건에 부합하는 비밀을 지킬 수 있는 가장 유망한 조력자는 벼슬아치가 아닌 대군과 공주뿐이다. 이들과는 비밀리에 만날 수 있고, 또 조력할 만한 학식을 갖추고 있었기 때문이다.

그런데 세종에게는 8명이나 되는 대군과 한 명의 공주가 있었나.

대군 가운데 여섯째 금성대군과 일곱째 평원대군 여덟째 영응대군 등 3명은 어려서 조력자가 될 수 없고, 또 넷째 아들 임영대군은 학문이 부족하고 말썽을 많이 피우는 처지여서 조력자가 될 수 없었을 것이고 나머지 네 명의 아들 중 첫째는 왕세자로 이미 대리청정을 하고 있었기도 하지만, 훈민정음이 창제된 뒤에는 오히려 서연관으로부터 훈민정음에 관한 교육을 받은 것으로 보아 훈민정음 창제 작업에 적극적으로 참여하지 않은 것이 확실하다.

그렇다면 나머지 아들인 둘째 진양대군과 셋째 안평대군 그리고 다섯째 광평대군과 둘째 딸 정의공주인데, 진양대군과 안평대군은 세자를 도와 중국 사신을 접대하고, 조세제도 개혁과 각종 편찬사업에 관여하는 등 수많은 공직을 맡고 있어서 적극 참여가 어려웠을 것이다.

그래서 세종은 다섯째인 광평대군과 정의공주를 조력자로 지목하였을 것이다. 두 사람은 아무런 공직을 맡지 않았을 뿐만 아니라 머리가 영특하고 학식이 풍부하였다.

따라서 이 두 사람이 부왕인 세종의 훈민정음 창제 과정의 조력자라는 단서를 다음의 사료를 근거로 찾을 수 있다.

세종은 훈민정음 창제할 무렵부터 전무후무하다 할 정도로 정사를 소홀히 하면서 온양, 이천, 청주 등 온천장을 거의 해마다 다녀왔다. 그런데, 이 기간에 임금의 궁 밖 출입에 이상한 점을 발견할 수 있다. 그것은 다름 아니라 세종 23년에 여러 자녀 가운데 출가외인이었던 27세의 둘째 딸 정의공주와 17세인 다섯째 아들 광평대군의 집을 자주 방문했다는 사실이 세종실록에 기록되어 있다.

임금이 궁 밖의 사람을 만나기 위해 바깥출입을 할 때는 반드시 그 이유가 기록되는데, 임금이 탄 수레가 대궐 밖으로 나가거나 하루 안에 다녀오는 경우 '거둥'으로 기록되고, 며칠간 머무를 때는 '이어(移御)'라고 하며 이유가 없이 다녀왔다면 그것은 '밀행(密行)'이 된다.

## ✿ 훈민정음 창제 과정의 첫 번째 조력자 정의공주

세종은 재위 23년 되던 1441년부터 훈민정음을 창제한 1443년 사이에 이상할 정도로 수시로 신하들에게 눈병과 풍증 등 병이 심하다고 호소하면서 한두 해 정도 쉬고 싶다고 말한다.

즉위 후 단 한 번도 소홀히 하지 않고 열심히 참여했던 조회와 경연마저도 거의 하지 않을 뿐만 아니라, 신하들의 극구 반대를 무릅쓰고 세자에게 대리청정을 시킨다.

세자의 대리청정을 극렬히 반대하던 대신들에게 세종은 24년 되던 1442년 8월 23일에 다음과 같은 의미심장한 말을 하며 신하들의 고집을 꺾는다.

"경들은 자세하고 세밀한 뜻을 알지 못하고, 한갓 유자(儒者)의 정대(正大)한 말만 가지고 와서 아뢸 뿐이다."

여기서 "자세하고 세밀한 뜻을 경들이 알지 못한다."라고 한 말에 주목할 필요가 있다.

즉, 이 말은 훈민정음 창제 때문에 세자의 대리청정을 시키지 않을 수 없는 임금의 심정을 에둘러 표현한 것으로 읽히기 때문이다.

시간을 되돌려서 23년 9월 6일 자 세종실록을 보자.

"연창군 안맹담의 집으로 이어(移御)했다."라고 기록하고 있다.

임금이 궁밖에 나아가 며칠간 머물렀다는 것이다.

연창군 안맹담의 본관은 죽산(竹山)인데 1428년(세종 10) 세종의 딸 정의공주와 결혼하여 연창군에 봉해졌다.

그런데 왜 세종이 사위를 보기 위해 이어했다고 기록하였을까?

이 기록은 안맹담을 보기 위한 이어가 아니라 출가외인이었던 정의공주를 만나기 위한 것이라는 사실을 《죽산 안씨 대동보》의 기록에서 찾을 수 있다.

"세종대왕이 우리말과 한자가 서로 통하지 못함을 안타깝게 여겨 '훈민정음'을 만들었는데, 변음토착(變音吐着)이 잘 풀리지 않아 여러 대군에게 풀어보라고 했으나 풀지 못했다.

그러자 공주에게 과제를 주었더니 풀어냈다. 임금이 크게 칭찬하고 공주에게 노비 수백 명을 상으로 주었다."

위 기록 가운데 가장 중요한 대목은 '변음토착(變音吐着)'이라는 것이다. 그 뜻은 '말소리가 바뀔 때 토를 붙인다.'라는 것이다. 토(吐)는 보통 한문에 다는 토를 가리키지만, 이 글에서는 훈민정음 28자를 조합하여 글자를 만들 때 종성(終聲)의 받침 글자를 어떻게 할 것인가를 가지고 고심하여 대군들에게 풀어보라고 했으나 풀지 못하자 출가외인인 정의공주 집에 이어(移御)하여 물어보니 공주가 정답을 아뢰었다는 것이다.

지금도 국어를 배울 때 받침 글자가 가장 어렵게 느끼는 부분임을 고려한다면 훈민정음을 만들 당시에도 가장 고심한 부분이었을 터인데, 정의공주가 이를 풀어냈으니, 세종이 너무 기뻐하여 상으로 노비를 준 것은 당연한 일인 것이다.

이 자료는 1994년 이가원 교수가 처음 발견했지만, 일부 학자는 《죽산안씨 대동보》의 기록은 정사가 아니므로 그 가치를 인정하지 않고 있다.

그러나 훈민정음 창제라는 중대한 사업에 정의공주가 참여했다는 사실을 왕실의 족보에서 거짓으로 기록할 수 없을 뿐만 아니라 그 내용이 훈민정음 창제원리와 연관이 있는 구체적이어서 의심의 여지가 없을 정도로 매우 설득력이 강하다.

정의공주는 14세에 죽산 안씨 안맹담에게 시집갔는데, 총명하고 특히 역산에 뛰어났다.

또한, 불교에도 조예가 깊을 뿐만 아니라 매우 영특하고 학식이 풍부하여 세종이 사랑했다고 《세종실록》은 기록하고 있다.

여기서 특히 주목할 것은 공주가 역산(曆算)에 뛰어났다는 것이다. 역산은 역학(易學)과도 깊은 관계가 있는 천문학에 속하는 학문이기 때문에 이러한 정의공주의 재능과 학문이 훈민정음 창제에 도움이 되었을 것은 말할 필요도 없다.

더욱이 정의공주의 남편인 안맹담도 음률에 뛰어났다고 하니, 그도 임금과 공주에게 어느 정도 도움을 주었을 가능성이 있기에 그 내막을 잘 아는 죽산 안씨 집안에서 그 사실을 '족보'에 감히 기록했을 것이다.

그리고 수백 명의 노비를 준 것은 비단 변음토착을 풀어낸 이유만은 아닌 듯하다.

세종이 훈민정음을 공주에게 주어 민간에서 시험해 보도록 하자 공주가 그 결과를 세종께 보고했다는 점이다.

이른바 토속어인 이어(俚語)를 잘 알아야 그에 맞는 글자를 만들 수 있으므로 여항(閭巷) 사람들의 말이나 짐승들 소리, 그리고 온갖 의성어까지도 채취하여 그 높낮이와 강약, 청탁, 길고 짧음 등을 파악해야 하는데 그 조사대상이 넓을 수밖에 없다.

이런 일을 하는 데 궁 밖으로 출가한 공주는 매우 적합한 조력자가 될 수 있었을 것이다.

정의공주가 훈민정음 창제의 조력자였다고 믿어지는 또 하나의 가능성은 바로 '훈민정음'을 가장 환영하는 계층은 한문 생활이 불편했던 여성이라는 점이다.

그렇다면 그녀는 훈민정음 창제 과정에서 보조하는 데 그치지 않고, 새로운 문자의 필요성을 임금에게 간절하게 호소하면서 적극적으로 참여한 조력자였을 것이다.


## 🏵 훈민정음 창제 과정의 두 번째 조력자 광평대군

훈민정음 창제 과정의 두 번째 조력자로 추정되는 광평대군(廣平大君) 이여(李璵)는 제1차 왕자의 난 때 이방원에 의해 죽임을 당한 무안군(撫安君) 방번(芳蕃)의 양자로 입양시켜 제사를 받들게 했는데, 세종 18년 1월

13일 12살의 나이에 신자수(申自守)의 딸을 친영(親迎)하여 궁 밖에 나가서 살았다.

세종 18년(1436년) 2월 5일 광평대군의 제택(第宅)을 짓게 하였다는 기록이 있듯이, 임금이 직접 지으라고 명하였지만, 신하들의 비판을 받을 정도로 광평대군의 집의 규모는 대단히 컸다고 하는데 사실은 임금이 자주 거처할 공간을 만들기 위해 별채를 지어 두었기 때문이었다.

이는 아마도 『훈민정음』을 만들기 위한 비밀의 장소로 이용하려는 세종의 의중이 담긴 건축이었다는 것을 짐작하게 한다.

그 이유는 세종이 정비인 소헌왕후와의 사이에 8남 2녀의 자녀를 두었고, 후궁 5명과의 사이에 10남 2녀를 두었는데 세종 21년 6월 24일 광평대군 이여의 집으로 이어하였고, 세종 23년 되던 1441년 9월에 이미 두 차례에 걸쳐 정의공주 집을 다녀온 임금이 유독 다섯째 아들인 광평대군의 집을 이해 윤십일월 22일, 23일, 25일, 27일, 28일 등 5차례나 다녀오고, 또 이틀 뒤인 12월 1일 다녀왔다는 기록을 보아 보름 동안에 하루나 이틀 걸러서 여섯 차례나 다녀온 것이다.

이러한 임금의 연이은 거둥은 《세종실록》뿐만 아니라 조선 왕조 500년사를 통틀어 전무후무한 기록이기 때문이다.

그리고 특히 시선을 끄는 것은 임금이 광평대군의 집에 거둥하기 전인 세종 23년(1441년) 윤십일월 16일에 "왕비가 광평대군 이여의 집으로 이어(移御)하였다."라는 것이다. 다시 말해 왕비인 소헌왕후가 광평대군의 집으로 미리 거처를 옮겼다는 것인데, 이후 환궁했다는 기록은 보이지 않는다는 점도 궁금증을 자아낸다.

또 하나 궁금한 것은 모두 일곱 차례의 거둥에 대해서 실록은 '광평대
군 이여의 집에 거둥하였다가 곧 돌아왔다.'라고만 기록되어 있을 뿐 임금
이 광평대군의 집에 거둥한 사실에 대하여 아무런 이유가 기록되어 있지
않다는 점이다.

그저 광평대군의 얼굴을 보고 싶은 것이 거둥한 이유였다면 광평대군
을 궁으로 불러들여서 만나면 될 것인데 왜 그를 부르지 않고, 동대문 밖
에 있는 그의 집을 그토록 자주 거둥했겠는가?

훈민정음 창제 과정의 주요 조력자 중 한 사람인 광평대군을 궁으로 불
러들여 훈민정음 창제에 관한 일을 의논한다면 반드시 새어나갈 것을 염
려했기 때문에 임금이 친히 광평대군의 제택을 찾아갈 수밖에 없었을 것
이다.

그렇다면 훈민정음 창제 과정에서 17세에 불과한 광평대군의 어떤 점
이 임금이 한 달 만에 여섯 차례나 거둥하게 하였을까?

"나이 어릴 때부터 학문에 힘써서 《효경(孝經)》과 《소학(小學)》과 《사서
삼경(四書三經)》을 다 통하고, 《문선(文選)》과 이태백(李太白)·두자미(杜
子美)·구양수(歐陽修)·소동파(蘇東坡)의 문집들을 두루 열람하였고, 더욱
《국어(國語)》와 《좌전(左傳)》에 공부가 깊었으며, 음률(音律)과 산수(算數)
에 이르기까지도 그 오묘(奧妙)한 이치를 다 알았으며, 글을 잘 짓고 글씨
의 필법도 절묘하였다."

이 실록의 기록에서 표현한 대로 광평대군 여는 성품과 도량이 너그럽
고 넓으며, 용모와 자태가 탐스럽고 아름다우며, 총명하고 효제(孝悌)하여
비록 노복이나 사환이라도 일찍이 꾸짖지 아니하매, 사람들이 모두 사랑

하였다고 기록될 정도로 매우 영특한 세자였다.

 그래서 임금의 신뢰와 총애를 받아 천체관측을 수행하는 천문대인 간의대(簡儀臺)를 만드는 일도 총괄했을 정도로 천문학과 역학에 대한 지식도 높았다는 것을 알 수 있다.

 이러한 광평대군의 학문과 재능은 훈민정음 창제에 절대적인 조력자의 요건을 갖추었기 때문에 임금이 하루가 멀다고 거둥하였을 것이다.
 그런데 광평대군은 훈민정음 창제를 도우면서 건강을 해쳤던지 훈민정음이 창제된 다음 해인 세종 26년 12월 8일에 창진으로 안타깝게도 20세의 생애를 마감했다.

 처음 그의 병이 위독할 때 임금이 밤을 새워 자지 않았고, 끝내 죽으매 종일토록 수라를 들지 아니하니, 육조에서 조위(弔慰)하는 전문(箋文)을 올려 이르기를 "온화하고 순하고 선량한 숙덕(夙德)이 일찍이 종실(宗室)의 꽃부리였더니, 준수하고 풍아한 자태가 문득 황천의 막힘이 되었나이다.

 슬픔이 깊이 대궐에 둘러싸이매, 아픔이 널리 민심(民心)에 맺히나이다. 엎드려 생각하옵건대, 성상의 비통하심을 너그러이 하시어 신하들의 소망에 답하여 주시기를 원하옵나이다."라는 《세종실록》의 기록은 광평대군이 훈민정음 창제 과정의 중요한 조력자였음을 짐작할 수 있게 한다.

# 🏵 훈민정음 창제 과정의 세 번째 조력자 정인지

정인지(鄭麟趾)는 석성 현감(현재의 충청남도 부여군 석성면)을 지낸 정흥인(鄭興仁)의 아들로 서울에서 태어났다. 그가 얼마나 총명했는지 기록에 의하면 5세 때 이미 글을 깨우쳐 서책에 눈길만 스쳐도 줄줄 외울 수 있었고 1번만 보면 읽고 쓸 줄 알아 천재라는 소문이 이웃에 자자하였다고 한다. 고전을 암송하고 작문에도 재능을 보였는데 7살에 《소학》을 깨우쳤고 13살에 성균관에 입학하여 선비들 앞에서 강론함으로써 이미 그의 이름은 천하를 떠들썩하게 하였다.

1411년(태종 11) 식년시 생원시에 급제했고 1414년(태종 14) 식년시 문과에 응시했는데 을과 1등 1위의 장원으로 결정된 후 예빈 시주 부에 임명되었다.

이후 사헌부 감찰, 예조 좌랑, 병조 좌랑 등의 관직을 거쳤는데 행정 미숙이나 일 처리를 잘못해서 의금부에 투옥되기도 했고 비상 동원 훈련 중에 술을 먹는 짓 등 부적절한 행동으로 탄핵을 당한 경력도 있다. 정인지가 투옥되거나 벌을 받는 기록을 보면 그 원인은 주로 도장을 잘못 찍거나 의례에 필요한 의장을 빼먹는 이유가 대부분이다. 병조 좌랑 때는 의장을 빼먹은 죄로 태형 40대까지 맞은 기록도 보인다. 이런 것을 보면 똑똑하면서도 덜렁대는 인물이었던 듯하다.

하지만 세종이 즉위할 즈음 관직 운이 조금씩 풀리기 시작했는데 상왕으로 있던 태종도 세종에게 "크게 쓸 인물이다"라고 평가했다고 한다. 그 후 예조판서, 이조판서, 예문관대제학 등의 여러 요직을 거치며 천문, 역법 사업에 뛰어들어 세종 시대 과학 발전의 중심인물로 부상했다. 천문과

산술에 뛰어난 능력을 바탕으로 혼천의(천체관측 기구)와 앙부일구(해시계) 등의 기기를 정초와 함께 설계하였다.

그뿐만 아니라 역사에도 조예가 깊어 〈자치통감〉 훈의의 편찬이나 김종서 등과 함께 〈고려사〉 등의 편찬을 맡기도 했다. 김종서가 계유정난으로 역신으로 전락했으므로 현재 〈고려사〉와 〈세종실록〉은 모두 편찬 주관자 명의가 정인지로 기록되어 있다.

세종이 창제한 〈훈민정음〉의 보급에도 크게 이바지했다. 〈훈민정음〉의 공식 설명서인 해례본의 서문을 쓰고 해례본 편찬과 〈용비어천가〉 제작에 적극적으로 참여한 사람도 바로 정인지다. 〈훈민정음〉의 광범위한 보급은 물론이고 창제원리에 관한 서술을 담은 해례본의 서문을 정인지에게 손수 맡겼다는 사실은 세종이 정인지를 깊이 신뢰하고 있었음을 의미한다고 볼 수 있다.

세종은 생전에 정인지를 깊이 신뢰해 그에게 자신의 실록인 〈세종실록〉 편찬을 직접 수행하도록 하였다. 자신의 실록을 맡겼다는 것은 그의 능력만이 아니라 한 인간으로서 그를 깊이 신뢰하고 있음을 의미한다.

특히 《훈민정음 해례본》 서문은 내용 측면에서 심오한 철학이 깃들여 있고 형식 측면에서 빼어난 비유와 함께 쉽고 정갈한 문장으로 쓰여 있어 명문으로 손꼽히는데, 마지막 문장 "정통 11년(1446년) 9월 상한, 자헌대부· 예조판서· 집현전 대제학· 지춘주관사· 세자우빈객, 신 정인지는 두 손 모아 절하고 머리 조아려 삼가 씀."이라는 글에서 음력 9월 상한(음력 9월 10일)을 양력으로 바꾸면 10월 9일이 되므로 한글날로 제정하는 근거가 되었다.

세종 시대의 과학뿐 아니라 역사학 및 문화 발전 전반에 지대한 공헌을
한 인물로서 세종을 칭송하는 등 군신 간의 관계는 좋았음을 미루어보면
다. 정인지는 세종보다 겨우 1살이 더 많은 친구나 다름없는 연령대라 임
금과 신하라는 위치를 떼고 보면 세종대의 내로라하는 인재 중에서 가장
마음이 잘 맞았을지도 모른다.……

인생사 새옹지마라고 하였던가! 정인지는 이와 같은 활약상에도 불구
하고 어린 단종의 보위를 부탁한 세종의 유명을 외면하고 수양대군의 편
에 서서 왕위 찬탈에 가담한 전력 때문에 세조 말기에 조정에 나온 사림파
로부터 경원시 당했다.

## 🏵 훈민정음 창제 과정의 네 번째 조력자 성삼문

성삼문(成三問, 1418년~1456년 6월 8일)은 성승과 박첨의 딸 죽산박
씨의 아들로 1418년 충청도 홍주(현재의 충청남도 홍성군 홍북면) 외가
에서 출생했다.

자는 근보(謹甫)이고 호는 매죽헌(梅竹軒)이며, 본관은 창녕이다.

'삼문'이라는 이름에는 설화 같은 기이한 이야기가 전해진다.

그를 막 낳으려고 할 때 공중에서 "낳았느냐?"라고 세 번 묻는 소리가
들렸는데, 세 번째 질문에서야 비로소 아이를 출산했기 때문에 '하늘이 세

번 물었다[三問]' 하여 그의 이름을 지었다고 한다.

장남이어서 동생들도 다 '삼'자 돌림이 되었고 그래서 동생 삼빙(三聘), 삼고(三顧), 삼성(三省)과 같이 형제들 이름이 특이하다. 성삼문이 태어난 뒤 점을 보았는데 충신이라는 점괘가 나오자 그의 할아버지 성달생은 집안 말아먹을 녀석이라고 한탄했다고 한다.

1438년(세종 20) 생원으로서 문과에 급제한 이후 관직에 오른 관료 생활 초기, 그는 집현전에서 주로 활동했는데 이때 세종대왕이 정음청(正音廳)을 설치하고 《훈민정음》을 창제할 때, 정인지, 신숙주, 박팽년, 이개, 최항, 김문기 등과 함께 참여했다.

이 과정에서 당시 성균관 주부로 재직 중 집현전 교리 신숙주와 함께 마침 죄를 짓고 요동에 귀양 가 있던 명나라의 한림학사 황찬(黃瓚)의 도움을 얻기 위해 세종의 명으로 13차례나 요동을 왕래하며 그로부터 정확한 음운(音韻)과 언어 연구를 배워온 공이 가장 컸다.

귀국 후 집현전 수찬을 거쳐 직 집현전을 지냈으며, 1442년 박팽년, 신숙주, 하위지, 이석형, 김문기 등과 함께 한양 삼각산 진관사에서 사가독서(賜暇讀書)를 했고, 세종의 명으로 신숙주와 함께 《예기대문언독》을 편찬하는 데 참여하였다.

또한, 명나라에 사신이 파견될 때는 사신을 따라 명나라에 가서 학자들을 만나 음운과 교장(敎場)의 제도를 연구해와 이를 보고하는 등 1446년 《훈민정음》 반포에 이바지하였다.

1446년 안견이 안평대군의 꿈 이야기를 듣고 몽유도원도를 그리자 이에 대한 찬시를 써서 헌정했다. 1447년 중시(重試) 문과에 장원으로 급제하여 경연 시강관이 되어 학문을 강론하였고 사간원 우사간, 집현전 부제학을 지냈다.

세종이 만년에 숙환으로 온천에 갈 때 성삼문과 박팽년·신숙주·최항·이개·김문기 등을 항상 대동하고 고문으로 삼았다. 1451년 명나라 사신 예겸 등이 조선에 당도하자 왕명으로 신숙주와 함께 시 짓기에 나서 동방거벽(東方巨擘, 동방에서 가장 학식이 뛰어난 사람)이라는 찬사를 얻기도 했다. 이후 예조 참의, 동부승지, 우부승지와 좌부승지 등을 역임했다.

세종은 병약한 세자(문종)도 오래 살지 못할 것을 예견하고 집현전의 학사들을 불러서 어린 원손 홍위(후일의 단종)를 부탁한다는 유지를 여러 번 남겼는데 성삼문도 김문기 등과 함께 집현전 학사로서 세종의 유지를 받들게 되었다.

1453년(단종 1) 단종이 즉위하자 수양대군(세조)은 계유정난을 일으켜 황보인·김종서를 사살하고 집현전의 여러 학사를 포섭하기 위해 정인지, 신숙주, 박팽년, 김문기 등 집현전 학사 36명과 함께 그를 집현전 관원으로서 직숙(直宿)한 공이 있다고 하여 정난공신의 책록을 주었다. 모두 순번으로 축하연을 베풀었으나, 성삼문, 김문기 등은 수치로 여기고 연회를 베푸는 데 참여하지 않았다.

학자의 이미지와 강직한 충신 이미지를 떠올리는 사람들로서는 의외겠지만 실제 역사 속 성삼문은 평소에는 밝고 유머러스한 성격이었으며 실없는 농담을 잘하는 사람이었다고 한다.

그러나 절개를 지켜야 하는 때가 오면 누구보다 굳은 의지와 절개를 보여주는 외유내강형 인물로 평가받고 있는데 이것은 아버지 성승은 물론이고 할아버지 성달생까지 모두 무장이었던 집안의 무인적 풍모가 성삼문의 강직한 면에 영향을 준 것 같다.

## 🌀 훈민정음 창제 과정의 다섯 번째 조력자 신숙주

신숙주(申叔舟, 1417~1475)는 나주목에서 태어나 7세 때 아버지를 따라 한성부에 올라왔다.

본관은 고령(高靈)으로 자는 범옹(泛翁), 호는 보한재(保閑齋)이다. 아버지는 공조참판(종2품)을 지낸 신장(申檣, 1382~1433)인데 [세종실록]에 실려 있는 신장의 졸기에는 그가 인품이 온후하고 사장과 초서 · 예서에 뛰어났지만, 술을 너무 좋아한 것이 단점이었다고 적혀있다. 그의 능력을 아낀 세종이 절주를 당부했지만, 과음은 결국 그의 사인이 되어 신숙주 16세 되던 세종 15년 2월 8일 졸한다.

'숙'이라는 이름이 나타내듯이, 신숙주는 신맹주(申孟舟), 신중주(申仲舟), 신송주(申松舟), 신말주(申末舟)로 이어지는 5형제 중 셋째였다. 신숙주는 젊은 시절부터 뛰어난 능력을 보였다. 21세 때인 1438년(세종 20) 22세의 나이로 식년시 진사시에 장원 급제하였으며, 이듬해 문과에서 3등의 뛰어난 성적으로 급제한 것이다. 1439년 친시 문과에 을과 3위로 급제하여 전농시직장을 시작으로 벼슬길에 올라 세종대가 끝날 때까지 그는 집현전 부수찬(종6품), 응교(정4품), 직제학(정3품)과 사헌부 장령(정4품), 집의(종3품) 등의 주요 청요직을 두루 거쳤다. 훗날 45세라는 젊은 나이에 영의정까지 지냈다. 통상적으로 조선의 관료는 1품 승진에 3년이 걸렸는데 과거 합격도 합격이고 순전히 날짜만 채워서 종9품에서 정1품까지 오르는데 걸리는 시간은 많으면 51년이다.

이 시기의 경력에서 중요한 장면은 우선 26세 때인 1443년(세종 25) 서장관으로 일본 사행에 동참한 것이었다. 서장관은 정사와 부사를 보좌하면서 사행을 기록하고 외교문서의 작성을 맡은 중요한 직책으로, 당시의 가장 뛰어난 젊은 문관(4~6품)이 맡는 것이 관례였다. 상당한 정도의 신병을 무릅쓰고 출발했지만, 신숙주는 일본 본토와 대마도를 거치면서 문명을 떨치고 여러 외교 사안을 조율했다. 특히 대마도주를 설득해 세견선의 숫자를 확정한 것은 중요한 성과로 평가된다.

1450년(세종 32) 중국에서 예겸과 사마순이 사신으로 왔을 때 그들을 접대하면서 뛰어난 문학적 능력을 발휘한 것도 특기할만하다. 예겸은 자신이 지은 [설제등루부]에 신숙주가 걸어가면서 운을 맞춰 화답하자 "굴원과 송옥 같다"라면서 감탄했다. 이때는 성삼문도 중요한 역할을 맡았는데, 그는 신숙주보다 한 살 적었지만 문과 급제는 한 해 빨랐다. 그 뒤 전혀 다른 인생의 궤적을 밟은 두 사람이었지만, 그 경력과 나이는 매우 흡사했다.

책을 읽으려고 집현전 숙직을 도맡아서 했다는 일화가 있을 만큼 지독

한 독서광이었으며, 소문난 수재이자 책벌레였다. 《연려실기술》에 따르면 하루는 어느 집현전 학자가 늦게까지 책을 읽다 잠들었길래 세종이 자신의 옷을 덮어 줬다는 이야기가 있는데, 이야기의 주인공이 신숙주다. 이에 흡족해진 세종은 이후 《훈민정음》 창제에도 신숙주를 투입한다. 세종은 신숙주를 높이 평가해서 아들인 문종에게 "신숙주는 크게 쓸 인물이다"라며 자주 칭찬했다고 한다.

세종 시절에는 일부러 책을 읽기 위해 남들이 꺼리는 궁궐 숙직을 도맡아 했다고 하며 이때 밤늦게까지 책을 읽다가 그만 책상에 엎드려 잠이 들고 말았는데 세종이 이걸 보고 본인이 입고 있던 곤룡포를 벗어서 덮어주었다는 것은 유명한 일화가 필원잡기에 수록되어 있다.

집현전 학사로서 성삼문과 함께 한자음 정리에 관한 질의를 위해 명나라의 언어학자 황찬을 여러 번 찾아가기도 했으며 외국어에도 능통해 한어, 왜어를 비롯한 몽골어, 여진어, 유구어 등 동아시아 8개국어를 통역 없이 구사하였으며, 각 나라말의 구조와 원리를 깨달아 《훈민정음》 창제 과정에서 많은 도움을 준 신숙주 아끼기를 세종은 자신의 몸같이 하였다. 이때 신숙주의 나이 22세였다.

# ❀ 훈민정음이라는 이름에 담긴 의미

세종대왕이 창제한 문자 《훈민정음》은 '백성을 가르치는 바른 소리'라는 뜻이다.

그런데 왜 새롭게 만든 문자의 이름에 '글자'라는 뜻의 '字(글자 자)'가 들어가지 않고 '바른 소리'라는 '정음(正音)'이라고 하였을까?

'소리'라는 뜻을 가진 대표적인 한자는 '聲(소리 성)'과 '音(소리 음)'이 있으므로 '훈민정성(訓民正聲)'이라고 해도 될 것인데, 音 자를 써서 訓民正音이라고 하였다.

이 궁금증을 풀기 위해서는 音이나 聲이라는 한자를 자원 풀이로 시작하는 것이 해답을 구하는 지름길이 될 것이다.

후한 때의 「허신」은 그의 명저 《설문해자(說文解字)》에서 "音(음)은 '聲生於心有節於外謂之音(성생어심유절어외위지음)'"이라고 설명해 놓았다. 즉, '소리가 마음에 있는 것을 매듭지어 밖으로 고(告)하는 것이 音이라고 한다.'라고 풀이하였다.

그리고 중국에서 가장 오래된 언어 해석 사전인 《이아(爾雅)》는 "聲(성)은 '物體振動時所産生的能引起聽覺的波(물체진동시소산생적능인기청각적파)'"라고 설명해 놓았다. 즉, '물체의 진동 때문에 생긴 음파가 귀청을 울리어 귀에 들리는 것이 聲이라고 한다.'라고 풀이하고 있다.

다시 말해 音은 '음성 기호로 생각이나 느낌을 표현하고 전달하는 행위로 말을 통해서 나오는 소리'라고 정의하는데, 이 한자를 파자(破字 : 한자의 자획을 풀어 나눠 맞추는 학습법)하면 '입[口]안의 혓바닥[一] 위치에 따라 소리가 달라지고 이에 따라 글자나 악보로 표현할[立] 수 있는 소리'를 뜻하는 한자이다.

그리고 聲은 '귀에 들리는 모든 소리'라고 정의하는데, 파자하면 '악기[声]를 두들겨[殳] 나는 소리처럼 귀[耳]에 들리는 모든 소리'를 뜻하는 한자이다.

또 《도덕경》에서는 '(조음기관의 인위적 개입을 거친) 음성에 가까운 개념을 지칭하는 용도'로 사용하고 있듯이 대체로 '글자나 악보로 옮겨 적을 수 있는 소리'를 音이라고 한다.

실제로 《훈민정음 해례본》을 자세히 살펴보면, 〈제자해(制字解)〉, 〈초성해(初聲解)〉, 〈중성해(中聲解)〉, 〈종성해(終聲解)〉, 〈합자해(合字解)〉, 〈용자례(用字例)〉에서 보이는 것처럼 초성해, 중성해, 종성해의 제목은 聲 자를 쓰고 있다.

그러나 세종이 직접 쓴 서문에서는 '국지어음(國之語音)'이라고 하여 '나라의 말소리'라고 시작하였으나, 28자 자모음의 음가와 운용법을 설명하는 〈예의편〉에서는 '牙舌脣齒喉(아설순치후)'의 자음(子音)은 音 자로 표기했지만, 한자의 전례 자음(字音)은 '처음 피어나는 소리[初發聲(초발성)]'라는 의미로 모두 聲 자로 표현하면서 설명하고 있다는 것을 알 수 있다.

결론적으로 세종대왕은 새로 만든 문자의 이름을 '백성들 마음에 있는 것을 매듭지어 바르게 밖으로 표현할 수 있도록 가르치기 위해 만든 글자'라는 의미를 담아 《訓民正音》이라고 이름하였을 것이다.

고대 중국의 예(禮)에 관한 기록과 해설을 정리한 유교 경전으로 조선시대 군왕의 필독서였던 《예기(禮記)》의 내용을 세종의 마음으로 음미해 본다.

"무릇 音은 마음에서 나오는 것이고, 樂(악)은 인륜의 이치와 통하는 것이라. 이런 까닭으로 聲을 알고 音을 알지 못하는 것은 禽獸(금수)이고, 音을 알고 樂을 알지 못하는 자는 무리라. 오직 군자만이 능히 樂을 앎이 되니라. 그러므로 聲을 살펴 音을 알고, 音을 살펴 樂을 알고, 樂을 살펴 정사를 아니, 다스리는 도가 갖춰지느라. 이런 까닭으로 聲을 알지 못하는 자는 더불어 音을 알지 못하고, 音을 알지 못하는 자는 더불어 樂을 알지 못할 것이나 樂을 안다면 禮(예)에 거의 가까우니라. 예악을 다 얻은 이를 '덕(德)이 있다'라고 이르니, 德은 얻음이니라."

### ✸ '친히'라는 말은 엄중한 저작권 선포이다.

인간 능력의 한계점은 어디까지일까?
우리는 각 분야에서 보통사람의 능력을 뛰어넘는 전문가들을 보고 경탄하면서 이러한 의문을 갖게 된다.

이렇게 인간의 힘으로는 도저히 이룰 수 없을 것 같은 인류역사상 가장 위대한 작업을 이루어낸 인물로 그보다 더 불세출한 사람을 역사에서 찾아내기도 어려운 그는 조선인으로 태어나서 1418년 9월 9일 조선의 네 번째 국왕으로 등극한 세종 이도(李裪)이다.

왜 그럴까?

그것은 지금으로부터 580년 전인 1443년 12월 30일 친히 창제한 〈훈민정음 28자〉 때문이다.

이 〈훈민정음〉에 대해서 21세기 자타가 인정하는 세계적인 언어학자인 미국 시카고대학교의 제임스 멕콜리(J.D. McCawley) 교수는 "한국인들이 1440년대에 이룬 업적은 〈훈민정음〉인데 이것은 지구상의 모든 문자 중에서 가장 독창적이어서 참으로 놀라운 인류사적 업적이다.

500년이 지난 오늘날의 언어학적 수준에서 보아도 그들이 만들어 낸 문자 체계는 가장 탁월한 것이다" 라고 찬탄하고 있다.

"이달에 임금이 친히 언문 28자를 지었는데, 그 글자가 옛 전자를 모방하고, 초성·중성·종성으로 나누어 합한 연후에야 글자를 이루었다. 무릇 문자에 관한 것과 이어(俚語)에 관한 것을 모두 쓸 수 있고, 글자는 비록 간단하고, 요약하지마는 전환하는 것이 무궁하니, 이것을 〈훈민정음〉이라고 일렀다. (是月上親制諺文二十八字其字倣古篆分爲初中終聲合之然後乃成字凡于文字及本國俚語皆可得而書字雖簡要轉換無窮是謂《訓民正音》)"

위에 예시한 글은 세종대왕이 친히 창제했다고 기록한 《세종실록》이다.

이 글에서 나타난 것처럼 '친(親)히'라는 말은 아무리 임금이라고 할지라도 자신이 하지 않은 일에 함부로 쓸 수 있는 표현이 아니다.

더욱이 실록을 기록한 사관(史官)들이 누구인가? 엄격한 사실 기록에서 어떤 양보도 하지 않았던 사관이 그 말을 함부로 썼을 리는 만무하다.

그런데 《세종실록》에는 〈훈민정음〉에 대한 항목에 '친히'라는 표현이 14번 등장한다.

그중에서도 뭐니 뭐니 해도 압권은 세종이 주어(主語)인 윗글의 '임금이 친히 언문 28자를 지었다.'는 기록으로서 세종이 직접 창제 작업을 했다는 것을 강조하고 있음을 말해 주고 있다.

다시 말해, 혹자가 왜곡하고 있듯이 집현전 학사들에게 새로운 문자 만드는 작업을 시켜놓고 감독만 한 임금이 〈훈민정음〉이 완성되자 '친히'라는 말을 쓴다는 것은 상상할 수조차 없기도 하거니와 《세종실록》은 세종 승하 후에 기록된 사초(史草)로 정인지가 감수를 하지 않았던가?

세종대왕은 국가의 불행한 일은 물론이거니와 세종 10년 9월 27일 경상도 진주사람 김화(金禾)라는 자가 제 아비를 죽였으니, 형법에 따라 능지처참을 윤허해달라는 형조(刑曹)의 장계를 접하고 백성의 극악한 살부(殺父) 사건까지도 자신의 잘못인 양 탄식하며 자신의 부덕한 탓으로 여겼고, 한재(旱災)나 수재(水災) 때에는 백성들 걱정에 밤잠을 설치면서도 〈농상집요〉나 〈사시찬요〉와 같은 농사에 필요한 전적을 서둘러 간행하도록 지시했던 임금이었음은 역사가 증명하고 있지 않은가?

그런 임금이 신하들이 창제한 문자를 자신이 한 것처럼 '친히' 했다고 기록하라는 명령을 내렸을 리도 없지만, 《세종실록》을 기록한 사관의 일은 임금의 명령도 침투할 수 없는 엄격한 사실성이 보장된 것이었다.

이제라도 제발 〈훈민정음〉을 세종이 아닌 다른 사람이 만들었다고 허무맹랑한 억지를 부리지 말자.

해괴한 설들을 지어내는 자들은 필시 다른 사람이 이룬 것에 대한 질투에서 비롯되어 자신으로서는 상상할 수조차 없는 불가사의한 일을 자신의 무능함에 비추어 인간 세종이 혼자서 해냈을 리 없다고 믿고 싶어 하는 딱한 인간들의 소치일 것이다.

## ✿ 뿌리 깊은 나무 샘이 깊은 물

불휘 기픈 남고 부르매 아니 뮐씨
곶 됴코 여름 하느니
시미 기픈 므른 ᄀᆞᄆᆞ래 아니 그츨씨
내히 이러 바르래 가느니

한자어라고는 하나도 없는 순수한 우리 토박이말로 된 이 글은 훈민정음과 함께 교과서 및 여러 매체에 자주 나오기 때문에 많은 사람이 읽어 본 적이 있지만, 이 가사가 용비어천가의 노래 중 유일하게 비유와 상징 등 문학적 구성을 갖추었다는 것을 모르는 사람이 의외로 많은 것 같아서 이번 글감으로 다뤄 본다.

뿌리 깊은 나무는 바람에 아니 흔들리므로, 꽃 좋고 열매 많나니
샘이 깊은 물은 가뭄에 아니 그치므로, 내[川]가 되어 바다에 가나니

『용비어천가』는 훈민정음 창제 때문에 이루어진 우리 문학사상 최초의 국문 시가로서, 중화 중심의 역사의식에서 탈피해 악장의 독자적 형식을 개척한 첫 작품으로 세종대왕의 민족에 대한 자부심과 우리의 민족적 우월성을 반영하고 있다.

조선 왕조 건국의 정당성을 선전하고 찬양하는 내용으로서 한문에 젖은 선비들이 전하께서 창제하신 언문 스물여덟 글자의 활용 기능성을 확인한 문장이라는 것도 놀랍지만 그 시상도 어느 곳 하나 흠잡을 수 없다는 평을 받고 있을 정도로 매우 뛰어난 작품이다.

히동 륙룡이 ᄂᆞᄅᆞ샤 일마다 텬복이시니
고셩이 똥뿌ᄒᆞ시니

해동의 여섯 용이 날으사, 일마다 천복이시니,
옛 성인들과 부절을 합친 듯 꼭 맞으시니.

제1장에서 해동 여섯 용이 날아 일마다 하늘이 주신 복이니, 이것은 옛 성인들의 고사와 부합한다는 것을 강조한 후에, 서두에 제시한 제2장은 모든 일은 반드시 그렇게 될 만한 까닭이 있음을 물과 나무에 비유하여 강조한다.

위와 같이 1445년, 훈민정음이 반포되기 1년 전에 만들어진 『용비어천

가』는 훈민정음으로 적힌 글로서는 가장 먼저 된 것인데도 그 문체는 유창하여, 처음 글자를 만들어 쓴 민족의 글이라고 보기 어려울 정도로 빼어나다.

세종대왕의 직계 선조인 목조(穆祖), 익조(翼祖), 도조(度祖), 환조(桓祖), 태조(太祖), 태종(太宗)에 이르는 여섯 대의 행적을 노래한 서사시 『용비어천가』를 지은 목적은 임금이 된다는 것은 오랜 세월에 걸쳐 피나는 노력을 하여, 덕을 쌓아 하늘의 명을 받아야 한다는 것을 강조하고, 후세 왕들은 부디 선왕이 창업하실 때의 초심을 잊지 말아야 할 것을 경계하려는 데 있다.

또한 『용비어천가』는 군주가 갖추어야 할 덕목도 말하고 있다. 이를테면 125장에는 경천근민(敬天勤民) 즉, 하늘을 공경하고 백성을 위하여 부지런히 일할 것을 잊지 말라고 당부하면서 끝을 맺는다.

집현전 부제학이 된 뒤 예조판서, 대사헌, 함길도 관찰사, 평안도 관찰사, 경창부윤, 경기도 관찰사, 예조참판, 이조판서 등을 역임한 권제와 집현전 제학, 형조참판, 형조판서, 지 중추원사, 예문관대제학 예조판서를 거쳐 이조판서 겸 지 춘추 관사, 공조판서를 역임한 정인지 그리고 공조참판, 호조 참판, 집현전 부제학, 이조참판, 공조판서, 지 중추원사, 영중추부사를 지낸 안지 와 같이 세종 시대에 최고의 경지에 오른 신하들이 조선 왕조의 시조인 세종 임금의 여섯 대 선조들의 행적을 우리말 노래로 읊고, 거기에 한문의 시를 달아 그 뜻을 풀이한 125장의 노래를 지어 올렸더니, 세종대왕이 기뻐하여 '용(임금)이 날아올라 하늘을 다스린다.'라는 뜻을 담아 『용비어천가(龍飛御天歌)』라는 이름을 내렸다는 사실은 《조선왕조실록》에서 찾아볼 수 있다.

그리고 세종 27(1445)년 4월 조에 『용비어천가』 10권을 올리니, 임금은 판 새김을 명하였고 세종 29(1447)년 10월에는 역사적인 사실을 사람들이 다 펴보기가 어려운 일이므로, 박팽년 · 강희안 · 신숙주 · 이현로 · 성삼문 · 이개 · 신영손 등에게 주해를 붙이게 하여 역사적 사실을 기록한 글을 10권의 책으로 완성하게 한 후 『용비어천가』 550질을 신하들에게 내렸다고 적혀있다.

훈민정음이 얼마나 우리말을 잘 표현할 수 있는지 시험하기 위해 조선 왕조를 찬양하는 내용을 빌려 써 본 『용비어천가』는 오늘날 방송이나 신문에서 지나치게 정권을 옹호하는 홍보물이 나타나면 "또 용비어천가 쓴다."라고 하듯이 정치권에서 정권 찬양 물을 『용비어천가』에 빗대는 것을 만약 세종대왕이 듣거나 보게 된다면 어떤 생각을 할지 궁금해진다.

둘째 마당

# 훈민정음 반포

ㅌ。舌音。如呑ㅌㄷ字初發聲

ㅌ는舌ㅅ音ㆆ이니如ㆁ영呑ㅌㄷ字ㅉ初

發ㅸㆁ聲셩ㆆ니라

ㅌ는혀쏘리니呑ㅌㄷ字ㅉ처엄펴아

나는소리ㄱᄀᆞ토니라

ㄴ。舌音。如那字初發聲

ㄴ는舌ㅅ音음이니如ㆁ영那낭ㆆ字初

ㄴ는혀쏘리니那낭ㆆ字ㅉ처엄펴아

發ㅸㆁ聲셩ㆆ니라

나는소리ㄱᄀᆞ토니라

---

ㅂ。脣音。如彆字初發聲

並書如步字初發聲

ㅂ는脣쓩音음이니如ㆁ영彆ㅸㆆ字初

發ㅸㆁ聲셩ㆆ니並뼝書셩ㆆ면如ㆁ영步ㅃ

ㆆ字初ㅊ發ㅸㆁ聲셩ㆆ니라ㅸ脣쓘은입

ㅂ는입시울쏘리니彆ㅸㆆ字ㅉ처엄

아는소리ㄱ고ㅂ밧쓰면步ㅃㆆ

字ㅉ처엄펴아나는소리ㄱᄀᆞ토니라

ㅍ。脣音。如漂字初發聲

ㅍ는脣쏭音음이니如ㆁ영漂ㆄ字初

發ㅸㆁ聲셩ㆆ니라

ㅍ는입시울쏘리니漂ㆄ字ㅉ처

펴아나는소리ㄱᄀᆞ토니라

# 🏵 훈민정음 창제의 부당함을 아뢴 최만리

"수십 년 후에는 문자를 아는 자가 반드시 적어져서, 비록 언문으로써 능히 이사를 집행한다고 할지라도, 성현의 문자를 알지 못하고 배우지 않아서 담을 대하는 것처럼 사리의 옳고 그름에 어두울 것이오니, 언문에만 능숙한들 장차 무엇에 쓸 것이옵니까. 우리나라에서 오래 쌓아 내려온 우문의 교화가 점차로 땅을 쓸어버린 듯이 없어질까 두렵습니다. 전에는 이두가 비록 문자 밖의 것이 아닐지라도 유식한 사람은 오히려 야비하게 여겨 이문으로써 바꾸려고 생각하였는데, 하물며 언문은 문자와 조금도 관련됨이 없고 오로지 시골의 상말을 쓴 것이겠습니까. 가령 언문이 전조 때부터 있었다 하여도 오늘의 문명한 정치에 변로지도 하려는 뜻으로서 오히려 그대로 물려받을 수 있겠습니까. 반드시 고쳐 새롭게 하자고 의논하는 자가 있을 것으로서 이는 환하게 알 수 있는 이치이옵니다. 옛것을 싫어하고 새것을 좋아하는 것은 고금에 통한 우환이온데, 이번의 언문은 새롭고 기이한 한 가지 기예에 지나지 못한 것으로서, 학문에 방해됨이 있고 정치에 유익함이 없으므로, 아무리 되풀이하여 생각하여도 그 옳은 것을 볼 수 없사옵니다."

이 글은 세종대왕이 1443년 12월 훈민정음을 창제하자, 최만리가 신석조, 김문, 하위지, 정창손 등 집현전 내 훈민정음 창제에 반대하는 학자들과 함께 연명으로 훈민정음 창제의 부당함을 아뢴 상소문 일부분이다.

이들은 이 상소에서 중국과 다른 문자를 만드는 것은 사대모화에 어긋나며, 스스로 이적이 되려는 것이나 다름없다는 점, 이두는 한자를 배우는 데 도움이 되지만 언문은 그렇지 못해 유익함이 없다는 점, 널리 의견을 묻지 않고 갑자기 이배 10여 명에게 언문을 가르쳐 고인이 이미 이룬 운서를 고쳐 인쇄하려는 것은 신중하지 못하다는 점, 동궁이 언문 일을 해서는 안 된다는 점 등 반대의 이유 6가지를 제시했다.

최만리는 이때 상소를 올린 집현전 학자들의 대표 격이었는데, 고려 시대 해동공자로 불리던 최충의 12대손이며 하(荷)의 아들이다.

1419년(세종 1) 증광문과에 을과로 급제하여 그 이듬해 집현전 박사로 임명되었다. 그 뒤 집현전 학사를 거쳐 집현전의 실무책임자인 부제학으로서 14차에 걸쳐 상소를 올릴 정도로 부정과 타협을 모르는 깨끗한 관원으로서 일관하였으며 진퇴가 뚜렷한 최만리는 훈민정음이 완성될 때까지 세종의 뜻을 잘 받들어 반대한 일이 없었다.

그런데 당시 우리나라의 한자음이 체계 없이 사용되는 것을 안타깝게 여기던 세종이 훈민정음을 창제하고 비밀리에 궁중의 의사청에 최항 이하 집현전 소장학사와 동궁 등을 참가시켜 원나라의 웅충이 엮은 ≪고금운회거요≫의 자음을 언문으로 달아 명나라의 ≪홍무정운≫ 체계에 맞도록 새 운서를 편찬하여 당시 한자음을 개혁하려고 한 것이었는데 집현전의 중진 학자들과 함께 그 유명한 언문 반대 상소문을 올렸다.

이 상소문은 여러 학사의 합작으로 조목에 따라서는 언문 창제의 불필요성, 언문의 무용론을 주장한 것으로 사대주의적 성향이 짙은 것으로 평가할 수 있지만, 그 진의는 세종의 한자음 개혁에 반대한 것이 된다.

즉, 세종의 최만리에 대한 친국내용을 보면, "네가 운서를 아느냐? 사성칠음에 자모가 몇이나 있느냐? 만일 내가 그 운서를 바로잡지, 아니면 누가 이를 바로잡을 것이냐."라고 한 것을 보면 최만리 등의 상소는 ≪고금운회거요≫의 번역사업에 이은 ≪동국정운≫의 사업으로 이어질 것이라는 우려에서 비롯되었음을 알 수 있다.

최만리가 소두(疏頭)가 되어 훈민정음 창제에 대한 반대 상소를 올린 1444년 음력 2월 20일을 그레고리력을 적용하여 양력으로 환산하면 2024년 3월 18일이 된다. 이 문제로 세종의 노여움을 사 바로 그날 친국을 받고 투옥되었다가 다음 날 석방되어 복직되었으나 사직하고 고향으로 돌아가 1445년 10월 23일 생을 마감했다.

## ⚙ 훈민정음 창제에 반대 상소를 올린 집현전의 수장

현재를 사는 우리에게 최만리(崔萬理, ?~1445)라는 이름은 그리 낯설지 않을 수도 있지만, 세종 26년 2월 20일 자《세종실록》에 훈민정음 창제에 반대한 대표적 인물로 기록되어 불편한 관계로 기억된다.

훈민정음 창제 당시 세종의 핵심 관서이자 당시 뛰어난 학자들이 모인 집현전에서 약 25년을 근무해 실질석인 수상인 부세학에 올렸고 칭백리에도 선정되었다는 사실로 미루어 볼 때 매우 성공적이었던 삶을 누리던 그가 왜 훈민정음 창제에 대해 반대 상소를 올렸을까 시간을 거슬러 가본다.

세종 당시는 물론 조선 시대 전체를 지배한 기본적인 사상은 성리학이었고 그것의 기본적 외교 방침의 하나는 사대(事大)였기에 조선에서 사대라는 기본 원리를 부정할 수 있거나 그렇게 하려는 지식인은 거의 없었을 것이다.

최만리의 '갑자 상소'도 핵심적 논리는 바로 사대였으며 훈민정음을 창제한 세종도 마찬가지였다. 다만 세종은 훈민정음 창제가 사대와 충돌하지 않을 수 있다고 판단할 수 있는 능력이 있었지만, 최만리는 그러지 못했다. 그는 그 시대의 조건에 충실했다. 그것은 그의 분명한 한계지만, 대부분 양반이 훈민정음 창제 후 오래도록 훈민정음을 천시하며 사용하지 않았다는 사실은 그것이 보편적 한계였음을 또렷이 보여준다.

최만리의 공식적 생애는 태종 14년(1414) 생원과에 급제하면서 시작되었다. 4년 뒤 태종 18년 8월 태종이 양녕대군을 물리치고 충녕대군에게 양위하면서 즉위한 세종은 32년 동안 재위하면서 신생국 조선의 운명을 눈부시게 발전시켜놓았다.

이듬해 4월 새 국왕의 즉위를 경축하는 별시인 증광시가 시행되었을 때 3등이라는 뛰어난 성적으로 급제한 최만리의 첫 관직은 조선 왕실의 계보인 [선원보첩]의 편찬을 맡은 종부시(宗簿寺)의 직장(直長. 종7품)으로 근무했다는 기록이 세종 2년(1420) 윤일월 기사에 나온다.

그러나 그 뒤 최만리의 거의 모든 경력은 집현전에서 이뤄졌다. 그는 세종 2년 3월 집현전이 설치되면서 박사(정7품)로 임명되어 교리(정5품)·응교(정4품)·직제학(종3품)을 거쳐 18년 만에 실질적인 장관인 부제학에 올랐다(세종 20년. 1438). 세종은 집현전에 뛰어난 학자들을 모은 뒤

다른 관서로 옮기지 말고 거기서 오래 근무해 학문을 연마하라고 지시했는데, 최만리는 그런 방침을 충실히 이행한 것이다.

그의 다른 경력으로는 재직하고 있는 관원을 대상으로 치르는 중시(重試)에서 12명 중 2등이라는 좋은 성적으로 급제했고, 세자의 서연에 참여하였으며 잠깐 강원도 관찰사로 나가기도 했지만, 세종 22년(1440) 곧 집현전 부제학으로 복귀했을 뿐 아니라 그해 청백리로 뽑히는 영광을 누리기도 했다.

최만리는 집현전 부제학으로 있으면서 14차례 상소를 올렸다. 그 대부분은 불교를 배척하고(6회) 세자(뒤의 문종)의 섭정을 보좌하는 관서인 첨사원 설치에 반대하는 내용(3회)이었다. 훈민정음 창제에 반대한 상소는 14번의 많지 않은 상소 중 하나일 뿐이었지만, 가장 민감한 사안을 건드린 것이었다.

즉, 세종 26년(1444) 2월 20일 그날 그는 집현전 부제학으로서 신석조 · 김문 · 정창손 · 하위지 · 송처검 · 조근 등 함께 근무하던 아래 관원들과 함께 훈민정음 창제에 반대하는 상소를 올렸다. 그 글은 그해의 간지를 따라 '갑자 상소'로 불리는데, 최만리의 현실적 삶과 역사적 평가에 지대한 영향을 준 사건이 된다.

널리 알 듯 훈민정음은 세종 25년(1443) 12월의 맨 마지막 날 실록에서 매우 중대한 사건인 문자의 창제를 알리는 기록을 "이달에 주상이 친히 언문 28자를 민드셨다(是月, 上親制諺文二十八字 / 시월, 싱친제인문이 십팔자)"라고 짧고 소략하게 밝혔다는 사실은 그것이 비밀스럽게 추진된 작업이었다는 방증으로 평가된다.

세종이 추진한 첫 훈민정음 관련 사업은 이듬해 2월 16일, 원 웅충이 엮은 운서인 [고금운회거요]를 언문으로 번역하는 것이었다. 이런 조처는 '백성을 가르치는 바른 소리'라는 훈민정음의 이름이 웅변하듯, 훈민정음 창제의 일차적 목표가 현실과 맞지 않는 당시의 한자음을 바로잡는 것이 었음을 알려준다. 세종은 그 작업을 최항 · 박팽년 · 신숙주 · 이선로 · 이 개 · 강희안 등 집현전의 젊은 학사들에게 맡겼다.

'갑자 상소'는 이 지시가 있은 지 나흘 뒤 올라왔다. 최만리 등은 "언문 의 제작은 지극히 신묘해 만물을 창조하고 지혜를 운행함이 천고에 뛰어 나지만, 신 등의 구구한 좁은 소견으로는 의심되는 측면이 있어 뒤에 열거 하오니 판단해 주시기를 엎드려 바랍니다"라는 부드럽지만 날카로운 문 장으로 상소를 시작했다.

이어서 훈민정음을 "야비하고 상스러운 무익한 글자"라고 깎아내리면 서 "지금, 이 언문은 새롭고 기이한 하나의 기예(技藝)에 지나지 않아 학문 을 손상하고 정치에 이로움이 없으니 거듭 생각해도 옳지 않다"라고 강하 게 비판했다. 이에 맞서는 세종의 반응 또한 거칠었다.

"지금의 언문은 백성을 편리하게 하려는 것이다. 너희들이 설총은 옳다 고 하면서 임금이 하는 일은 그르다는 것은 무엇 때문인가? 또 너희가 운 서를 아는가? 사성 칠음에 자모가 몇 개나 있는가? 내가 그 운서를 바로잡 지 않으면 누가 바로잡겠는가?"

훈민정음과 관련해 자주 인용되는 이 발언에는 언어학에 관련된 세종 의 자부심이 넘친다. 세종은 최만리를 비롯해 상소에 참여한 사람들을 의

금부에 하옥시켰다가 다음 날 석방하라고 명령했다.

하루 만에 풀려난 최만리는 다시 관직에 나아가지 않았고 이듬해(세종 27년. 1445) 10월 23일에 세상을 떠남으로써 그의 공식적 경력은 이것으로 마감되었다.

아무튼, 최만리가 "작은 잘못이 하나라도 있으면 반드시 간언"한 인물이었다는 평가는 유념할 만하다. 그가 보기에 훈민정음 창제는 사대라는 기본 원리에 저촉되는 것을 포함해 묵과할 수 없는 중대한 문제가 분명했겠지만, 그들의 상소는 신하들 대부분의 생각을 대변한 견해였을 것이다.

결과적으로 당대 최고 수준의 지식인이었던 최만리도 넘거나 깨닫지 못한 한계 너머를 본 유일한 사람은 위대한 임금 세종이었다. 훈민정음 창제라는 그의 위대한 업적은 훈민정음 창제 580년의 긴 시간 동안 수많은 실험과 도전을 겪었지만, 결국 그가 처음 의도한 방향대로 구현되었다.


## 🏵 '훈민정음' 극비 작업을 위한 초수리 거둥

세종은 1444년 2월 28일부터 5월 17일까지 1차 청주 초수리(椒水里 : 충청북도 청주시 청원구 내수읍 초정리의 옛 지명. 텃신이 섞여 있는 탄산수로, 마을 이름인 '초정(椒井)'은 탄산수가 나는 우물이 있다고 붙은 이름이다.)에 거둥(임금의 나들이. 거동擧動의 원말.)하고, 같은 해 윤칠월 15일부터 9월 26일까지 2차 거둥에 이르러 약 120일가량 초수리에 머물렀는데, 1445년 1월 27일 좌의정 신개 등이 초수리로 행차하길 청하였으나 허락하지 않았다.

왜 그랬을까? 청주 초수리에 거둥한 이유가 안질을 치료하기 위함이었다면 2차에 걸쳐 거둥한 다음 해에 좌의정 등의 요청을 거절한 특별한 이유가 있을 것이다.

그 이유를 1444년 청주 초수리의 거둥에는 훈민정음 반포 전에 창제의 마무리를 위한 극비 작업을 위한 행보였다는 것을 '갑자상소문' 기사에서 찾을 수 있다.

훈민정음 창제에 대해서 처음 언급한 사료는 세종실록 세종 25년 (1443) 음력 12월 30일 기사이다. 그리고 한 달 보름 후인 1444년 2월 16일 세종은 집현전 교리 최항, 부교리 박팽년, 부수찬 신숙주, 이선로, 이개, 돈녕부 주부 강희안 등에게 명하여 언문으로 《운회(韻會)》를 번역하게 하였다.

그로부터 나흘째 되던 날 언문 제작의 부당함을 아뢰는 상소를 올리는데 그 해가 세종 26(1444)년 갑자년이므로 세간에서 '갑자상소문'이라고도 한다.
이 갑자상소문은 '集賢殿副提學崔萬理等上疏曰(집현전부제학최만리등상소왈)'로 시작된다. 즉, '집현전 부제학 최만리 등이 상소하여 아뢴다.'라는 것이다.

이 글에 보면 상소를 올리는 신하는 최만리 단독이 아니라, '최만리 등'이라고 하였다.

이 표현은 집현전 부제학이 소두(疏頭 : 연명(聯名)으로 올리는 상소에 맨 먼저 이름을 적은 사람.)가 되어 직제학 신석조, 직전 김문, 응교 정창손, 부교리 하위지, 부수찬 송처검, 저작랑 조근들과 함께 상소를 올렸다는 것을 알 수 있다.

집현전 부제학 최만리 등이 상소하기를, (전략) "무릇 사공을 세움에는 가깝고 빠른 것을 귀하게 여기지 않사온데, 국가가 근래에 조치한 것이 모두 빨리 이루는 것을 힘쓰니, 두렵건 대, 정치하는 체제가 아닌가 하옵니다. 만일에 언문은 할 수 없어서 만드는 것이라 한다면, 이것은 풍속을 변하여 바꾸는 큰일이므로, 마땅히 재상으로부터 아래로는 백료에 이르기까지 함께 의논하되, 나라 사람이 모두 옳다 하여도 오히려 선갑후경하여 다시 세 번을 더 생각하고, 제왕에 질정하여 어그러지지 않고 중국에 상고하여 부끄러움이 없으며, 백 세라도 성인을 기다려 의혹 됨이 없는 연후라야 이에 시행할 수 있는 것이옵니다. 이제 넓게 여러 사람의 의논을 채택하지도 않고 갑자기 이배 10여 인으로 하여금 가르쳐 익히게 하며, 또 가볍게 옛사람이 이미 이룩한 운서를 고치고 근거 없는 언문을 부회 하여 공장 수십 인을 모아 각본 하여서 급하게 널리 반포하려 하시니, 천하 후세의 공의에 어떠하겠습니까?

또한, 이번 청주 초수리(椒水里)에 거둥하시는 데도 특히 연사가 흉년인 것을 염려하시어 호종하는 모든 일을 힘써 산락하게 하셨으므로, 선일에 비교하오면 10에 8, 9는 줄어들었고, 계달하는 공무에 이르러도 또한 의정부에 맡기시어, 언문 같은 것은 국가의 급하고 부득이하게 기한에 미쳐야 할 일도 아니온데, 어찌 이것만은 행재에서 급급하게 하시어 성궁을 조섭하시는 때에 번거롭게 하시나이까. 신 등은 더욱 그 옳음을 알지 못하겠나이다. (하략)"

위 내용은 첫째, '만일에 언문은 할 수 없어서 만드는 것이라 한다면'이라는 표현에서 보듯이 최만리 등은 일단 언문 창제를 기정사실로 하여 받아들이고 있다는 것을 알 수 있다.

둘째, 그렇다 하더라도 '풍속을 변하여 바꾸는 큰일이므로, 마땅히 재상으로부터 아래로는 백료에 이르기까지 함께 의논하지 않고 시행하려고 합니까?'라고 표현하면서 부제학을 비롯한 집현전 주요 학자인 자신들이 배제되었음을 서운해하고 있다.

셋째, 청주 초수리에 거둥하시어 성궁을 조섭하셔야 하는 때에 국가의 급하고 부득이하게 기한에 미쳐야 할 일도 아니고 더욱이 흉년인데, 어찌 언문만은 행재에서 급급하고 번거롭게 하려고 하시는지 신 등은 더욱 그 옳음을 알지 못하겠다고 상소를 올리게 된 동기를 표현하고 있듯이 갑자 상소문 중에서 핵심이 들어있는 글이라는 것을 알 수가 있다.

그렇다면 세종 임금은 평소 즐겨 거둥하였던 온양온천이 있는 온양 행궁으로 치유를 가지 않고 1444년 2월 28일 왕비와 함께 초수리에 거둥하여 나흘 뒤인 3월 2일 초수리에 이르렀고, 그날부터 64일째 되던 5월 7일 환궁하였는데, 얼마나 병이 위급하기에 또다시 같은 해 윤칠월 15일 초수에 거둥하여 59일째 되던 9월 26일 환궁하였을까?

공교롭게도 초수리 행궁에서 약 44km 거리에 있는 속리산 복천사에는 42세의 신미 대사가 24세 때부터 두문불출하고 있었다. 세종 임금이 안질 치료를 위해 머문 초정 행궁에서 신미 대사가 수행하고 있던 복천사까지의 거리는 일반적으로 걸어서 이동하는 말의 평균 속도 약 6~8km/h를 적용할 경우 약 6~7시간 거리이고, 성인이 도보로 이동하더라도 약 12시간 소요되는 거리를 참작한다면 세종 임금이 초수리 행궁으로 복천사에 있는 신미 대사를 불러들일 수 있는 거리였을 것이다.

　　그래서 훈민정음 창제를 오랑캐의 짓이라고 폄훼하고 숭유배불 정책을 내세운 사대모화에 젖은 유생들의 반대가 명약관화한 경복궁보다는 안질을 치유하는 표면적인 이유 외에도 최대한 자유가 보장된 환경에서 신미 대사를 불러서 조언을 구하고 문자 창제에 관한 토론이 가능했던 청주 초수리 행궁이 훈민정음 창제의 마무리 작업을 위한 장소로는 최적지였다는 것을 짐작하는 것은 어려운 일이 아닐 것이다.

　　아쉽게도 이때 세종대왕이 지냈던 초정행궁은 1448년 전소되었지만, 2019년에 복원되었다.

## ❀ 자연을 살펴 만든 문자 훈민정음

　　「훈민정음」의 '훈민(訓民)'은 '백성을 가르친다.'라는 말이다. 「훈민정음」이라는 이름에는 하늘과 땅과 만물이 무엇인지, 사람이 누구이고 무엇을 이루어가야 하는지, 사람이 반드시 알아야 할 가르침이 담겨있다. 이를 쉽게 알 수 있도록 해설한 책이 《훈민정음 해례본》이다.

이 책은 세종의 명을 받들어 정인지, 최항, 박팽년, 신숙주, 성삼문, 강희안, 이개, 이선로 등 8명의 학자가 33개월에 걸쳐 만들었다. 33장의 지면에 33개 문장으로 서문을 담았고 280개의 문장으로 제자원리를 해설하였다.

점 하나, 획 하나도 근본 원리에 어긋나지 않게 철저히 맞춘 것으로 인류역사상 최고의 응용철학서라고 할 수 있으며, 모든 과학의 처음과 끝이라고 할 수 있다.

《훈민정음 해례본》에서 정인지는 서문에 서술하기를 "전하께서 훈민정음을 창제하실 때 천지자연의 운행을 살피시어 만드셨다."라고 하였다.

자연이란 저절로[自] 그리된다는[然] 말이다. 밤이 되면 아침이 오고, 겨울이 오면 봄도 멀지 않게 된다. 그리고 봄이 가면 여름이 오고, 여름이 가야 가을이 오듯이, 잠을 자면 깨어나야 하고, 먹어야 힘이 나는 것이 자연의 이치이다.

우주 만물에는 이렇게 자동으로 돌아가게 하는 근본 원리가 숨어 있다. 그런데 '우주(宇宙)'라는 단어에 대해 현존하는 가장 오래된 문헌은 BC390년에서 BC330년까지 살았던 시교가 저술한 《시자(尸子)》이다.

이 책에서 우주에 관해 설명하기를 '上下四方曰宇(상하사방왈우) 往古

來今曰宙(왕고래금왈주)' 즉, '위아래와 사방을 宇라고 일컫고, 예로부터 지금까지를 宙라고 일컫는다.'라는 것이다. 다시 말해 優는 공간이며, 宙는 시간을 의미하는 것으로 시공간이라고 한다.

이러한 우주는 '삼재(三才)'라고 부르는 天 · 地 · 人 즉, 하늘과 땅과 사람이라고 하는 세 가지 구성요소로 이루어져 있다.

이 세 가지 요소는 그 변화의 동인(動因)으로 작용하는 것을 일컫는 말인데 자연적 구성요소의 대표라 할 수 있는 천지에 인간을 참여시킨 것으로서, 인간의 위치를 천지와 같은 수준으로 끌어올린 인간 중심적 사상을 바탕으로 「훈민정음」을 창제하였음을 알 수 있다.

세종은 깊은 학문적 통찰력을 근본으로 사람의 말소리에 우주의 오묘한 천지인의 생성 과정이 모두 들어있음을 직관한 것이다.

사람이 잠시 말을 하는 동안에도 우주의 시작과 끝이 다 담겨 있듯이 말소리에도 하늘 · 땅 · 사람의 삼재가 있고, 우주에 음양이 있듯이 말소리에도 음양이 있다는 유학적 사상을 근간으로 삶에서는 완성의 모습을 쉽게 볼 수 없지만, 말소리에서는 완성의 모습까지 쉽게 볼 수 있으므로 말소리를 자연과 생명의 축소판으로 파악한 것이다.

이어서 《훈민정음 해례본》에서는 '몽룡(矇矓)'이라고 표현하고 있다.
즉, 사람은 두 가지의 눈을 떠야 하는데, 흔히 육안(肉眼)이라 부르는 지안(地眼)과 심안(心眼)이라 부르는 천안(天眼)이라는 것이다.

地眼으로는 나타난 현상을 보지만, 天眼으로는 현상의 본질을 볼 수 있으며, 地眼은 태어나면서 저절로 열린다. 그러나 天眼은 쉽게 열리지 않고 살아가면서 다양한 삶의 체험을 한 후에 삶을 돌아보면서 조금씩 열리지만, 특별히 탐구하지 않는 한 좀체 열리지 않는다.

이로 인해 「훈민정음」은 귀로만 들을 수 있던 한순간의 말소리를, 언제까지고 눈으로도 볼 수 있게 한다. 덕분에 말소리는 무형이지만, 물질의 요소를 그대로 갖고 있을 뿐만 아니라, 뜻을 펼치고 이루어가는 변화하는 과정을 탐구하게 한다.

곧 말소리에 담긴 원리를 아는 것은 물질의 창조원리와 생명의 변화원리를 아는 것이다. 또 삼재를 아는 것은 생명의 목적을 아는 것이다.

「훈민정음」은 이렇게 만물과 생명의 본질을 볼 수 있게 하는 것이니 곧 천안을 열게 하는 비법인 것이다.

## ✸ 57자에 담긴 훈민정음의 열 가지 비밀

훈민정음은 지구상에 현존하는 200개가 넘는 문자 중에서 유일하게 『조선왕조실록』이라는 역사적 사료에 기록된 문헌을 근거로 창제 자와 창제연도를 알 수 있는 문자이다. 그리고 1940년 훈민정음의 창제원리가 기록된 『훈민정음 해례본』이 발견됨으로써 훈민정음이 창살 무늬를 보고

즉흥적으로 만들었다는 세간의 억측을 일시에 잠재우면서 과학적이고도 철학이 담긴 전무후무한 위대한 문자로 평가를 받을 수 있게 된다. 그래서 대한민국 정부는 1962년 『훈민정음 해례본』을 국보로 지정하였을 뿐만 아니라 유네스코에서도 1997년 세계기록유산으로 지정하여 훈민정음의 우수성을 인정하게 되었다. 그렇다면 세종실록에는 훈민정음에 관해 어떻게 기록하고 있을까?

〈원문〉
是月上親制諺文二十八字其字倣古篆分爲初中終聲合之然後乃成字凡于文字及本國俚語皆可得而書字雖簡要轉換無窮是謂訓民正音

〈독음〉
시월상친제언문이십팔자기자방고전분위초중종성합지연후내성자범우문자급본국이어개가득이서자수간요전환무궁시위훈민정음

〈풀이〉
이달에임금이친히언문28자를지었는데그글자가옛전자를모방하고초성중성종성으로나누어합한연후에야글자를이루었다무릇문자에관한것과이어에관한것을모두쓸수있고글자는비록간단하고요약하지마는전환하는것이무궁하니이것을훈민정음이라고일렀다

위 기록은 『조선왕조실록』《세종실록 102권》세종 25(1443)년 음력 12월 30일 경술 2번째 기사에 보이는 57자의 한자로 쓰인 이 글을 국역하면 글자 수가 한문의 갑절인 114자에 불과한 짧은 기록에서 우리는 훈민정음에 대한 몇 가지의 움직일 수 없는 사실(史實)을 확인할 수 있다.

첫째, 是月 - 이달에 만들었다는 것은 1443년 음력 12월에 만들었다는

때를 알리고 있다.

둘째, 上 - 임금[上:임금 상]인 세종이 지었다고 창제 자를 구체적으로 언급하고 있다.

셋째, 親制 - 임금이 '친히' 지었다고 밝히고 있다. 만약 임금이 직접 창제하지도 않았다면 사관들이 아부하느라 기록했을 리는 만무한데도 훈민정음은 세종이 친히 만들지 않았다는 등의 온갖 허구가 아직도 난무하고 있음은 안타까운 일이다.

넷째, 諺文 -『표준국어대사전』혹은『중학생을 위한 국어 용어사전』의 풀이처럼 "'한글'을 속되게 이르던 말"이거나 "세종대왕이 훈민정음을 만들고 나서 한글은 저급한 것으로 평민이나 상민, 부녀자들이 쓰는 언어이고, 양반이나 선비들은 한자를 사용한다고 하여 우리말'훈민정음'을 '언문'이라고 낮추어 칭하였다."라면 당시 이른바 식자층인 사관들이 훈민정음을 탐탁지 않게 여겼을지라도 임금이 친제한 문자를 감히 비하하는 의미로 적었을 리 없을 뿐만 아니라, 집현전 부제학 최만리 등이 세종 26년 2월 20일에 올린 상소문에서도 22회나 언문이라고 칭하였는데, 이 또한 훈민정음을 비하하는 의미로 사용하지는 않았을 것이다.

아마도 諺의'상말'이란 새김을 '점잖지 못하고 상스러운 말'로 오해한 데서 비롯된 듯한데, '常말'은 '항간에서 백성들이 쓰는 일상의 말'이고 '언문'이란'백성들이 평상시 쓰는 말을 적을 수 있는 글자라는 뜻이다.'

다섯째, 二十八字 - 스물여덟 자라고 훈민정음의 글자 수를 분명하게 기록하고 있는데 잃어버린 네 글자를 다시 찾을 생각은 하지 않고 세종대왕이 창제한 문자는 한글이고 글자 수는 스물넉 자라고 가르치고 있는 현실이다.

여섯째, 其字倣古篆 - 그 글자가 옛 전자(篆字)를 모방했다는 이 구절 때문에 한자의 전서체나 범자(梵字) 혹은 파스파 문자 등을 모방했다는 갖가지 근거 없는 추론만 난무하고 있다.

일곱째, 分爲初中終聲合之然後乃成字 - 훈민정음은 초성·중성·종성으로 나누어졌는데 다시 합한 연후에야 글자를 이루게 된다는 사용 핵심 원리까지 설명하고 있다.

여덟째, 凡于文字及本國俚語皆可得而書 - 무릇 문자에 관한 것과 이어에 관한 것을 모두 쓸 수 있다는 내용은 『해례본』 후서의 정인지 표현을 빌리자면 계명구폐(鷄鳴狗吠)와 풍성학려(風聲鶴唳)까지 세상의 모든 소리를 적을 수 있는 위대한 문자라는 것을 천명하고 있다.

아홉째, 字雖簡要轉換無窮 - 훈민정음의 글자 모양은 많은 획으로 이루어진 복잡한 한자에 비해서 많아야 4획밖에 되지 않을 정도로 간단 요약하지만 전환하는 것이 무궁무진하여 어떤 글꼴도 만들어 낼 수 있다는 독창성을 압축하여 설명하고 있다.

열째, 是謂訓民正音 - 임금이 친제한 언문 28자의 이름은 훈민정음 즉 백성을 가르치는 바른 소리라고 한다.

이같이 훈민정음의 창제에 대한 사료가 있었음에도 창제원리를 기록한 〈해례본〉이 6년이 부족한 500년 후에 경북 안동의 긍구당에서 출현한다. 그래서 우리는 세계문자 중에서 유일하게 창제연도와 창제 자와 창제원리를 정확히 알 수 있는 위대한 문자 훈민정음을 보유한 문자 강국이 된다. 그런데 500년 전 조선인으로 태어나서 조선의 왕이 된 제4대 임금(세종)이 신하들의 강렬한 반대에도 아랑곳하지 않고, 문자를 몰라서 생활에 불편해하는 어리석은 백성들을 위해 창제한 28자의 훈민정음을 우리 후손들은 원형을 파괴하고 있을 뿐만 아니라 창제 지기 명명한 본래의 이름인 훈민정음을 해례본의 존재조차 몰랐던 한 서생이 고쳐 부른 이름 한글에 가려서 한낱 역사에서나 찾아볼 수 있는 이름이 되어버린 것 같아 안타깝다는 생각이 든다.

왜냐면 훈민정음 창제 당시에 극렬하게 반대 상소를 올리던 최만리 등에게 "너희가 운서를 아느냐?"고 일갈하셨던 세종께서 헤아릴 수 없는 밤을 지새우며 연구를 거듭한 끝에 창제하신 훈민정음을 1912년경 주시경이라는 젊은 학자가 한글 즉, '한(韓)나라의 글'이라는 뜻으로 개명해버렸기 때문이다. 더욱이 주시경은 1876년에 황해도에서 출생하여 39세의 젊은 나이인 1914년에 사망한 개화기의 국어학자이기에 1940년에야 발견된 〈훈민정음 해례본〉의 존재조차도 알지 못한 상황이었다. 그뿐만 아니라 세종께서 창제하신 훈민정음은 자음 17자에 모음 11자의 총 28자의 초성·중성·종성으로 구성하되 종성은 초성과 같은 글자를 사용한다는 것과 연서 규칙 및 병서 규칙을 사용하여 세상의 모든 소리를 담을 수 있도록 창제하였으나, 한글은 자음 14자에 모음 10자의 총 24자일 뿐만 아니라, 초·중·종성으로 구성되는 삼성법과 병서 규칙을 제한적으로 사용하고, 연서 규칙은 전혀 사용하지 않고 있어서 세상의 모든 소리를 담을 수 없게 되어버렸다. 그래서, 한글이라는 이름이 혹시 훈민정음을 창제하신 세종의 창제 정신보다는 일제강점기에 조선어를 지킨 것에만 초점을 맞추는 데서 비롯되지는 않았는지 생각해보면서 이제라도 훈민정음과 한글의 명칭에 대한 국민적 토론의 장이 마련되기를 기대해 본다.

그리고, 앞부분의 원문을 풀이한 글에서 문장부호를 지우고 띄어쓰기를 하지 않은 이유는 최초의 문장부호 규정이 1933년 조선어학회가 제정한 〈한글 맞춤법 통일안〉에 부록으로 실려 있으므로 그 이전의 글로 표현하면 문장부호가 없게 될 뿐만 아니라 미국 선교사였던 호머 헐버트가 독립신문에서 최초로 우리말에 띄어쓰기를 적용하면서 시작되었기 때문이다.

# ✽ 『훈민정음 해례본』 당신은 누구입니까?

《훈민정음 해례본(訓民正音 解例本)》이여 당신은 대체 누구이기에 당신을 태어나게 하신 분의 역사를 기록해 놓은 『세종실록』에 단, 한 줄도 당신에 대해서 언급되어 있지 않을까요?

당신을 태어나게 하신 분 이후를 포함하여 『조선왕조실록』을 전부 뒤져봐도 당신의 이름은 어느 곳에서도 찾아볼 수 없을까요?

더욱이 훈민정음을 연구한 조선 시대 학자들마저도 어찌하여 당신의 이름을 직접 언급한 사람은 단, 한 사람도 없을까요?

더욱더 궁금한 것은 지금 우리가 국보 제70호라고 떠받들고 있는 당신은 표지에도 당신의 떳떳한 이름 《훈민정음 해례본》이라고 밝히지 못하고 〈훈민정음〉이라고만 기록되어 있을까요?

아무리 생각해봐도 이해가 되지 않는 것이 한둘이 아닙니다.

첫 번째 궁금한 것은 성군이라고 칭송받는 당신의 주인이신 세종대왕께서 인류역사상 전무후무한 위대한 문자 훈민정음 창제원리와 사용법을 기록한 《훈민정음 해례본》 당신을 왜 목판본으로 간행하였을까요?

당시 국가사업으로 만든 책은 거의 모두 금속활자본으로 간행하였을 뿐만 아니라 세계에서 가장 오래된 금속활자로 인쇄된 책이라고 유네스코가 세계 기록 유산으로 등재한 《직지심체요절》을 발긴한 문지 강국인데 말입니다.

또한, 2021년 6월 29일 서울 종로구 인사동에서 훈민정음 창제 당시 표기가 반영된 가장 이른 시기인 조선 전기에 제작된 훈민정음 금속활자 1600여 점이 발견됐는데도 어찌하여 당신을 누가 어떤 이유로 목판본으로 태어나게 했을까요?

뒤에서 언급하겠습니다만, 세종 5년(1423)에 승문원(承文院 : 조선 시대에 외교문서를 담당한 관청)에서 당신의 주인님께 "〈지정조격(至正條格)〉 10부와 〈이학지남(吏學指南)〉 15부와 〈어제대고(御製大誥)〉 15부를 인쇄하기를 청합니다."라고 계(啓)하였더니, 오히려 "각각 50부씩 인쇄하라."라고 명하셨던 분이신데, 어찌하여 당신같이 가장 아끼는 분을 목판본으로 존재시킨 것도 이상하지만 목판본이든 금속활자본이든 인쇄하라고 명령했다는 기록조차 찾아볼 수 없을까요?

두 번째 궁금한 것은 당신은 언제 태어났을까요? 《세종실록》에는 세종 25년(1443) 음력 12월 30일 자에 '이달에 임금이 친히 언문 28자를 지었다.'라고 〈훈민정음〉의 출생일을 분명하게 기록으로 남겨두었습니다.

그런데, 세종 28년 9월 29일 자에는 '이달에 훈민정음이 이루어졌다'라면서 끝부분에 정인지가 기록한 후서(後序)에는 어찌하여 〈훈민정음〉의 출생신고일을 '정통 11년 9월 상한(上澣)'이라고 두리뭉실하게 표현해 놓으면서 당신을 마무리하였을까요?

세 번째 궁금한 것은 위대한 문자의 해례를 기록해 놓은 당신을 애초에 많이 인쇄하지 않았던지 〈훈민정음〉을 창제한 1443년으로부터 497년 동안이나 어디에 꼭꼭 숨어 있다가 1940년에 와서야 안동 외진 곳에 있는 광산 김씨의 긍구당이라는 서재에서 발견되었는가요?

네 번째 궁금한 것은 문화재청이 국가 소유권을 인정받은 국보급 문화유산인 당신의 상주본과 같이 어째서 당신은 한양 도성이었던 서울도 아니고, 당신의 주인 세종께서 훈민정음 반포 전에 두 차례에 걸쳐 121일간 머물기 위해 건립한 초정행궁이 있는 청주에서는 단 한 권도 발견되지 않고 안동과 직선거리로 약 53km밖에 떨어지지 않은 상주와 같이 경북에서만 숨어지내다가 우연을 가장하고 발견되게 하였는지요? 혹시 우리가 찾아낼까 봐 숨바꼭질하듯 다른 곳에서 꼭꼭 숨어지내지는 않는가요?

그래서 저는 천학비재(淺學菲才)를 무릅쓰고 이런 추측을 해 봅니다.

지금 국보 제70호이자 1997년 10월 유네스코 세계기록유산으로 등재된 당신의 진본이나 혹은 초기 복제품이 임진왜란과 정유재란 때 왜놈들에게 납치되어 일본의 어느 서고에서 갇혀있으면서 구원해달라고 외치고 있지는 않은지 애절한 생각에 잠을 이룰 수가 없습니다.

왜냐하면, 우리에게는 1940년에야 발견된 당신의 존재가 당신만이 알 수 있는 "차청전탁 불청불탁(次淸全濁 不淸不濁)" 등의 내용을 인용하여 일본 학자 '히라타아츠타네(平田篤胤 : 일본 에도 후기의 국학자이자 사상가)'가 1819년에 지은 『신자일문전(神字日文傳)』에 표기된 것을 근거로 추정하고 있습니다.

그렇게 추정하는 합리적인 이유는 얼마 전에 문화재청 산하 국외소재문화재재단이 국내에는 남아 있지 않은 유일본으로 15세기 금속활자본 즉, 1423년(세종 5년) 제작된 '경자자(庚子字)'라는 금속활자로 발행한 〈이학지남〉이라는 책을 일본 도쿄 와세다대 도서관에서 찾아냈다는 보도가 있었기 때문입니다.

결론적으로 모두가 칭송해 마지않는 당신의 존재를 부정하려고 하는 것이 아닙니다.

오히려 정반대로 당신의 위대함을 자손만대에 정확하게 계승시켜주기 위해서 당신의 존재를 바르게 알려야겠다는 사명감으로 좌고우면(左顧右眄)하지 않고 우직(愚直)하게 원근을 불문하고 불러주는 곳이 있으면 한걸음에 달려가서 『훈민정음의 오해와 진실』을 주제로 강의하고 있습니다.

그러나 무엇보다도 문화재청과 국회 문화체육관광위원회에 당신의 진본 소재파악을 위한 국회「학술토론회」를 개최하면서 일본 어느 곳엔가 지금까지 감금되어 있을 당신을 찾아 나설 수 있도록 정부와 국회에서 관심을 가져달라고 외쳐도 보았지만, 무명 서생의 몸짓은 찻잔 속의 태풍처럼 공허한 메아리가 되고 마는 현실이 안타깝기 때문입니다.

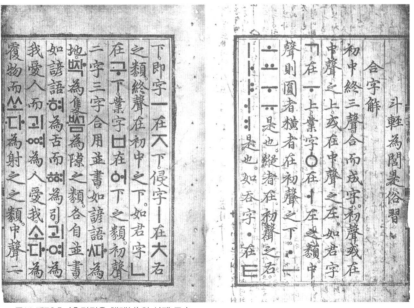

▲ 국보 제70호 〈훈민정음 해례본〉의 실제 모습

# ❀ 금속활자로 찍은 『훈민정음 해례본』의 출현을 기대한다.

"인류가 지구상에 와서 살다 죽어 간 것이 100만 년이나 되었지만, 문자를 사용하기 시작한 것은 6,000년밖에 되지 않았다."(르네 에티앙블)

문자의 역사, 그것은 6천 년이라는 장구한 세월이 일구어낸 인류의 서사시이며, 메소포타미아에서 황하에 이르기까지의 문화가 담긴 장대한 파노라마이자 영감에 가득 찬 예술 세계이다. 문자는 인류 문명의 주춧돌이며, 그 역사는 인류가 물려받은 기억의 총량이다.

인류가 존재한 수만 년 동안 선화(線畫), 기호, 그림 등 간단한 의사소통의 수단은 많이 있었다. 그러나 진정한 의미의 문자가 존재하려면 몇 가지 전제 조건이 필요하다. 문자를 사용하는 집단의 생각이나 느낌을 분명하게 재현할 수 있는 공식적인 기호나 상징체계가 있어야 하며, 이 체계는 여러 사람 사이에 합의된 것이라야 한다.

이러한 체계는 하룻밤 사이에 만들어지지 않는다. 문자의 역사는 그야말로 오랫동안 천천히 진행된 복잡한 과정이다.

그런데 세계에 존재하는 약 70여 개의 문자 중에서 시공을 초월하여 가장 빠른 속도로 창제되고 가장 짧은 시간과 공간을 초월하여 여러 사람이 합의하고 활용할 수 있는 문자가 동아시아 변방의 조선에서 1443년 12월 이달에 만들어졌다.

그렇게 갑작스럽게 만들어진 문자는 이름부터가 백성을 사랑한다는 고백이 담긴 '백성을 깨우치기 위한 바른 소리'라는 의미를 함축한 〈훈민정음)이라고 불렀다.

　백성을 위한 문자 훈민정음은 글자의 모양은 단순하지만, 기형학적으로 이미지를 연상할 수 있도록 고안되었을 뿐만 아니라 세계만방의 어떠한 언어와도 통하지 않는 것이 없는 참으로 신묘하고 충실한 문자로서 세종대왕이 물려준 가장 소중한 민족유산이다.

　"이건 조약돌이 아니라 금속활자입니다."

　2021년 6월 29일 세계의 문자 사와 아울러 금속활자 사에 대변혁을 가져올 어마어마한 일대 사건이 서울 도심의 한 골목에서 어마어마한 폭발력을 지닌 뇌관이 터진다. 그것은 다름 아닌 600여 년 전 한양 도성의 중심부였던 서울 종로구 인사동 피맛골에서 유적을 발굴 중이던 수도문물연구원 조사팀의 외마디가 신호탄이었다.

　16세기 조선의 건물터 땅속에서 나온 도기 항아리 옆구리 구멍으로 시공을 초월하여 자기 존재를 드러내기 위하여 삐져나온 조약돌 모양의 유물 몇 개!
　조심스럽게 씻어보니 15세기 세종대왕의 훈민정음 창제 즈음에 쓰인 것으로 짐작되는 조선 초기 세종대(代)에서 세조 연간에 주조되었을 것으로 추정되는 갑인자인 금속활자라는 판독 결과가 나왔다.

　더욱이 한두 점이 아니라 항아리 내부에는 무려 1600여 개의 금속활자가 가득 들어차 있었는데 이 금속활자 중 일부는 독일인 구텐베르크가 1450년대 서양 최초로 금속활자로 활판인쇄를 시작한 때보다 제작 시기가 수십여 년 앞서는 것들로 추정된다는 점이다.

특히, 훈민정음 창제 시기인 15세기에 한정되어 사용되던 '동국정운식 표기법'을 쓴 금속활자가 실물로 확인되었는데, 〈동국정운〉은 세종의 명으로 신숙주, 박팽년 등이 조선의 한자음을 바로잡기 위해 간행한 우리나라 최초의 표준음에 관한 책으로, 중국 한자음을 표기하기 위하여 사용된 '여린 히읗', '비읍 순경음' 등의 활자는 물론이고 두 글자를 하나의 활자에 연결 표기해 토씨(어조사)의 구실을 한 연주활자(連鑄活字)들도 10여 점이나 나왔다.

이처럼 훈민정음 창제 당시 표기가 반영된 가장 이른 시기인 조선 전기에 제작된 훈민정음 금속활자 1600여 점이 발견되었듯이 우리 대한민국은 세계인이 인정하는 금속활자 강국이다.

이것은 우리만의 주장이 아니라 교육·과학·문화의 보급 및 교류를 통하여 국가 간의 협력 증진을 목적으로 설립된 국제연합전문기구인 유네스코가 인류가 보존 보호해야 할 문화적 세계기록유산으로 〈직지심체요절〉을 2001년 9월 4일 지정함으로써 자타가 공인하는 세계 최고의 금속활자 강국임이 입증된 것이다.

그런데 세계가 인정한 最古의 금속활자 강국에서 이상하게도 세종대왕이 창제한 훈민정음의 원리를 기록해 놓은 『훈민정음 해례본』은 목판본으로 남아 있다는 것이 선뜻 이해하기 어렵다. 앞서 인용한 대로 훈민정음 창제 당시에 사용된 금속활자가 있었는데 무슨 까닭으로 왕의 창작물인 〈훈민정음〉이라는 위대한 문자를 풀이한 서적 『해례본』은 목판으로 출판하였으며, 반 천년이 지난 어느 날 갑작스럽게 한양이 아닌 안동과 그 후 상주라는 경상도 지역에서만 발견되게 하였는지 궁금증을 떨칠 수가 없다.

최근 한류 문화에 대해 세계인의 관심이 높아지는 가운데 한글에 관한 관심도 함께 높아지는 기회를 잘 활용하여 '28자로 이루어진 자모음으로 세상의 어떠한 소리도 적을 수 있는' 신비하고 소중한 자랑스러운 문자 〈훈민정음〉을 문자가 없는 나라와 종족에게 전파하여 명실상부한 세계인류문자가 되게 하는 것은 현재를 살아가는 우리의 몫일 터이다.

그러기 위해서는 민족을 초월한 인류의 영원한 문화유산으로 지정된 〈훈민정음〉의 해설서인 해례본의 금속활자본이 있을 것이라 확신하고 세종대왕의 지혜와 숨결이 깃들어 있는 훈민정음 원본을 반드시 찾아내어 잘 보존하여 후손들에게 온전히 물려주어야 하는 소명의식이 선행되어야 할 것이다.

## ❀ 훈민정음 창제 직후 금속활자로 찍은 책 『월인천강지곡』

조선 왕조 제4대 왕(재위 1418~1450) 세종은 태종과 원경왕후 민씨의 셋째아들로 태어나, 사실상 왕위 계승자가 될 가능성은 크지 않았다. 10년 동안 왕의 셋째아들로서, 평범한 왕자로 생활했던 세종이 청천 부원군 심온(沈溫)의 14살 딸과 가례를 올리고 경숙 옹주로 맞이한 때는 12살 되던 1408년이었다.

1418년 6월에 왕세자로 책봉되고 두 달 후인 8월에 태종의 양위(讓位)를 받아 세종으로 즉위한 후 경숙 옹주는 바로 공비(恭妃)로 불렸다가 세종이 즉위한 지 14년 뒤인 1432년에야 소헌왕후로 개봉(改封)되어 왕후의 책임을 다해야 했다.

세종이 즉위한 뒤에도 아버지 태종은 상왕으로서 군권을 장악하고 국가의 주요 대소사를 결정하는 막강한 권력을 갖고 있었다.

태종은 왕의 권위를 위협하는 세력에 대해서는 가차 없는 숙청을 감행했다. 왕의 인척, 즉 소헌왕후 집안 역시 다음에 있을 화의 근원을 없애기 위해 칼끝을 들이댔다. 소헌왕후의 아버지였던 심온을 가두고 결국 사약을 명해 죽게 했다. 집안은 풍비박산이 났고 소헌왕후는 순식간에 '역적의 딸'이 될 수밖에 없었다.

그런데도 대내외적 처신이 훌륭했을 뿐만 아니라 세종과 사이에서 8남 2녀를 둘 만큼 금실이 좋았던 사이였기 때문에 소헌왕후 본인에게까지는 화가 미치지 않았다.

시아버지의 정치적 노림수로 집안이 몰락했지만, 소헌왕후는 묵묵히 세종의 뒤에서 왕비의 역할을 충실히 해냈다. 세종은 왕비의 집안을 지켜주지 못했던 과거의 아픈 기억과 훌륭한 내조에 대한 고마움 때문에 소헌왕후를 끔찍하게 아꼈다.

소헌왕후의 건강에 문제가 생기자 자식들에게 불공을 명하고 죄수들을 풀어주는 등 신하들이 반대하는 불교적 행사를 밀어붙이기도 했다.

세종 즉위 28년, 소헌왕후가 숨을 거둔다. 소헌왕후가 세상을 떠난 뒤에는 차기 왕이 부모의 합장릉을 명하는 것과는 달리 자신이 직접 합장릉을 명해 자신이 죽고 난 뒤 소헌왕후와 함께 묻히기를 바라기도 했던 세종은 소헌왕후의 명복을 빌기 위해 아들 수양대군에게 석가모니의 전기를 엮은 《석보상절》이라는 책을 만들게 하는데 여기에 부처의 공덕을 기리는 노래를 지어 만든 것이 《월인천강지곡》이다.

《월인천강지곡》은 영웅의 일대기를 그려낸 서사시 구조로 되어 있는데, 전체의 묘사에서 서경이나 서정이 뛰어나고 수사법이 고루 갖추어짐으로써 수려한 서사시로 완결되었다.

조선의 건국이념이 유교였고 신하들의 반대가 있었음에도 세종은 《월인천강지곡》의 편찬을 밀어붙인 이유가 무엇이었을까?

그것은 표면적으로는 대중들에게 〈훈민정음〉을 널리 알리기 위해 아직 백성들에게 더 친숙한 부처 이야기를 새로 만든 문자로 배포함이기도 했지만, 한편으로는 죽은 소헌왕후에게 바치는 진심이기도 했기 때문이다.

《월인천강지곡》은 대부분이 낮춤말의 형태로 쓰여있는데 특이하게도 서장에 해당하는 '기이'편만은 유독 극존칭을 쓰고 있다는 것을 발견할 수 있다.

**세존의 일을 사뢸 것이니**
**만 리 바깥의 일이지만**
**눈에 보이는 듯 생각하소서.**

**세존의 말씀을 사뢸 것이니**
**천 년 전의 말이지만**
**귀에 들리는 듯 생각하소서.**

만 리 바깥, 천 년 전의 물리적, 시간적 거리를 뛰어넘어 소헌왕후에게 보내는 서정시의 한가락처럼 느껴진다. 기이편의 이 내용을 통해 세종이 《월인천강지곡》을 만든 이유가 결국 소헌왕후에게 보내는 사모곡(思慕曲)이었다는 추측도 해볼 수 있다.

그런데 세종대왕이 1443년 훈민정음을 창제하고 난 뒤 1446년 9월에 발간된 《훈민정음 해례본》은 목판본인데, 1447년에서 1448년 사이에 간행된 《월인천강지곡》은 정음 금속활자로 찍어 낸 최초의 책이라는 점에 특별히 주목하고 싶다.

왜냐하면, 고려의 금속활자는 조선 시대로 이어져 금속활자를 만들기 위해 태종은 주자소를 설치하고 세종은 주자소를 이어가며 1434년 기존 활자에 비해 크게 만들어 노인들까지 편하게 책을 읽도록 배려하여 갑인자 20여만 자를 주조한다. 금속활자인 이 갑인자는 삼강행실도, 소학, 자치통감 등을 간행해 백성들을 깨우치고 가르치고자 하였는데, 유독 훈민정음 해례본은 목판본이기 때문이다.

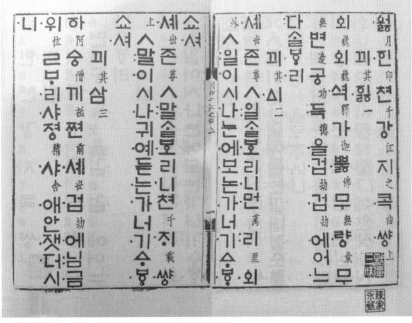

▲ 극존칭을 쓰고 있는 〈월인천강지곡〉 '기이'편 실제 모습

# 🏵 한글 24자와 훈민정음 28자

성군 세종 때의 이룩된 업적 하나하나가 중요하지 않은 것이 없지만, 그래도 굳이 가장 위대한 업적을 손꼽으라면 '훈민정음 창제'라는 답에 이의를 제기하지 않을 것이다.

그러나 훈민정음에 대해서 구체적으로 설명해 보라 하면, 십중팔구는 '한글, 24자, 해례본, 표음문자, 나랏말싸미….' 등의 단어를 나열하다가 이내 자신의 무지함에 조금은 놀라면서 입을 굳게 닫아 버리는 모습을 쉽게 볼 수 있다.

[1절]
강산도 빼어났다 배달의 나라
긴 역사 오랜 전통 지녀온 겨레
거룩한 세종대왕 한글 펴시니
새 세상 밝혀주는 해가 돋았네
한글은 우리 자랑 문화의 터전
이 글로 이 나라의 힘을 기르자

[2절]
볼수록 아름다운 스물넉 자는
그 속에 모든 이치 갖추어 있고
누구나 쉬 배우며 쓰기 편하니
세계의 글자 중에 으뜸이도다
한글은 우리 자랑 민주의 근본
이 글로 이 나라의 힘을 기르자

이 글은 최현배 선생님이 작사하신 '한글날 노래' 가사이다. 이 노랫말처럼 우리는 창제 자인 세종대왕이 지어준 훈민정음이라는 이름을 한글로 바꿔 배우고, 친히 지으신 '스물여덟 자'를 '스물네 자'라고 배우고 있다.

왜 네 글자가 없어졌는지 물어보면 일반적인 대답은 오늘날 사용하지 않아 없어졌다고 한다.

스물여덟 자로 만들어져서 세상 모든 소리를 적을 수 있게 되어 있는데, 우리가 사용하지 않는다고 오묘한 소리글자 네 글자를 빼 버린 것이다.

없는 것도 있다고 할 터인데 있던 것을 더 발전시켜 유용하게 쓸 생각은 하지 않고, 세종께서 우주 원리와 자연법칙을 바탕으로 어리석은 백성들을 위해 만드신 글자를 어떤 권한으로 우리 스스로 버려버리는 것인지 도무지 이해할 수가 없다.

세종대왕이 만드신 "글자 수는 스물여덟 자이고 초성·중성·종성으로 나누어 합한 연후에야 글자를 이루는데, 글자는 비록 간단하고, 요약하지만 전환하는 것이 무궁하니, 이것을 훈민정음이라고 이른다." 〈세종실록 1443년 12월 30일〉

다시 말해, 세종대왕은 〈국어사전〉의 풀이처럼 '생각이나 일 따위의 내용을 글자로 나타낸 기록'이라는 뜻의 '글[한글]'을 만드신 것이 아니라, '말을 적는 일정한 체계의 부호'라는 '글자[훈민정음]'을 만드신 것이다.

세종께서 안질과 소갈병 등 갖가지 병마와 싸우면서도 헤아릴 수 없는 날들을 밤을 지새우며 연구하여 만드신 글자 훈민정음에 대해서 정확하게 알려야 한다.

"역사를 잊은 민족에게는 희망이 없다"라는 말이 있다. 현대의 '한글'을 올바르게 사용하기 위해서라도 '훈민정음'에 대한 의식을 정확히 가져야 한다.

〈훈민정음 해례본〉의 [서문]에서 정인지는 다음과 같이 현재는 없어져 버린 네 글자[• - 아래 아, ㆁ- 옛이응, ㅿ- 반시옷, ㆆ- 여린 히읗]를 포함한 28자라는 새 문자의 창제 동기 및 특징과 장점 등에 관하여 간략하게 설명하였다.

"계해년 겨울에 우리 전하께서 정음 28자를 처음으로 만들어 예의를 간략하게 들어 보이고 명칭을 《훈민정음》이라 하였다. 물건의 형상을 본떠서 글자는 고전(古篆)을 모방하고, 소리로 인하여 음은 칠조에 합하여 삼극의 뜻과 이기의 정묘함이 구비 포괄되지 않은 것이 없어서, 28자로써 전환하여 다함이 없이 간략하면서도 요령이 있고 자세하면서도 통달하게 되었다.

그런 까닭으로 지혜로운 사람은 아침나절이 되기 전에 이를 이해하고, 어리석은 사람도 열흘 만에 배울 수 있게 된다. 이로써 글을 해석하면 그 뜻을 알 수가 있으며, 이로써 송사를 청단하면 그 실정을 알아낼 수가 있게 된다.

자운은 청탁을 능히 분별할 수가 있고, 악가는 율려가 능히 화합할 수가 있으므로 사용하여 구비하지 않은 적이 없으며 어디를 가더라도 통하지 않는 곳이 없어서, 비록 바람 소리와 학의 울음이든지, 닭울음 소리나 개 짖는 소리까지도 모두 표현해 쓸 수가 있게 되었다."

세종 25년 되던 1443년 섣달 그믐날의 〈세종실록〉 기록에 "이달에 임금께서 친히 언문 스물여덟 자를 창제하셨다. (중략) 이것을 훈민정음이라고 한다.'라고 57자의 한자로 간단히 기록되기에는 너무나 위대한 한민족의 대 역사적 사건을 넘어선 인류 문자 사에 있어서 전무후무한 커다란 획을 그은 것이다.

그래서 세종대왕이 만드신 것은 한글 24자가 아니고 훈민정음 28자라는 것을 제대로 가르치고 바르게 알아야 할 것이다.

# 🏵 국보 《훈민정음 해례본》에 숨겨진 이야기

1962년 12월 20일 국보 제70호로 지정되었고, 1997년 10월 유네스코 세계기록유산으로 등재된 《훈민정음 해례본》이 한 권의 책에 얽힌 숨겨진 이야기를 해 본다.

『해례』는 「제자해」, 「초성해」, 「중성해」, 「종성해」, 「합자해」의 다섯 가지 훈민정음의 자음과 모음이 만들어진 원리와 사용법에 대한 해설과 「용자례」를 통해서 정음의 활용 방법 등에 대한 예시를 기록해 놓은 책으로 가로 20㎝, 세로 32.3㎝ 크기이다. 표지 2장에 본문 33장으로 이루어졌는데, 표지와 첫 두 엽(葉 종이 따위를 세는 단위)은 없어진 것을 훗날 보충한 것이다.

전 세계에 존재하는 문자를 통틀어 문자에 대한 해설서가 있는 글자 훈민정음은 유일성과 영향력에서 유일하며 대체 불가능하여 유물의 손실 또는 훼손이 인류 유산에 막대한 손실을 초래하고, 일정 기간 동안 세계의 특정 문화권에서 역사적 의미가 있는 자료로 유네스코 등재 기준에 적합하므로 지정한다고 밝힌 자랑스러운 인류문화유산이다.

이렇게 자랑스러운 《훈민정음 해례본》은 훈민정음 2차 반포 후 494년 동안 꼭꼭 숨어있다가 1940년 5월 우리 앞에 모습을 드러내게 되는데 그 과정이 한 편의 드라마를 보는 것 같아서 출현 과정의 숨은 이야기를 소개한다.

《훈민정음 해례본》은 건국대 박종덕 교수가 「〈훈민정음 해례본〉의 유출과 과정 연구」란 주제를 2006년 발표하기 전까지 세간에서는 1940년 8월 경북 안동군 와룡면 주하리 진성 이씨 이한걸(1880~1951) 집에서 세전가보(世傳家寶)로 전해온 것을 이용준(1916~?·월북)이 훔쳐서 간송 전형필에게 팔아넘긴 것이라고 알려져 왔다.

박종덕 교수의 논문을 근거로 《훈민정음 해례본》의 유출과정을 살펴본다.

세종대왕이 강화 도호부사로 재직하였던 '김수'에게 백성 훈육용으로 내린 《훈민정음 해례본》을 세전가보로 보관하고 있었던 긍구당(肯構堂)은 경상북도 안동시 와룡면 가야리에 있는 광산 김씨 종택인데, 1933년 같은 안동지역의 이한걸의 셋째 아들인 16살의 이용준을 두 살 어린 김응수(1880~1957)의 셋째 딸 김남이와 혼인하게 하여 사위로 맞이한다.

장인이 된 긍구당 주인 김응수는 당시 성균관대 전신인 경학원에서 수학하면서 장래가 촉망되는 학자 사위인 이용준을 매우 아껴, 사위가 긍구당에 올 때마다 마음껏 서재를 이용하는 특권을 부여했다.

이용준은 장인의 배려로 긍구당을 드나들 수 있는 것을 기회로 〈매월당집〉과 함께 《훈민정음 해례본》을 빼낸다.

한편, 한문학자이자 국문학자였던 김태준(1905~1949)은 경성제국대학 예과와 같은 대학 법문학부 중국 문학과를 졸업하고 명륜학원과 경성제국대학에서 강사로 있으면서 '조선소설사'와 '조선 한문학사'를 강의하고 있었다.

그런데 그의 제자 중에 바로 안동 출신의 이용준이 있었다. 1939년 8월의 여름 어느 날, 수업이 끝나자 제자 이용준은 교무실로 따라와서 김태준에게 "드릴 말씀이 있습니다."라면서 뜻밖의 말을 털어놓는다. "우리 집안에는 조상 대대로 물려오는 고문서가 많이 있는데, 그중에는 훈민정음이라는 책이 가보로 전해 내려오고 있다."라는 것이었다.

한문학자였던 김태준은 이용준의 말이 믿기지 않아서 직접 확인해 보니, 《훈민정음 해례본》은 이용준 집안이 아닌 이용준의 처가댁인 광산 김씨의 집안에서 보관하고 있었던 가보였던 것이었다.

김태준은 이야기를 들은 후, 〈한남서림〉에 있는 문화재 수집가이자 연구가였던 간송 전형필을 찾아가서 해례본의 존재 사실을 알렸다. 〈한남서림〉은 백두용이 1905년에 종로구 관훈동에 세운 고서점이었는데, 전형필이 26세 때인 1932년에 인수하여 이순황에게 운영을 맡긴 곳으로 평소 전형필은 이곳을 문화재의 수집 장소로 활용하고 있었다. 그동안 훈민정음의 행방을 애타게 찾고 있었던 전형필은 흥분되어 곧바로 이용준에게 가자고 재촉했다. 《훈민정음 해례본》의 진본 여부와 매각 의사를 확인하고 있었던 김태준은 한성에 있는 이용준의 거처로 찾아가서 전형필의 구매 의사를 전하고 이용준과 함께 안동의 시골집으로 찾아갔다.

《훈민정음 해례본》을 마주한 김태준이 자세히 살펴보니 표지와 맨 앞의 두 엽이 없었다. 이를 눈치챈 이용준이 거짓말로 둘러대기를 연산군 당시 언문 책 소지자를 엄벌해 처한다는 어명을 피하고자 첫머리 2장을 떼어버려 없는 상태로 전해져 왔다고 하였지만, 실은 이용준이 처가인 긍구당 소유임을 숨기기 위해 장서인 찍힌 부분을 뜯어낸 것이었다.

박헌영, 김상룡 등으로 구성된 사회주의 지하조직으로서 인민전선부를 맡고 있었던 김태준은 전형필에게 받을 소개비를 '경성 콤그룹'의 활동자금으로 사용해야겠다고 생각을 하고 있었다.

그래서 전형필에게 제대로 구전을 받으려면 낙장 되어 있는 부분을 복원하여 원본처럼 만들어 놓아야 할 것으로 생각하여 경성제대 도서관에 소장되어 있던 《세종실록》을 이용하여 복원할 계획을 세웠다.

그러나 이미 자신에게 포섭되어 지하조직원이 된 이용준이 혹시라도 체포된다면 모든 계획이 수포로 돌아갈지도 모른다고 생각해서 이 계획을 밝히지 않았고, 이용준 역시 그 책이 자신의 가문에서 전해온 것이 아니라 처가인 광산 김씨 종택 긍구당에서 훔쳐내어 앞 장 두 장을 떼어낸 것이라고 거짓말한 사실을 숨기고 있었다.

이렇게 치밀한 계획을 세운 김태준은 남보다 탁월한 자신의 암기력을 활용하여 경성제대 도서관에서 《세종실록》을 열람하여 세종 28년(1446) 9월 29일의 훈민정음 창제에 관한 기사를 외워다가 안평대군의 서체를 잘 써서 서주(西洲)라는 호로 교남서화연구회 회원으로 활동할 정도로 서예가로 인정받기도 했던 이용준에게 쓰게 하였다.

김태준과 이용준은 낙장 된 부분의 내용 복원과 안평대군 글씨체의 연습을 끝내고, 《훈민정음》 종이와 비슷한 누런색의 한지를 만들기 위하여 궁리하고 있었는데, 때마침 '경성 콤그룹'에 대한 검거 열풍이 불자 두 사람은 안동에 있는 이용준의 집으로 가서 한지를 쇠죽 솥에 넣고 삶는 방식으로 누런색이 나게 하는 데 성공하여 이용준이 안평대군 서체로 글씨를 써서 복원한 후 전형필에게 서신을 보내어 구매 의사를 넌지시 물어보았다.

그러나 사회주의자로 알려져 옥살이까지 한 김태준을 직접 접촉해서 《훈민정음》을 사들이면 어떤 후환이 닥칠지 모를 위험이 있는 데다가, 김태준이 다시 체포되어 고문을 받다가 이 사실을 발설할 경우 그동안 온갖 어려움을 극복하면서 수집해 두었던 각종 문화재급 수장품과 간송 문고까지 문제가 될 것을 우려하여 구매 의사를 타진한 편지를 불사른 후 〈한남서림〉의 관리인 이순황에게 연락하여 달라고 부탁하자 이순황은 자신이 아니면 누가 이렇게 중요한 일을 할 수 있겠느냐면서 망설임 없이 쾌히 응해주었다.

이순황의 연락을 받고 〈한남서림〉으로 찾아온 김태준을 만난 전형필은 《훈민정음》의 값을 얼마나 받을 것인지 묻자, 김태준은 쓸 돈을 고려하여 자기 생각으로 너무 과한 금액이라고 생각하며 조심스럽게 1천 원을 불렀는데 현재의 화폐가치로는 약 3억 원에 해당하는 거금이다. 전형필은 뜻밖에도 "천태산인(김태준의 호) 그런 귀한 보물의 가치는 집 한 채가 아니라 열 채라도 부족하오."라고 하면서 보자기 두 개를 건네주면서 그중에 천 원이 담긴 보자기를 김태준에게 내밀면서 "이것은 《훈민정음》의 값이 아니라 이 귀한 책을 소개해 준 천태산인께 드리는 성의로 준비한 사례요."라고 한 뒤 이어서 다른 보자기를 건네면서 "이것은 《훈민정음》의 값으로 만 원을 담았습니다. 이렇게 값진 보물은 적어도 이런 대접을 받아야 한다고 생각해요."라고 하면서 김태준이 제사한 값의 10배나 되는 거금을 건넸다.

소문을 들어 짐작은 하고 있었으나 너무나 통이 큰 전형필에게 감탄한 김태준은 즉석에서 "만 원을 책정하여 인편으로 내려보내니 정중히 책을 건네고 책값으로 과분하게 받았으니 다른 책도 몇 권 더 주면 좋겠다."라는 편지를 써서 이순황을 안동으로 내려보냈다. 그리고 얼마 후 이순황을 통해서 꿈에 그리던 《훈민정음》의 원본을 받아 본 전형필이 내용을 확인해 보니 모두 3부 33장으로서 제1부는 훈민정음 본문을 4장 7면에 면마다 7

행 11자씩, 제2부는 훈민정음해례를 26장 52면에 면마다 8행 13자씩이나 마지막 면은 3행이고, 제3부는 정인지의 서문으로 3장 6면에 한 자씩 내려 싣고서 그 끝에 '정통 11년 9월 상한'이라고 명시하고 있는데 그 해가 바로 세종 28년으로 《세종실록》 병인년(1446년) 9월 29일 자의 기사대로 '상세히 해석을 가하여 여러 사람을 깨우치게 하라고 명하셨다.'라는 내용과 일치한 명실상부한 《훈민정음 해례본》이 세상에 모습을 드러내게 되었다.

일제의 감시 위험을 무릅쓰고 이를 인수했다. 소유주가 1천 원을 불렀으나 전형필은 10배인 1만 원을 지급했다. 기와집 10채를 살 수 있는 금액이었다. 책을 소개한 김태준은 따로 수고비 1천 원을 받았다. 이로 인하여 해례본이 온전히 보존될 수 있었다. 해방이 되자 이 책의 존재 사실이 널리 알려지면서 훈민정음 창제원리가 세상에 알려지게 되었다.

간송 전형필은 자신이 소장하고 있는 문화재 중에서 최고의 보물로 여긴 《훈민정음 해례본》은 6.25 전쟁 중에 피난하면서도 품속에 넣고 다녔다고 하기도 하고 오동나무 상자에 넣어 잘 때도 베개로 삼아 베고 자며 지켰다고 전한다.

한편 김태준은 1941년부터 옥고를 치르다 1943년 여름 병보석으로 석방된 뒤 항일 무력운동의 가능성을 탐색하다 조선의용군이 주둔하던 연안(延安)으로 떠난다. 1945년 4월 연안에 도착한 이후 일제 패망 소식을 듣고 걸어서 11월 하순 서울에 도착한 김태준은 12월 경성대학 초대 총장에 선출됐으나 미군정청의 인정을 받지 못했다. 그는 1946년 11월 남조선노동당 문화부장에 임명됐고 남로당 간부로 지리산 빨치산 유격대들을 대상으로 특수문화 공작을 하다가 전북 남원에서 국군토벌대와 경찰에 체포되어 1949년 11월, 서울 수색 근처에서 총살되었고, 이용준은 남로당 활동을 하다가 월북하여서 생을 마쳤다고 전해진다.

▲ 2023년 6월 14일 〈훈민정음 해례본〉이 처음 발견된 곳으로 알려진 경북 안동시 긍구당을 방문하여 종부인 김진숙 여사를 예방하고 긍구당의 유래 및 훈민정음 해례본과 관련된 일화를 들었다.

# 🏵 우리말로 불렀던 식물 이름을 우리 글자로 쓰라

1446년 간행된《훈민정음 해례본》은 '새로 만든 문자를 만든 원리와 방법, 특성 등을 설명하여 풀이'한 「제자해(制字解)」, '스물 석 자의 닿소리가 첫소리에 서 어떻게 쓰이는지에 대한 풀이'를 한 「초성해(初聲解)」, '가운뎃소리가 글자에서 어떤 곳에 어떻게 위치하여 어떻게 음을 내는지에 대한 풀이'를 한 「중성해(中聲解)」, '끝소리로 쓰이는 8자의 닿소리와 성조에 대한 풀이'를 한 「종성해(終聲解)」, '첫소리, 가운뎃소리, 끝소리 글자를 어울려 써야 글자를 이루는 원리에 대한 풀이'를 한 「합자해(合字解)」 등 다섯 가지 해설로 이루어진 오해(五解) 부분과 '새로운 문자를 사용한 예시'를 든 「용자례(用字例)」로 이루어져 있어서 〈해례〉라고 한다.

해례 중에서 특히 「용자례」는 우리 말로 된 이름은 있었으나 누구나 쓰고 읽을 수 있는 글자가 없어서 어쩔 수 없이 한자로 적어야 했던 우리나라에서 자생하거나 재배하는 식물 이름을 보기로 들면서 "'삽됴'가 蒼朮菜(창출채)가 됨과 같다."와 같이 식물 이름을 훈민정음으로 적을 수 있는 사용 방법을 예시한 식물명이 총 19종이 확인된다.

첫소리[초성]로 예를 든 식물이 7종으로 柿(시)를 '감'으로 쓰고, 갈대 蘆(로)는 '골'이라고 쓰고, 大豆(대두)는 '콩(끝소리는 ㆁ)'이라고 쓰고, 띠 풀 茅(모)는 '뒤'라고 쓰고, 葱(총)은 '파'라고 쓰고, 산약이라고 하는 薯蕷(서여)는 '마', 표주박 瓠(호)는 '드릐'라고 쓰면 되고, 가운뎃소리[중성]로 예를 든 식물은 小豆(소두)는 팥인데 '꿋'이라고 쓰고, 산기슭의 양지쪽에서 자라는 가래나무 楸(추)는 'ㄱ래'라고 쓰고, 볏과의 한해살이풀을 이르는 기장 稷(직)은 '피'라고 쓰고, 버드나무 柳(류)는 '버들'이라고 쓰고, 고

욤나무 欜(영)은 '고욤'이라고 쓰고, 삽주 나물 蒼朮菜(창출채)는 '삽됴'라고 쓰고, 율무 薏苡(의이)는 '율믜'라고 쓰고, 稻(도)는 '벼'라고 쓰는 것이니 예나 지금이나 한가지로 8종이고, 끝소리[종성]로 예를 든 식물은 닥나무 楮(저)는 '닥'이라고 쓰고, 신나무 楓(신)은 '싣'이라고 쓰고, 섶나무 薪(신)은 '섭'이라고 쓰고, 海松(해송)은 '잣'이라고 쓰는 것으로 4종의 식물을 예로 들었다.

이처럼 「용자례」에서 가운뎃소리의 사용법으로 보기를 든 '삽됴'라는 식물은 도회지에서 낳고 자란 필자에게는 생소한 이름이어서 특별히 눈길을 끈다.

왜냐면 그동안 蒼朮菜(창출채)라고 써왔던 식물을 앞으로는 '삽됴'라고 쓰면 된다고 풀이하고 있기 때문이다.

그렇다면 삽됴는 어떤 식물일까 궁금하여 인터넷을 검색해 보니 "'삽됴'는 현재에는 '삽주'로 부르는 국화과 삽주 속(Atractylodes) 식물이다."라고 설명하고 있다.

삽주는 뭐고 국화과 삽주 속은 뭔가? 이곳저곳을 검색하다가 다음과 같은 무명씨의 수필 한 편과 만난다.

"어릴 적 산골에서 학교 다니던 시절, 가을걷이 끝나고 나면 어머니는 산에 가서 삽주 뿌리를 캐셨다. 수북하게 쌓여 있는 삽주 뿌리를 겨우내 껍질을 벗겨서 말린 다음 시장에 나가 파셨는데, 이때 번 돈의 일부는 내 용돈으로 들어왔다. 그때는 삽주가 무엇인지도 몰랐다. 이 삽주 뿌리를 어머니는 '산추 뿌리'라고 불렀기 때문에 근래까지도 몰랐다. 작년 말 초겨울의 어느 날, 산에서 찍어온 다 말라버린 '삽주' 사진을 식물도감에서 살펴보고 있을 때 어머니가 보시곤 '이거 산추뿌리인데'하신다. 겨우내 깎아 말리시던 그 산추 뿌리가 삽주 뿌리였던 것이다. 이 삽주는 약초이기도 하지만 봄에 산나물로 먹기로도 좋다고 하신다. 산골동네에서 '삽주 뿌리' 발음이 '산추 뿌리'로 변해서 사투리로 정착된 것일 터이다. 넉넉하지 않았던 산골 우리 집 살림살이에 보탬이 되었던 약초이고, 가끔 용돈이 생기게 한 식물이니 귀할 수밖에 없다. 산추뿌리는 생으로 파는 것보다 껍질을 벗겨 말려 파는 것이 돈이 더 된다고 말씀하신 것도 기억난다."

이렇듯 조상 때부터 우리가 불러온 식물 이름을 우리 글자가 없어서 한자로 표기할 수밖에 없었던 '창출채'가 비로소 우리 말로 불러온 '삽주'라는 본래의 이름을 언문으로 적을 수 있으니 이 얼마나 정겨운가?

이것이 세종대왕께서 새로운 글자 스물여덟 자를 만드시어 우리에게 하사하신 위대한 문자 훈민정음은 魂(혼) · 創(창) · 通(통)으로 요약되는 고귀한 선물이다.

'나라의 말소리가 중국과 달라서 한자로 표기하는 글과 우리말로 표현하는 것이 서로 통하지 않아서 백성들이 말하고자 하는 바를 적을 수도 없어서 자기의 뜻을 글로 표현하지 못하는 사람이 많다는 것을 불쌍히 여겨서 새로 스물여덟 글자를 만들었으니 어떤 사람이든지 쉽게 익힐 수 있을 것이니 날마다 편하게 사용하라'라고 창제하신 세종대왕의 의도를 증명해 보이고 싶다는 과욕을 부려본다.

# 훈민정음 활용

· 훈민정음을 연구한 조선 시대 학자 성현과 최세진
· 훈민정음을 연구한 조선 시대 학자 신경준
· 훈민정음을 연구한 조선 시대 학자 유희
· 보물로 지정된 언문 사랑 편지
· 언문 편지에 담긴 한국판 '사랑과 영혼'
· 훈민정음 자모음의 이름에 담긴 비밀
· 연산군 언문 탄압의 전모
· 만 원권 지폐에 숨어 있는 훈민정음 28자와 관련된 도안
· 외국인이 본 훈민정음
· 훈민정음에 담긴 세계적 창의성
· 엉겅퀴라고 적을 수 있는 문자 훈민정음

ㅁ。脣音ᅙᅳᆷ如ᅀᅵᆼ彌ᄝᅵᆼ字쪼ᇰ初發聲

ㅁᄂᆞᆫ脣쎵音ᅙᅳᆷ은이니如ᅀᅵᆼ彌ᄝᅵᆼ字쪼ᇰ初
發벓聲ᅀᅵᆼᄒᆞ니라

ㅁᄂᆞᆫ입시울쏘리니彌ᄝᅵᆼ字쪼ᇰ처ᅀᅥᆷ
펴아나ᄂᆞᆫ소리ᄀᆞᆮᄒᆞ니라

ㅈ。齒音如即字初發聲
並書如慈字初發聲

ㅈᄂᆞᆫ齒칭音ᅙᅳᆷ은이니如ᅀᅵᆼ即즉字쪼ᇰ初총
發벓聲ᅀᅵᆼᄒᆞ니並뼝書ᅀᅵᆼᄒᆞ면如ᅀᅵᆼ慈쪼ᇰ齒칭
ㆆ字쪼ᇰ初총發벓聲ᅀᅵᆼᄒᆞ니라

ㅈᄂᆞᆫ니쏘리니即즉字쪼ᇰ처ᅀᅥᆷ펴아나
ᄂᆞᆫ소리ᄀᆞᆮᄒᆞ니글ᄫᅡ쓰면慈쪼ᇰ字쪼ᇰ
처ᅀᅥᆷ펴아나ᄂᆞᆫ소리ᄀᆞᆮᄒᆞ니라

ㅊ。齒音如侵字初發聲

ㅊᄂᆞᆫ齒칭音ᅙᅳᆷ은이니如ᅀᅵᆼ侵침ㅂ字쪼ᇰ初
發벓聲ᅀᅵᆼᄒᆞ니라

ㅊᄂᆞᆫ니쏘리니侵침ㅂ字쪼ᇰ처ᅀᅥᆷ펴아
나ᄂᆞᆫ소리ᄀᆞᆮᄒᆞ니라

ㅅ。齒音如戌字初發聲
並書如邪字初發聲

ㅅᄂᆞᆫ齒칭音ᅙᅳᆷ은이니如ᅀᅵᆼ戌슗字쪼ᇰ初총
發벓聲ᅀᅵᆼᄒᆞ니並뼝書ᅀᅵᆼᄒᆞ면如ᅀᅵᆼ邪썅
ㆆ字쪼ᇰ初총發벓聲ᅀᅵᆼᄒᆞ니라

ㅅᄂᆞᆫ니쏘리니戌슗字쪼ᇰ처ᅀᅥᆷ펴아나
ᄂᆞᆫ소리ᄀᆞᆮᄒᆞ니글ᄫᅡ쓰면邪썅ㆆ字쪼ᇰ
처ᅀᅥᆷ펴아나ᄂᆞᆫ소리ᄀᆞᆮᄒᆞ니라

# 🏵 훈민정음을 연구한 조선 시대 학자 성현과 최세진

조선의 네 번째 왕에 의해 독창적으로 만들어진 조선의 문자 『훈민정음』에 대해서 모화사상에 젖어 있던 조선 시대 학자들은 어떻게 이해하고 있었을까 궁금하다.

왜냐하면, 훈민정음 창제 과정이 비밀리에 이루어졌을 뿐만 아니라, 훈민정음의 제자원리가 기록된 ≪훈민정음 해례본≫마저도 훈민정음이 창제된 1443년 음력 12월로부터 497년이 지난 뒤에야 경북 안동에서 발견되었기 때문이다.

결과적으로 훈민정음 창제 이후 조선 시대 학자들은 훈민정음의 독창성과 과학성에 대해서는 칭찬을 아끼지 않았다는 점을 발견할 수가 있다.

어떤 이는 훈민정음을 창제한 세종의 천재성을 극찬하면서 성인(聖人)이라고 표현하기를 주저하지 않았지만, 그들은 한결같이 훈민정음 제자원리에 대해서는 명확한 해석을 내리지 못하고 있었다는 것을 확인할 수 있는데 이것이 조선 시대 학자들의 한계였던 것 같다.

그래서 훈민정음을 연구한 조선 시대 학자들을 통해서 훈민정음이 왜곡되고 있는 원인을 찾아보는 실마리가 될 것 같아서 정리해보려고 한다.

훈민정음 창제 후 시대순으로 학자를 살펴보면 먼저 성종 때 학자인 성현(成俔 1439~1504)을 들 수가 있다.

≪훈민정음 해례본≫의 집필자 중 한 사람인 성삼문과 같은 항렬의 먼 족척인 그는 ≪악학궤범≫과 ≪용재총화(慵齋叢話)≫라는 명저를 남겼는데 ≪용재총화≫ 권7의 기사에서 훈민정음이 범어(梵語) 즉 산스크리트를 모방했다고 주장하고, 세종이 「언문청(諺文廳)」을 만들고, 성삼문, 박팽년 등을 시켜 훈민정음을 만들었다고 기록하고 있다.

그러나 「언문청」은 세종 28년(1446) 11월 8일에 설치했다는 『세종실록』의 기록을 보건대, 훈민정음 반포된 뒤에 만든 것이라 맞지 않고, 성삼문, 박팽년은 ≪훈민정음 해례본≫을 쓰는 데 참여했을 뿐이다.

더욱이 범어를 모방했다는 말도 근거가 없을 뿐만 아니라 문자 모습이 전혀 다르다는 점을 확인할 수 있어서 신뢰하기 어렵다.

다음 학자는 조선 시대 중국 성운학자인 최세진(崔世珍 1468~1542)이다. 중인 출신이었지만 능통한 중국어와 이문 실력 때문에 중국에서 사신이 올 때마다 통역을 담당하여 왕의 신임을 받았던 인물이다.

그는 40여 년간에 걸쳐 17종의 저작물을 남겼는데 그중에서 ≪훈몽자회(訓蒙字會)≫는 아동들에게 한자의 음과 뜻을 실물을 통하여 정확히 가르치기 위하여 훈민정음 자모음의 이름을 처음으로 작명한 학자이다.

한편, 훈민정음의 우수성을 격찬한 학자는 조선 중기 실학의 선구자였던 이수광(李睟光 1563~1628)이다.

그는 우리나라 최초의 백과사전인 ≪지봉유설(芝峰類說)≫에서 "세종이 만든 언서(諺書)는 글자가 교묘하고 충실하여 이것이 만들어진 뒤로 세계 만방의 어음(語音)이 통하지 않는 것이 없게 되었다. …성인이 아니면 할 수 없는 일이다."라고 하면서 세종을 성인(聖人)으로 칭했다.

또한, 숙종 때 수학자인 최석정(崔錫鼎 1646~1715)은 훈민정음의 문자구조와 발음구조를 본격적으로 연구하기 시작한 학자로 ≪경세훈민정음(經世訓民正音)≫을 저술하여 중국 송나라 소옹(邵雍)의 ≪황극경세서≫의 성음(聲音) 이론을 바탕으로 하여 훈민정음 28자를 별자리 28수(宿)의 형상을 따랐다고 해석하였다.

특히 초성(初聲)의 다섯 글자(ㄱ, ㄷ, ㅂ, ㅈ, ㆆ)의 음(音)은 오행(五行)의 원리를 따랐고, 중성(中聲) 열 한글자(ㆍ, ㅡ, ㅣ, ㅗ, ㅏ, ㅜ, ㅓ, ㅛ, ㅑ, ㅠ ㅕ)는 태극, 음양, 팔괘의 모습을 따랐다고 해석했는데, 이 해석은 소옹의 상수역학(象數易學)을 바탕으로 훈민정음을 연구한 탓에 제자 원리를 명쾌하게 설명하지 못한 아쉬움을 남겼다.

최석정 이후 훈민정음을 좀 더 깊이 있게 연구한 학자는 영조 때 지리학자 신경준(申景濬 1712~1780)으로 그는 ≪훈민정음도해서≫라는 글에서 훈민정음의 가치를 범세계적인 문자의 모범이라고 격찬하고, 그런 문자를 만든 세종을 성인(聖人)으로 평가하면서도, 당시 유신(儒臣)들이 그 심오한 이치를 충분히 해석하지 못했다고 개탄했다.

## ❀ 훈민정음을 연구한 조선 시대 학자 신경준

"세종 28년에 세종대왕이 창제하신 훈민정음은 그 예(例)가 반절(反切 두 한사의 음을 반씩만 따서 한 음으로 읽는 방법)의 뜻을 취했고, 그 모습은 서로 바꾸면서 1배(倍)를 보태는 법을 사용했다. 그 글은 점과 획이 매우 간단하면서도 맑고 탁하고, 열리고 닫히며, 초성, 중성, 종성이 찬연하게 갖추어져서 마치 그림자처럼 보인다. 그 글자가 많지 않지만, 그것을 사용하는 방법이 매우 세밀하여 쓰기가 매우 편하고, 배우기도 매우 쉬우며, 천만 가지 말들을 다 표현할 수가 있다. 비록 여성이나 아이들이라도 모두 사용하여 글로 표현하고 정을 통할 수가 있다. 이것은 옛 성인(聖人)이 미처 연구하여 만들지 못한 것이고, 온 천하를 통틀어도 없는 것이다.

여러 나라가 쓰는 문자가 있지만, 모두가 어지럽고 보잘것없는데, 훈민정음은 비단 우리나라에만 그 혜택이 미치는 것이 아니라 온 천하 성음(聲音)의 대전(大典)이 될 만하다. 그래서 성인께서 만든 뜻이 정미하고도 깊지만, 당시 유신들이 해석을 제대로 하지 못하여 후세의 백성들이 날마다 쓰면서도 모르고 있다. 성음의 이치가 밝지만 앞으로 다시 어두워질 것이다. 나같이 천한 사람이 어찌 감시 그 심오한 이치의 만분의 일이라도 알겠느냐마는 좁은 구멍으로 엿보고 추측하여 이 도해를 만들어 놀이에 붙이고자 한다. 그저 잊지 않겠다는 뜻만 있을 뿐이다."

윗글은 조선 시대 영조 때 지리학자 신경준(申景濬 1712~1780)이 그의 저서《훈민정음운해(訓民正音韻解)》의 후반부에 첨가한 〈훈민정음도해서(訓民正音圖解序)〉라는 글을 통해서 밝힌 심경이다.

그런데 신경준이《훈민정음운해》를 집필을 할 때《훈민정음 해례본》을 보고서 자신의 주장을 편 것인지, 아니면 그 책을 보지 못했는지 궁금하다. 왜냐하면, 그의 저서에서 확인한 신경준의 해석은 소옹(邵雍)의 성운해(聲韻解) 이론에 너무 집착하여 음성학의 측면에서는 진보한 것이 많지만, 정작 훈민정음의 고유한 문자적 특성을 밝히는 데에는 이르지 못하였기에《훈민정음 해례본》과 비교해 보면 비슷한 점도 있지만, 오히려 후퇴한 듯한 느낌을 주기 때문이다. 그러나 위 도해 서문은 훈민정음 창제 약 300여 년이 흐른 뒤에도 훈민정음의 우수성을 정확히 서술하고 있을 뿐만 아니라 세종을 성인(聖人)으로 평가하면서 최고의 존경심을 나타내고 있다는 점을 눈여겨볼 만하다.

그리고 위의 인용문에서 "당시 유신들이 그 심오한 이치를 충분히 해석하시 못했나"라고 한 말이 해례본의 미흡함을 지적한 것인지, 아니면 정인지 등이 쓴 서문이 미흡하다는 것인지 알 수는 없지만, 신경준은 신숙주의 막내아우 신말주의 10대손이므로 세종대 이후 훈민정음을 연구한 조선 시대 학자 중 훈민정음 해례본을 보았을 가능성이 크다고 추측할 수 있다.

이밖에도 신경준과 비슷한 시기의 실학자 이사질(李思質 1740~1794)은 ≪훈음종편(訓音宗編)≫이라는 글에서 훈민정음 제자의 원리에 대한 의견을 적었는데, 전 세계의 어마어마한 화제를 몰고 왔던 '오징어 게임'에 등장한 ○, □, △의 유래를 밝힐 수 있는 실마리를 제공할 수 있는 글이기에 다음에 기회가 있으면 다뤄보고자 한다.

## ✸ 훈민정음을 연구한 조선 시대 학자 유희

조선 후기 『훈민정음』에 관한 과학적 연구의 큰 업적을 남긴 실학자 유희(柳僖 1773~1837)는 용인 특례시 처인구 모현읍 매산리에서 출생하여 영조 대에서 헌종 대까지 살았던 학자인데, 일찍이 실학자이며 정음 학자인 정동유(鄭東愈 1744~1808)를 직접 사사하여 당대의 문자 음운학에 일가견을 가지게 되어 『훈민정음』을 독창적인 방법으로 연구하였다.

유희는 역산(曆算)과 율려(律呂)에 조예가 깊은 아버지를 닮고 통덕랑 이창식(李昌植)의 딸로 경사에 능통하여 『태교신기(胎敎新記)』를 저술한 전주 이씨 사주당(師朱堂) 어머니의 가르침을 받아 어려서부터 특출하고 총명하여 4세에 한자의 뜻을 알고, 7세 때 《성리대전》을 통독하였다고 한다.

그러나 11세 되던 해에 아버지 유한규(柳漢奎)를 여의고 과거에 나아가지 않고 학문에 정진하여 13세에 이미 시부(詩賦)를 짓고, 구장산법(九章算法)을 이해하고 15세에 역리복서(易理卜筮)를 꿰뚫었으며, 《서전(書傳)》《사기(史記)》 및 경학에 잠심하여 성리학을 주로 하고, 《춘추대의(春秋大義)》를 본으로 삼아 경서의 주석에 전념하였다.

18세 되던 1791년(정조 15)에 향시(鄕試)에 급제하였으나 더는 과거에 미련을 두지 않고 향촌에 묻혀 농사지으면서 학문에 정진하여 천문, 지리, 의약, 복서, 농정, 충어, 종수, 조류, 풍수 등 자연 과학 분야에도 관심을 가지고 자신의 저술에 반영하였다.

이러한 학문적 연구는 《문통(文通)》이라는 저서에 담겨 초고본 100권이 남아 있었으나 현재는 행방을 알 수 없고, 따로 1824년에 저술한 《언문지(諺文志)》와 《시물명고(詩物名考)》 및 《물명유고(物名類考)》가 남아 있다.

그중에서 특히 《언문지》는 30세 전후에 저술한 원고를 분실하고, 20여 년이 지난 1824년 52세에 다시 저술한 것이 지금에 전하는데, 이 책은

『훈민정음』의 된소리 표기에 각자 병서를 써서 ㅸ ㅹ의 설정과 ㅿ ㆁ ㆆ의 설정을 제시하였으며, 하늘 아(·)의 음가를 'ㅏ, ㅡ'의 중간소리[간음(間音)]라 한 것과 사이 ㅅ 표기 등의 주장과 함께 국어에서 사성(四聲)이 필요 없다고 함과 동시에 입천장 소리되기[구개음화(口蓋音化)]에 관련한 탁견은 우리 국어학 연구의 귀중한 자료가 되었다.

또한 《언문지》의 유 씨 교정 초성·중성·종성 41 자모를 보면, 당시 쓰이지 않는 글자가 상당수 채택되었고, 종성에는 ㅅ이 폐기된 내용이었다.

그것은 당시의 문자 음운학이란 당시의 한자음을 현실적이고 이상적으로 표기함에 목적이 있었다.

그러나 이것으로 표기되는 글자 수 1만250개는 사람이 발음할 수 있는 모든 소리로서 초성례 · 중성례 · 종성례 · 전자례의 4부로 구성되어 훨씬 체계적인 논술이었을 뿐만 아니라 『훈민정음』의 문자구조가 정교하고 표음문자로서 훌륭함을 정확히 설파하며, 『훈민정음』에 대한 천대를 한탄한 것은 후대의 학자를 기대하는 뜻에서 큰 의의가 있다.

그리고 그의 『물명유고』는 그 섬세한 기술과 희귀한 어휘 등으로 당시의 다양한 국어어휘 7,000여 물명을 수집하여 해박하게 주석한 물보류(物譜類)로서, 그 주석에 쓰인 우리 어휘는 무려 1,600개가 넘어 가히 그의 대표적 저술로 손꼽을 수 있으며, 그를 어휘학자로 평가되게 한 명저로 전한다.

이처럼 유희는 신경준과 함께 조선 후기의 대음운학자로 평가되지만, 《언문지》에서 『훈민정음』의 기원을 몽고문자에 두어, 세종대왕의 독창적이고 과학적인 훈민정음 창제 정신을 왜곡한 점은 옥에 티라고 하지 않을 수 없는 아쉬움으로 남는다.

## ⊛ 보물로 지정된 언문 사랑 편지

'훈민정음 반포의 생생한 역사, 「나신걸 언문 편지」가 국가지정문화재 보물로 지정된 지 만 1년이 되었다.

보물 「나신걸 언문 편지」는 집에 들르지 못하여 애석한 마음이라는 내용으로 시작된다.

"안부 그지없이 수없이 하오. 집으로 가 어머님께 안부를 드리며 반갑게 보고 가고자 하였는데 장군께서 혼자 가시며 나는 못 가게 하시니 다녀가지 못하였네. 이런 민망하고 서러운 일이 어디 있겠소만 내가 얽매여 있다 보니 내 마음대로 가지 못하는 것일세. 가지 말라고 하는 명을 어기고 다녀가게 되면 병조에서 회덕골로 행하여 날 잡아다가 귀양을 보낼 것이니 이런 민망한 일이 어디 있겠소…."

나신걸(羅臣傑, 1461~1524)이 지금의 함경도 경성 지방에서 군관으로 부임해갈 때 미리 집에 가서 당신과 가족들을 봐야 하는데 못 보고 가니 이런 민망하고 서러운 일이 어디에 있는가 하며 애통해하면서 부인 신창 맹씨(新昌孟氏)에게 안부와 함께 농사와 소작 등의 여러 가정사를 두루 챙기는 내용이 들어있고, 나머지 한 통은 당시 군관 등 남성들이 입던 포인 철릭을 보내 달라는 이야기와 함께 군 복무 도중 부인에게 분(화장품)과 바늘 여섯을 사서 보내며 울었다는 둥 아내를 향한 그리움과 애틋함을 적어 보낸 사랑 편지이다.

2011년 대전시 유성구 금고동에 있던 조선 시대 신창 맹씨 묘안 피장

자의 머리맡에서 여러 번 접힌 상태로 발견되었다고 한다.

편지의 제작 시기는 내용 중 '영안도'라는 지명이 1470부터 1498년까지 쓰인 함경도의 옛 지명이라는 점과 나신걸이 함경도에서 군관 생활을 한 시기가 1490년대라는 점을 통해 훈민정음이 반포된 1446년으로부터 불과 45년이 지난 시점에서 한양에서 멀리 떨어진 변방 지역과 하급 관리에게까지 훈민정음이 널리 보급되었던 실상을 알 수 있어서 굉장히 중요한 문헌으로 평가된다.

특히 기존에는 조선 시대 관청에서 간행된 문헌만으로는 훈민정음이 대중에 어느 정도까지 보급되었는지 파악하기 어려웠을 뿐만 아니라 조선 시대에 훈민정음이 여성 중심의 글이었다고 인식되었던 것과 달리, 하급 무관 나신걸이 유려하고 막힘없이 쓴 것을 보면, 조선 초기부터 실생활 속에서 널리 남성들 역시 훈민정음을 익숙하게 사용했다는 사실을 확인한 계기가 되었다는 데 의의가 있다.

아울러, 이 언문 편지 두 점은 이전까지 가장 오래된 친필 언문 편지로 여겨지던 청주 출토 순천김씨 의복 및 간찰의 편지 192장보다 약 65년 이전인 1490년에 지어진 것으로 필사본이 아닌 친필 원본 언문 편지이자 상대방에 대한 호칭, 높임말 사용 등 15세기 언어생활을 알려주는 가장 오래된 귀중한 자료로 여겨지고 있다.

앞으로 조선 초기 백성들의 삶과 기정 경영의 실대, 농경문화, 여성들의 생활, 문관 복식, 국어사 연구를 하는 데 있어 활발하게 활용될 가치가 충분하며, 무엇보다도 훈민정음 반포의 실상을 알려주는 언어학적 사료로서 학술적·역사적 의의가 매우 클 것이라고 문화재청은 밝혔다.

세종대왕이 1443년 창제하여 1446년 반포한 위대한 「훈민정음」이 창제 당시에는 사대모화에 찌든 양반들이 낮잡아 이르던 '암클', '아햇글'로 불리다가 구한말에는 '나라의 글'이란 뜻으로 '국문(國文)'으로 바꿔어 불리더니 '대한제국의 글'이라는 뜻으로 '한문(韓文)'이라 고쳐 불러도 보았으나 이것은 중국의 '한문(漢文)'과 음이 같다는 이유로 얼마 못 가서 일제 강점기인 1912년경에 주시경 선생이 저술한 《소리갈》이라는 책에서 '큰 글, 하나밖에 없는 글, 대한제국의 글자'라는 의미를 담았다면서 붙여진 '한글'이라는 이름으로 창제 자의 의도와는 무관하게 바뀐 훈민정음의 실용성에 대한 실체를 보여준 1490년대에 작성된 「나신걸 언문 편지」는 지금을 살아가는 우리에게 훈민정음의 위대성을 깨우쳐 주는 것 같아서 다시 읽어보고 싶은 연애편지이다.

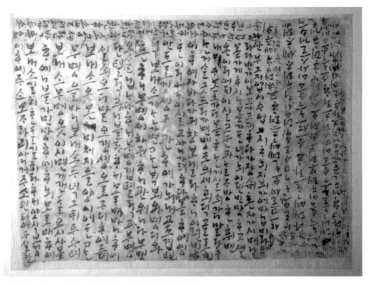

[사진출처] 나신걸의 언문편지-문화재청 홈페이지

# 🏵 언문 편지에 담긴 한국판 '사랑과 영혼'

당신은 늘 나에게 이르기를 '둘이 머리 세도록 살다가 함께 죽자'라고 하셨지요. 그런데 어찌하여 나를 두고 당신 먼저 가십니까. 나와 어린 자식은 누구를 의지하며 어떻게 살라고 다 버리고 당신 먼저 가십니까?

당신 나에게 마음 어떻게 가져왔고 또 나는 당신에게 어떻게 마음을 가져왔나요? 함께 누우면 언제나 나는 당신에게 말하곤 했지요. '여보, 다른 사람들도 우리처럼 서로 어여삐 여기고 사랑할까요? 남들도 정말 우리 같을까요?' 어찌 그런 일들 생각하지도 않고 나를 버리고 먼저 가시는가요?

당신 없이는 아무리 해도 나는 살 수 없어요. 빨리 당신께 가고 싶어요. 나를 데려가 주세요. 당신을 향한 마음 이승에서 잊을 수 없고, 서러운 뜻 한이 없습니다. 내 마음 어디에 두고 자식 데리고 당신을 그리워하며 살 수 있을까 생각합니다. 이내 편지 보시고 내 꿈에 와서 말해 주세요. 꿈속에서 당신 말을 자세히 듣고 싶어서 이렇게 써서 넣어 드립니다.

당신 내 배 속의 자식 낳으면 보고 말할 것 있다 하고 그렇게 가시니 배 속의 자식 낳으면 누구를 아버지라 하라는 거지요? 아무리 한들 내 마음 같으며 이런 슬픈 일이 하늘 아래 또 있겠습니까? 당신은 한갓 그곳에 계실 뿐이지만 아무리 내 마음같이 서럽겠습니까? 한도 없고 끝도 없어 다 못 쓰고 대강 적습니다. 이 편지 보시고 내 꿈에 와서 자세히 보여주고 또 말해 주세요. 나는 꿈속에 당신을 볼 수 있다고 믿습니다. 몰래 와서 보여 주세요. 하고 싶은 말이 끝이 없어 이만 적습니다.

　　원이 아버님께 올림

병술년(1586) 유월 초하룻날 집에서

읽기만 해도 가슴이 먹먹해지는 이 언문 편지는 26년 전 이맘때인 1998년 4월 안동시 정상동 일대 발굴 사업을 진행하다 조선 시대 때로 추정되는 미라와 함께 당시 복식이 묻힌 무덤이 발굴됐다.

무덤 주인은 키 180cm 정도의 건장한 남자, 이응태로 장례 당시 염습한 모습을 그대로 간직했다. 31살이라는 젊은 나이에 세상을 등진 이응태의 외로움을 달래 주려는 듯 무덤 안에는 미라가 된 원이 아버지의 가슴을 덮은 원이 엄마의 애절한 편지와 아우의 죽음을 애도하며 적은 추도시, 아버지와 주고받던 각종 서신, 그리고 가족의 옷가지와 미투리 등 가슴을 울리는 유물이 함께 발견되었다고 한다.

그중 412년간 무덤 속에 있다가 우연한 기회로 빛을 보게 된 〈원이 엄마 편지〉는 잔잔하면서도 큰 울림으로 다가와 가슴을 친다. 죽은 남편을 따뜻하게 품듯 가슴을 덮고 있던 편지는 "당신을 여의고는 아무리 해도 나는 살 수 없어요"나 "다른 사람들도 우리처럼 어여삐 여기고 사랑할까요?"와 같은 애틋한 구절로 사람들의 눈시울을 적신다.

시신의 주변에서 총 열여덟 통의 편지가 발견되었는데 시간이 흘러 대부분 편지는 형태를 알아보기 힘들었지만 가로 58.5cm, 세로 34cm의 한지에 남편을 그리워하는 아내의 절절한 심정으로 빈 곳 없이 가득하게 언문으로 쓴 〈원이 엄마 편지〉는 이응태의 시신처럼 보존이 잘 되어 있었다고 한다.

남편을 향한 원이 엄마의 사랑을 느낄 수 있는 것이 또 하나 있다. 바로 시신의 머리맡에서 발견된 '미투리'이다. 미투리는 보통 삼으로 만들기에 황토색을 띠는데 이응태의 묘에서 발견된 미투리는 검은색 실 같은 것으로 만들어져 있었는데 놀랍게도 검은색 실의 정체는 백여 년 전 사람의 머리카락인 것으로 밝혀졌다. 이 머리카락은 원이 엄마의 것으로 추정된다. 실제로 미투리를 싸고 있던 한지에는 '내 머리 배혀', '이 신 신어보지'라는 글자가 흐릿하게 남아 있으므로 남편이 낫기를 기원하며 자기 머리카락을 잘라 만든 미두리를 신어주기를 바라는 아내의 간절한 마음이 느껴진다. 하지만 결국, 남편은 그 신을 신어보지도 못하고 세상을 떠났다는 것이 더욱 안타까움을 자아낸다.

그리고 〈원이 엄마 편지〉 속에는 '자내'라는 단어가 총 14번 등장하여 다른 한편으로 우리를 놀랍게 한다. 그것은 원이 엄마가 남편을 부르는 호칭으로 '자내'를 사용한다는 점이다.

16세기 조선 시대, 남편과 아내의 사이가 서로를 '자내'라고 부를 정도로 평등했던 것일까? 아니면 원이 엄마가 틀을 깨고 쓴 것일까? 사실 '자내'라는 단어는 현재 아랫사람에게 쓰는 호칭(자네)으로 바뀌었지만, 임진왜란 전까지는 상대를 높이거나 적어도 동등하게 대우해 부르는 호칭이었다. 이 편지로 과거의 '자내'와 현대의 '자네'는 다르게 쓰였음을 알 수 있다.

훈민정음 창제 후 143년 되는 선조 19년 병술년에 쓴 〈원이 엄마 편지〉는 400여 년의 시간이 흘렀음에도 온전한 상태로 발견되어 남편을 향한 아내의 애절한 사랑이 느껴진다는 점에서 제대로 사랑히는 법올 잊이가는 우리에게 시간이 흘러도 변하지 않는 진정한 사랑의 의미를 일깨워 주고 있다.

만약, 세종대왕이 훈민정음이라는 위대한 선물을 남겨주지 않으셨다면 이렇게 애틋한 사랑을 한문으로 어떻게 표현했을까 생각만 해봐도 절레절레 고개가 저어진다.

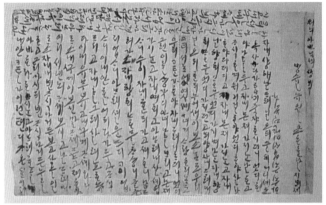

[사진출처] 원이 엄마의 편지 전문 - 안동대학교 박물관

## 🏵 훈민정음 자모음의 이름에 담긴 비밀

옛날 속담 '낫 놓고 ㄱ자도 모른다.'라는 말은 언문 28자 중에서도 매우 쉽고 간단한 글자인 ㄱ자도 알아보지 못한다는 뜻으로 한 글자도 읽을 수 없을 정도로 아는 것이 없음을 비유적으로 이르는 말이다.

그런데 이 속담에 나오는 'ㄱ' 자에 대해 '기역'이란 이름을 붙인 사람이 누구인가를 물어보았더니, 응답자 대다수는 약속이나 한 듯이 세종대왕이라고 스스럼없이 대답하는 걸 보았다.

또한, 오늘날 우리가 쓰고 있는 모음의 차례 즉 'ㅏ, ㅑ, ㅓ, ㅕ, ㅗ, ㅛ,

ㅜ, ㅠ, ㅡ, ㅣ'는 누가, 왜 그렇게 배열했느냐고 물어보니 이 또한 세종대왕이 아니냐고 반문하였다. 이처럼 대부분 사람이 오해하고 있다.

이에 언문의 자모(字母)에 대한 이름과 그 순서에 대하여 간략히 적어본다.

지금 우리가 사용하는 한글의 자음 이름을 '기역, 니은, 디귿, 리을, 미음 비읍, 시옷…' 등으로 부른다. 이러한 글자 이름은 세종이 훈민정음을 창제한 당시에도 그렇게 불렀을까? 그렇지 않다. 훈민정음의 창제원리와 사용법을 설명한 《훈민정음 해례본》 어디에도 자모의 명칭에 대해 명시하거나 설명한 대목을 찾을 수 없다.

〈훈민정음해례〉에는, "'자음'은 발음기관을 본뜨고 모음은 천지인 삼재(三才)에 바탕을 두어 창제하였다."라고 하고, 나아가 스물여덟 글자마다 철학적 의미까지 덧붙이는 치밀함을 보이면서 훈민정음을 창제한 세종대왕이 각각의 글자를 가리키는 이름을 짓지 않았을 리는 없을 것이다.

훈민정음해례에는 'ㄱ'의 소릿값을 설명하면서 'ㄱ如君字初發聲(여군자초발성)'이라 기록되어 있고, 이를 번역한 언해본에는 'ㄱ 어금닛소리니 군(君)자 처음 피어나는 소리니라' 고 적혀있을 뿐이다. 곧 'ㄱ'은 '君' 자를 발음할 때 나는 첫소리와 같다는 말이다. ㄱ의 음가(소릿값)를 알려줄 뿐 ㄱ의 이름 자체는 나타내지 않고 있다.

그러면 당시에는 ㄱ을 무어라고 불렀을까?
이에 답을 줄 수 있는 중요한 문헌이 『훈몽자회(訓蒙字會)』라는 책이다. 〈훈몽자회〉는 1527년(중종 22)에 최세진이 한자 학습서로 편찬한 책이다. 그는 당시의 한자 학습서인 〈천자문〉이나 〈유합(類合)〉 등의 내용이 경험세계와 직결되어 있지 않음을 비판하고, 새·짐승·풀·나무의 이름을 나타내는 글자를 위주로 4자씩 종류별로 묶어 〈훈몽자회〉를 편찬하였는데, 상·중·하 3권에 총 3,360자의 한자를 수록하였다.

한자의 글자마다 언문으로 음과 뜻을 달았는데, 책머리에 언문에 대한 해설을 싣고 있다. 이것은 훈민정음과 그 시대의 국어를 연구하는데 매우 소중한 자료가 되고 있다.

〈훈몽자회〉의 「언문자모(諺文字母)」라는 항목에는 '속소위반절이십칠자(俗所謂反切二十七字)'라는 구절이 있는데, 이는 훈민정음이 27자로 구성되어 있다는 뜻이다. 반절은 훈민정음의 자모를 가리키는 이름이다. 세종이 만들 때는 28자였는데 'ㆆ' 한 자가 없어진 것이다. 이어서 그는 훈민정음 자모의 이름을 한자를 이용하여 나타내고 그 쓰임에 대하여 다음과 같이 설명하고 있다.

ㄱ(其役), ㄴ(尼隱), ㄷ(池末), ㄹ(梨乙), ㅁ(眉音), ㅂ(非邑), ㅅ(時衣), ㆁ(異凝)

ㅋ(箕), ㅌ(治), ㅍ(皮), ㅈ(之), ㅊ(齒), ㅿ(而), ㅇ(伊), ㆆ(屎)

ㅏ(阿), ㅑ(也), ㅓ(於), ㅕ(余), ㅗ(吾), ㅛ(要), ㅜ(牛), ㅠ(由), ㅡ(應 不用終聲), ㅣ(伊), ·(思 不用初聲)

ㄷ(池末)의 末자는 '귿'이라는 음의 한자가 없으므로, 末(끝 말)의 음 대신 훈을 취하여 '귿(끝의 옛날식 표기)'을 취하여 '디귿'이라고 하였고, 역시 ㅅ(時衣)의 衣자도 '옷'이라는 음을 가진 한자가 없으므로 衣(옷 의)의 음 대신 '옷'이라는 훈을 취하여 '시옷'으로 적은 것이다.

초성과 종성에 통용하여 쓰는 여덟 글자[初終聲通用八字] :

ㄱ, ㄴ, ㄷ, ㄹ, ㅁ, ㅂ, ㅅ, ㆁ

초성에만 쓰이는 여덟 글자[初聲獨用八字] :

ㅋ, ㅌ, ㅍ, ㅈ, ㅊ, ㅿ, ㅇ, ㅎ

중성에만 홀로 쓰이는 열한 자[中聲獨用十一字] :

ㅏ, ㅑ, ㅓ, ㅕ, ㅗ, ㅛ, ㅜ, ㅠ, ㅡ, ㅣ, ㆍ

지금은 모든 자음을 초성과 종성에 다 사용하고 있으나, 당시에는 'ㅋ, ㅌ, ㅍ, ㅈ, ㅊ, ㅇ, ㅎ' 등은 초성에서만 쓸 수 있다고 하고 있다. 그래서 초성과 종성에 통용하여 쓰이는 자음 여덟 글자인 'ㄱ, ㄴ, ㄷ, ㄹ, ㅁ, ㅂ, ㅅ, ㆁ'은 其役(기역), 尼隱(니은) 등과 같이 두 글자의 한자로 이름을 표기하고, 초성에만 쓰이는 여덟 글자인 'ㅋ, ㅌ, ㅍ, ㅈ, ㅊ, ㅿ, ㅇ, ㅎ'은 箕[키], 治[티] 등과 같이 한 글자의 한자로 표기하였다.

그 연유는 초성에서만 쓰는 글자는 하나의 음가만 표시하면 되지만, 초성과 종성에 함께 쓸 수 있는 글자는 초성에서 나는 음가와 종성에서 나는 음가를 아울러 나타내야 했기 때문이다.

예를 들면 'ㄴ'의 글자 이름 尼隱(니은)의 경우, 尼는 ㄴ의 첫소리 값을 나타내고, 隱은 ㄴ의 끝소리 값을 나타내기 위한 것이다. 그리고 'ㅍ'의 글자 이름 皮(피)의 경우, 초성에 쓰이는 ㅍ 하나의 음가만 나타내면 되기 때문에 하나의 글자로만 표시한 것이다.

덧붙여 말하면, 초성에만 쓰이는 8개 글자는 하나의 글자로 소릿값만 나타내고, 초성과 종성에 함께 쓰이는 8개 글자는 초성과 종성, 두 개의 소릿값을 나타내기 위하여 두 개의 글자로 나타낸 것이다.

우리는 세종이라는 성군이 만들어 주신 훈민정음 때문에 자모음 28자의 조합능력으로 21세기 최첨단의 정보화 시대를 앞서가고 있다. 이렇듯 훈민정음은 가장 과학적인 문자로서 세계에서 가장 우수한 문자임은 누구나 잘 알고 있고, 훈민정음이 가져다주는 커다란 복을 누리고 있으면서도 잃어버린 네 글자를 찾을 생각도 하지 않을뿐더러 정작 훈민정음에 대해 모르는 것이 많은 것 같다는 생각을 하면서 글을 맺는다.

## ❀ 연산군 언문 탄압의 전모

조선 제10대 왕 연산군은 조선 시대의 중요한 역사적 인물 중 하나로, 그의 생애와 정치적 활동은 다양한 사건과 변화로 가득한 역사적 여정을 걸어갔다.

1476년 11월 7일, 조선 9대 왕 성종의 맏아들로 태어난 연산군의 어머니는 후궁에서 왕비로 승격한 윤씨였다. 나이 어린 7세 때 세자로 책봉되어 학문적 소양을 키워나갔고, 1494년에 성종이 사망하자 조선의 10대 왕으로 즉위하였으며 재위 기간은 1494년부터 1506년까지 12년간이었다.

연산군의 재위 4년 되던 무오년 1498년에는 무오사화의 원인이 되었던 조의제문(弔義帝文) 사건이 일어났다. 무오사화로 인해 연산군은 국왕으로서의 권력을 강화하였고, 이를 통해 사치와 사냥을 즐기는 모습을 보였다. 그러나 폐비 윤씨 문제와 후궁들을 죽이는 악행 그리고 조모 인수대비 구타로 죽음을 초래하며 갑자사화를 발생시킨다.

이후 연산군은 학문을 중단하고 경연(經筵)을 폐지하더니 급기야 사간원(司諫院)마저 폐지하는 등의 조치를 취하면서 황음(荒淫)에 빠져 각도에 채홍사(採紅使)와 채청사(採靑使) 등을 파견하여 미녀와 양마(良馬)를 구해오게 하고, 성균관의 학생들을 몰아내고 그곳을 놀이터로 삼아 왕권을 남용했다.

이렇게 연산군의 폭정이 계속되자, 1504년 7월 19일 도성에는 그의 악행을 비방하는 벽서가 붙는 투서 사건이 일어났다. 이를 보고 크게 노한 연산군은 자신을 비방한 벽서가 언문으로 쓰였다는 이유에서 언문으로 쓰인 책을 모두 불태우라는 명과 함께 '언문 금지령'을 내린다.

전교하기를, "어제 예궐(詣闕)하였던 정부(政府)·금부(禁府)의 당상(堂上)을 부르라. 또 앞으로는 언문을 가르치지도 말고 배우지도 말며, 이미 배운 자도 쓰지 못하게 하며, 모든 언문을 아는 자를 한성의 오부(五部)로 하여금 적발하여 고하게 하되, 알고도 고발하지 않는 자는 이웃 사람을 아울러 죄주라. 어제 죄인을 잡는 절목(節目)을 성 안에는 이미 통유(通諭)하였거니와, 성 밖 및 외방에도 통유하라." 하였다. 〈연산군일기 54권, 연산 10년(1504) 7월 20일〉

전교하기를, "언문을 쓰는 자는 기훼제서율(棄毀制書律)로, 알고도 고하지 않는 자는 제서유위율(制書有違律)로 논단(論斷)하고, 조사(朝士)의 집에 있는 언문으로 구결(口訣)을 단 책은 다 불사르되, 한어(漢語)를 언문으로 번역한 따위는 금하지 말라." 하였다. 〈연산군일기 54권, 연산 10년 7월 22일〉

언문 금지령에는 언문을 가르치거나 배우지 말고, 이미 배운 자들도 언문을 쓰지 말라는 것과 함께 언문을 아는 자들을 관청에 고발하고, 언문을 아는 자를 알면서도 고발하지 않으면 그 이웃까지 처벌하라는 내용이 담겨있다.

이 기사 때문에 흔히 연산군 치세 내내 언문이 사용되지 못하고, 연산군은 언문을 탄압한 폭군으로만 인식하게 되었지만, 연산군의 언문 탄압이 오래가지는 못했다.

왜냐면 언문 금지령은 사실상 비방 벽보를 쓴 범인을 잡기 위한 임시적인 조치였기 때문이었다.

연산군은 언문을 아는 사람들의 글씨와 벽서에 쓰인 글씨체를 대조해 범인을 찾기 위해 노력했으나 끝내 벽서를 쓴 범인을 잡지 못했다.

그러나 이후 연산군은 '흥청망청'이라는 말의 유래가 된 연산군 시절의 궁궐 기생 '흥청'의 음악 교본이나 달력 등을 언문으로 번역해 사용하게 했으며, 언문을 아는 사람을 뽑아 관리로 채용하는 등 폐위 전까지 나라를 다스리는 데 언문을 적극적으로 사용했다.

연산군의 치세는 조선 조 개국 100년의 중요한 시대를 반영하며, 사화(士禍)로 인한 유혈극과 붕당(朋黨)의 형성을 주도했다. 그로 인해 국력은 소진되었으며, 임진, 병자 등의 국난으로 국운이 쇠퇴하게 되었지만 연산군은 폐위 당하기 3개월 전까지 꾸준히 언문 사용을 적극 장려하고 있었다.

다시 말해 연산군은 언문을 싫어하여 탄압한 것이 아니라, 당시 투서를 한 범인을 색출하기 위한 일시적인 조치였다는 것을 역사는 말해 주고 있으니, 적어도 연산군이 언문을 탄압했다는 오류는 바로잡아야 하지 않을까 생각하면서 글을 쓴다.

1443년 창제된 훈민정음은 현재 '세계 최고의 표음문자'라는 칭송을 받고 있지만, 양반들은 언문을 여자들이나 쓰는 글이라는 뜻의 '암글'이라 부르며 비하했고, 세종대왕의 후손으로 폭군의 대명사로 불리는 '연산군'에 의해서 언문 사용을 금지당하기도 하는 등 훈민정음이 자리 잡기까지의 과정은 그리 순탄치만은 않았음을 역사는 말해 주고 있다.

그리고 2024년 현재의 우리는 창제 당시의 훈민정음 스물여덟 자가 아닌 스물넉 자를 한글이라고 부르고 있다.

## 🏵 만 원권 지폐에 숨어 있는 훈민정음 28자와 관련된 도안

세종대왕은 훈민정음을 창제할 때 왜 28자를 만들었을까? 기왕이면 30자를 만들든지 아니면 지금처럼 애초에 24자만 만들 수도 있을 것인데 말이다.

이 훈민정음 글자 수 28이라는 숫자에 대한 궁금증은 천체와의 관련성에서 실마리를 찾을 수 있을 것이다. 왜냐하면, 세종대왕은 곽수경이 이룬 원나라 천문학을 창조적으로 수용하여 발전시킨 천문학자로 손색없는 왕이었기 때문이다.

세종은 원나라의 곽수경이 이룩해 놓은 첨단의 천문학을 연구하여 조선의 천문학을 발전시켰고, 장영실을 등용하여 명나라에 보내서 곽수경이 만든 천문기기를 연구하도록 하였다.

그뿐만 아니라 곽수경이 완성하여 반포한 수시력이라는 역법을 정확히 파악하고 이 계산법을 조선의 실정에 맞게 교정하여 이순지와 김담의 『칠정산내편』을 완성한 군왕이기도 하였다.

이러한 이유 때문일까? 천체의 연구에 남다른 관심을 두고 연구를 거듭한 세종대왕은 마침내 1443년(세종 25)에 어리석은 백성을 어여삐 여겨 새로 스물여덟 자의 훈민정음을 창제하였는데, 이는 세종의 수많은 치적 가운데 가장 뛰어난 업적으로 꼽힌다.

이렇듯 우리 반만년 역사에 가장 대표적으로 존경받는 조선의 제4대 국왕이자 훈민정음을 창제한 성군 세종대왕의 초상화는 148mm×68mm 크기인 만 원권 지폐의 앞면에 〈일월오봉도〉와 〈용비어천가〉를 배경으로 그려져 있다.

이 그림은 한국은행의 요청으로 1975년에 비단에 수묵채로 그린 고 운보(雲甫) 김기창(金基昶, 1913~2001) 화백의 작품이다.

배경으로 표현된 〈일월오봉도〉는 창덕궁 인정전의 병풍 그림으로 해와 달, 다섯 개의 산봉우리, 한 쌍의 폭포, 네 그루의 소나무 등이 좌우대칭으로 그려져 있는 대중에게 친숙한 그림이고, 〈용비어천가는〉 세종 27년(1445)에 정인지, 안지, 권제 등이 지어 세종 29년(1447)에 간행한 악장의 하나로 훈민정음으로 쓴 최초의 작품이다.

그리고 뒷면에는 혼천의가 「천상열차분야지도(天象列次分野之圖)」의 모사본 위에 선명하게 그려져 있고 오른쪽으로 약간 희미하게 보현산 1.8m 천문대 망원경 등의 도안이 들어가 있다.

이 「혼천의(渾天儀)」는 천체의 운행과 위치 그리고 적도 좌표를 관찰하는 데 쓰이던 천체 관측기구로서 중국 한나라 때 혼천설을 기반으로 만들어진 것을 삼국시대부터 고려 시대까지 수입해서 쓰다가 1432년(세종 14) 세종대왕의 명에 의하여 정인지, 정초 등이 고전에 따라 설계하였고, 장영실이 제작하여 세종 15년(1433)에 당시 조선의 사정에 맞게 제작한 사실(史實)에서 알 수 있듯이 세종대왕의 천문에 대한 남다른 관심과 연구는 훈민정음 28자의 이론적 토대를 제공하였을 것이다.

아쉬운 것은 세종 때 제작된 혼천의가 중종 21년(1526년)에 수리를 거쳐 명종 4년(1549)에 새로 만들어서 홍문관에 설치했는데 임진왜란 때 모두 불타 없어져 버렸다는 점이다.

지폐에 그려진 혼천의는 17세기경에 다시 만든 복제품일 뿐만 아니라 중국에서 유래된 천문관측기구인 혼천를 마치 우리의 대표적 과학유물인 양 혼동할 수 있다는 이유로 우리 지폐에 사용하는 것은 부적절하다는 논란과 함께 우리의 독창적 과학창조물인 혼천시계(국보 230호)에서 시계의 운행에 종속돼 돌아가는 일종의 부속품에 불과한 혼천의만 떼 표현한 것이 더 큰 문제라고 관련 학계에서는 지적하였다고 한다.

또한, 10000원권 지폐 뒷면에는 한국에서 가장 큰 보현산천문대 1.8m 망원경이 대한민국의 현대과학을 상징하여 그려져 있다.

이 망원경은 경상북도 영천시 화북면에 있는 보현산 정상에 건설되어 천문학 연구의 중요한 시설이기 때문에 우리나라의 과학기술을 대표하는 과거의 혼천의와 함께 현대를 상징하는 천체기구로 표현되어 있다.

이처럼 혼천의와 보현산 망원경의 배경으로 표현된 「천상열차분야지도」는 국보 제228호로 지정된 문화재로 하늘을 담은 '천상(天象)'을 '차(次)'와 '분야(分野)'에 따라 배치한 천문도로 원래는 고구려의 천문도에서 유래한 것을 세종대왕 때 석각 천문도로 만들었다는 기록이 있다.

그런데 지폐 속의 그림을 자세히 들여다보면 노란색으로 별의 밝기를 표현한 것을 확인할 수 있는데, 이 노란색 별의 개수가 28개로 훈민정음 글자 28자와 정확히 일치하는 것을 확인할 수 있듯이 하늘의 성좌 28수와 가장 완벽한 문자 훈민정음 28자는 하늘과 땅을 아우르는 하늘의 소리인 것이다.

## 🏵 외국인이 본 훈민정음

"우리 조선은 조종 때부터 지성스럽게 대국을 섬기어 한결같이 중화의 제도를 따랐습니다. 이제 글을 같이 하고 법도를 같이 하는 때를 당하여 언문을 창제하신 것은 보고 듣는 이를 놀라게 하신 일입니다.

혹자는 말하기를, '언문은 모두 옛 글자를 본뜬 것이므로 새로 된 글자가 아니다.'라고 합니다. 하지만 글자의 형상이 비록 옛날의 전문(篆文)을 모방하였을지라도 음을 쓰고 글자를 합하는 것은 모두 옛것에 반대되니 실로 의거할 데가 없사옵니다.

만일 중국에라도 흘러 들어가서 혹시라도 비난하여 말하는 자가 있사오면, 어찌 대국을 섬기고 중화를 사모하는 데에 부끄러움이 없사오리까."

이 글은 훈민정음을 반포하기도 전에 사대모화에 젖은 보수파 학사 일곱 명을 대표하여 최만리가 세종대왕에게 올린 장문의 상소문 중 일부분이다. 훈민정음 창제 580년이 되는 2024년을 맞이하며 다시 읽어봐도 너무나 굴욕적인 필치에 필자의 얼굴이 화끈거린다.

만약 이 상소문을 읽은 세종대왕의 성품이 연약하여 명나라의 비난이 두려운 나머지 훈민정음 반포를 포기하였더라면 오늘을 사는 우리는 과연 어떻게 문자 생활을 하고 있을까 상상해 본다. 결론부터 말하자면 '이건 아니올시다'이다.

훈민정음이 반포된 1446년으로부터 440년이 지난 1886년 23세의 나이로 대한제국 왕립 영어 학교인 육영공원 교사로 한국에 와 외국어를 가르치고 외교 자문을 맡아 광무황제(고종)를 보좌하면서 '한국인보다 한국을 더 사랑한 외국인'으로 알려진 미국인 독립운동가 호머 베절릴 헐버트(Homer Bezaleel Hulbert 1863.1.26 ~1949.8.5) 박사는 131년 전 미국 언론에 기고한 '조선어'(THE KOREAN LANGUAGE)라는 기고문에서 "알파벳과 비슷한 훈민정음은 완벽한 문자"라며 "조선어(훈민정음) 철자는 철저히 발음 중심이다. 영국이나 미국에서 오랫동안 갈망하고, 학자들이 심혈을 기울였으나 성공을 거두지 못한 과제가 조선에서는 수백 년 동안 현실로 존재했다."라고 평가했다.

이어서 "표음문자 체계의 모든 장점이 여기 한글에 녹아있다"라며 "영어는 모음 5개를 각각 여러 개의 다른 방법으로 발음하기 때문에 이러한 체계가 불가능하다"라고 설명하면서 "글자 구조상 한글에 필적할만한 단순성을 가진 문자는 세상 어디에도 없다"라며 "모음은 하나만 빼고 모두 짧은 가로 선과 세로선 또는 둘의 결합으로 만들어진다."라고 강조했다.

이처럼 19세기 서양인들은 한국에 도착하여 한국인에 대한 첫인상으로 대체로 가난에 찌들고, 무기력하고, 더럽고, 겁이 많고, 무절제한 사람들로 단정하는 것이었다.

그러나 한국에 오래 머물러 본 그들은 호머 베절릴 헐버트처럼 한국인에 대한 이해가 깊어지면서 우리가 쓰는 문자 체계에 대해 참모습을 자각하면서 한국인에 대한 선입관이 긍정적으로 바뀌어 간 것을 여러 문헌에서 발견할 수 있다. 먼저 몇 명의 서양인들이 훈민정음을 어떻게 생각하였는지 살펴보자.

컬럼비아 대학 한국학 세종대왕 명예교수인 게리 키스 레드야드(GariKeith Ledyar)는 "훈민정음은 세계문자 사상 가장 진보된 글자이다. 한국 국민은 그 무엇과도 비교할 수 없는 문자학적 사치를 누리고 있는 민족이다."라고 하였고, 미국 캘리포니아 주립대 교수인 제레드 다이아몬드(Jared Diamond)는 "세계에서 가장 합리적인 문자는 훈민정음이다. 훈민정음은 인간이 쓰는 말의 반사경이다. 훈민정음이 간결하므로 문맹률이 세계에서 가장 낮다."라고 극찬하고 있으며, 세계적인 언어학자인 시카고대 제임스 맥 콜리(J.D. McCawley) 교수는 "훈민정음은 지구상의 문자 중에서 가장 독칭적인 창조물이다. 한국인들이 1440년대에 이룬 업적은 참으로 놀라운 것이다. 500년이 지난 오늘날의 언어학적 수준에서 보아도 그들이 창조한 문자 체계는 참으로 탁월한 것이다", 하버드대학 교수, 동아시아 역사가이기도 한 에드윈 라이샤워(E.O. Reischauer) 교수는 "훈민정음은 세계 어떤 나라의 일상문자에서도 볼 수 없는 가장 과학적인 표기 체계이다."라고 칭찬하기를 주저하지 않는다.

이 외에도 2000년대에 들어서도 서양인들의 훈민정음에 대한 평가는 그치질 않는다. 대표적으로 2008년 노벨문학상 수상 작가인 장마리 구스타브 르 클레지오가 "영어, 프랑스어와는 달리 한국어는 쉽게 배울 수 있는 독특한 언어다. 훈민정음 읽기를 깨치는데 하루면 족하다. 훈민정음은 매우 과학적이고 의사소통에 편리한 문자다. " 라는 것을 들 수 있을 것이다.

이상과 같이 서양인들이 한국인의 문자인 훈민정음의 놀라운 특성을 발견하면서부터 그들이 가졌던 부정적인 한국인 관을 수정하고, 한국인은 문화민족이며, 머지않아 세계적인 지도자의 나라가 될 훌륭한 국민이라는 것을 알게 되었다고 고백한 지 어언 한 세기가 지났다.

그동안 우리나라는 엄청난 문자의 구조적 변화를 겪게 되면서 우리 곁에 살아 숨 쉬고 있는 훈민정음의 위대함을 애써 외면한 채 억지로 비틀고 자학하고 부끄러워하게 되었다. 동사무소가 언제부터인지는 몰라도 '주민 센터'로 바뀌고, 전국의 아파트들은 영어인지 우리말인지 모를 정도로 국적 불명의 영어와 조합을 해야만 고급 아파트 양 생각하기 시작했고, 각 방송에 출연하는 방송 진행자는 물론 출연자들도 앞다투어 외래어를 섞어 써야만 지식인처럼 보인다는 착각 속에 버젓이 우리말로 사용해도 무방한 용어들을 파괴해 가는 폐해는 우리가 자각하기도 전에 이미 돌이킬 수 없는 상황이라고 해도 과언이 아닐 것이다. 만약 호머 헐버트 박사가 오늘의 대한민국을 방문해서 이곳저곳에 붙여진 간판들을 보면 어떤 생각을 하게 될까.

## ✺ 「훈민정음」에 담긴 세계적 창의성

세상에는 7천 개 이상의 온갖 언어가 존재한다. 많은 민족과 국가가 자기들의 언어를 기록하기 위해 나름의 글자를 만들어 쓰고 있다. 그만큼 글자로 표현한 문자의 방식도 다양하다.

사물의 모양을 그대로 본떠서 그려 넣는 고대 이집트의 신성문자, 알파벳으로 이루어진 라틴문자와 그다음으로 많은 인구가 사용하는 아랍 문자, 아무리 복잡한 요소도 하나의 칸 안에 집어넣어 글자를 만드는 중국의 한자, 진흙 판에 쐐기 모양을 찍어 내는 고대 메소포타미아의 설형문자와 같이 창의적인 글자들이 많다.

그러나 글자를 만들어낸 창제 자와 창제 연도와 창제원리와 과정이 명확하게 밝혀진 문자는 「훈민정음」이 유일하다.

'백성을 가르치는 바른 소리'라는 뜻을 가진 「훈민정음」의 다른 이름은 '언문'이었다. 평민이 쓰는 글자라는 뜻이다. 훈민정음은 이후 줄여서 '정음'이라고도 불렀다가 1910년대에 국어학자 주시경 선생이 '한글'이라는 이름을 붙였다.

《훈민정음 해례본》은 세종 대왕이 직접 사용법을 설명한 '예의'와 집현전 학자들이 창제원리를 설명한 '해례'로 구성된다. 그러나 1940년 경상북도 안동의 어느 고택에서 해례본이 발견되기 전에는 훈민정음의 창제원리에 대해 이런저런 추측만이 나돌았다. 특히 일제강점기 때는 격자무늬로 돼 있는 창살을 보다가 ㄱ, ㄴ, ㅁ, ㅂ의 모양을 떠올렸다거나 인도와 몽골의 고대 글자에서 그대로 가져왔다는 주장이 나돌았다.

그러나 《훈민정음 해례본》에는 자음과 모음은 왜 완전히 다르게 생겼는지, ㄱ은 왜 꺾인 모양인지, 모음은 왜 조합 방식으로 만들어졌는지 등 훈민정음이 만들어진 과정과 원리 속에는 우리가 생각하는 것 이상의 엄밀한 법칙과 획기적인 창의성이 담겨 있었을 뿐만 아니라 창제 당시 최만리를 비롯한 성리학자들이 왜 그토록 거센 반대를 해야만 했던지 모든 의문이 풀렸다.

훈민정음을 만들기 전까지 '한자'를 사용해 왔다. 실제 사물의 모양을 그대로 그려낸 상형문자에서 출발한 한자는 '모양'과 '소리'와 '뜻'이라는 3가지 개념을 한데 엮어서 하나의 글자로 만든 체계를 가지고 있다.

상형, 지사, 회의는 모양과 뜻이 일치하고 형성, 가차는 소리와 뜻이 일치한다. 그러나 모양이 소리와 일치하는 경우는 없었다. 글자의 모양만 가지고 발음을 알아낼 수 없다는 뜻이다.

그런데 훈민정음이 창제되면서 자음과 모음 모두가 입안의 발음기관의 모양을 본떠서 모양과 소리를 일치시켜 만든 완전한 표음문자 즉, 음소문자 체계가 탄생했다.

최만리는 언문 창제에 반대하는 상소를 올리면서 '용음합자는 옛것을 거스르는 행위'라고 비판했다. '용음합자(用音合字)'는 '소리를 이용해서 글자를 만든다.'라는 뜻이다. 모양과 소리를 일치시키는 이 방식은 한자에는 존재한 적 없으므로 성리학자로서 반대한 것이다. 훈민정음의 원리에 대해 정확히 파악하고 있었던 셈이다.

훈민정음이 다른 문자와 더욱 차별화되는 점은 자음과 모음으로 이루어진 한 음절을 하나의 글자로 만들었다는 점이다. 음절의 첫 자음인 '초성', 모음인 '중성', 끝 자음인 '종성'을 한 칸에 담아서 글씨를 쓰도록 한 것은 유례를 찾아보기 힘들 만큼 획기적인 발상이다.

훈민정음 덕분에 사람들은 한자처럼 글자에 담긴 뜻을 생각하는 일 없이 주변의 소리를 그대로 표현할 수 있게 됐다. 정인지가 훈민정음해례의 후서를 작성하면서 "바람 소리, 학과 닭의 울음소리, 개 짖는 소리도 모두 표현할 수 있다"라고 기록한 것도 한자의 체계에서 완전히 벗어났다는 점을 강조한 셈이다.

당시 명나라의 영락제가 펴낸《성리대전》은 권7부터 권13까지 일곱 권이 음성학과 관련된 내용이다. 불교가 전래하면서 「범어(梵語)」라 불리던 고대 인도의 「산스크리트어」를 한자로 기록하는 방법이 함께 논의됐고, 활발한 토론이 이루어지는 과정에서 음성학의 수준도 높아졌다.

그러나 동아시아 국가 중에서 새로운 문자 체계를 만들어낸 나라는 조선이 유일하다. 게다가 왕이 친히 완전한 표음문자 체계를 만들고 전파할 수 있었다는 점에서 세종 대왕의 훈민정음 창제업적은 만세에 칭송을 받아 마땅하다.

## ❀ '엉겅퀴'라고 적을 수 있는 문자 훈민정음

전라북도 임실의 한적한 시골에서 엉겅퀴를 재배하면서 엉겅퀴의 약효를 연구하여 다양한 엉겅퀴 관련 건강식품을 개발 생산하고 있는 대한민국 최고농업기술명인 沈載錫(심재석) 사형(師兄)과 소중한 인연으로 지내온 지 벌써 강산이 한 번 변한 세월을 넘기고 있다.

심재석 명인 덕분에 값비싸고 효능이 좋은 '임실 엉겅퀴'를 십 년이 넘도록 음용하는 복을 누리고 있던 어느 날 당호를 지어주기를 청하니 淺學菲才(천학 비재) 함을 잠시 잊고서 〈蓟儂(엉겅퀴 계, 나 농)〉으로 지어 '엉겅퀴를 농사짓는 사람'이라는 의미를 담아서 헌정했다.

'엉겅퀴'는 국화과의 여러해살이풀인데 식물 전체에 하얀 털이 나 있으며, 보랏빛에 삽주 비슷하게 생긴 꽃으로 "독립심이 왕성한 사람 자신에게 엄격하고 앞날을 정확하게 내다보는 사람"이라는 의미를 담고 있다.

보라색 꽃이 예쁘게 피는 풀이지만 가시가 엄청 많아 '가시나물'이라 불리고 피를 엉겨 지혈한다고 하여 붙여진 이름 '엉겅퀴'는 순우리말로 '큰 가시'라는 뜻이 있다.

이 엉겅퀴를 꺾으면 하얀 즙이 나온다고 해서 유럽과 북미에서는 '밀크 티슬(Milk thistle)'이라고 이름한다. 그런데 여기서 주목할 것은 'thistle' 이라는 단어이다.

스코틀랜드의 국화(國花)도 thistle이라고 하는데, 바로 '엉겅퀴'라는 뜻이다.

이 thistle의 발음기호를 적어보면 [ˈθɪSL]인데, 미국식 발음과 영국식 발음이 다르다는 것을 알 수 있다.

더욱이 이 꽃 이름 앞의 철자인 th의 발음은 this에서는 [ðɪs]이고, the 에서는 [ðəː]나 혹은 [ði]로 발음되어 같은 표기 th의 발음이 제각각임을 알 수 있다.

하지만 우리는 세종대왕 덕분에 서울에서 '엉겅퀴'라고 적으면, 제주도 에서도 '엉겅퀴', 평양에서도 '엉겅퀴'라고 적을 수 있을 뿐만 아니라 팔도 강산 어느 지역에서든지 '엉겅퀴'라고 읽을 수 있는 행복을 누리고 있다.

《훈민정음 해례본》에서 정인지가 서문에 표현한 것처럼, 바람 소리, 학 의 울음소리, 닭의 홰치는 소리, 개 짖는 소리도 모두 전하께서 새롭게 만 든 스물여덟 글자로써 적을 수 있다고 하였듯이 세계에서 가장 과학적이 고 정확한 표음문자인 훈민정음을 가지고 있는 문화민족이다.

그런데, 2024년 대한민국은 세종대왕이 만들어 주신 훈민정음을 자랑스러워하기보다는 파괴하지 못해 안달이 난 것처럼 보이는 것은 필자의 지나친 염려일지 모르겠다.

아파트의 이름은 '퍼스티지', '더포레스트', '에듀', '파크' 등 국적 불명의 이름이 난무하더니 서울에서 가장 긴 아파트 이름인 개포동의 '디에이치퍼스티어아이파크'를 시기했던지 급기야 '광주전남공동혁신도시빛가람대방엘리움로얄카운티1차'로 무려 25자로 된 전국에서 가장 긴 아파트 이름이 등장했고, 거리의 간판은 더욱 가관이어서 고유의 한글 이름까지 영어로 고쳐 사용하는 상점들뿐만 아니라 카페의 간판은 물론 안내판까지 영어로만 적혀있는 등 정체불명의 외래어 간판이나 외국어 간판이 점령하여 이곳이 한국인지 아니면 미국인지 헷갈릴 정도가 되어버린 것 같다.

필자는 '훈민정음의 오해와 진실'이라는 주제로 전국적으로 강연하러 다니다 보면 초청자와 차 한 잔을 나누거나 때로는 홀로 커피 한 잔을 마시려고 해도 무슨 뜻인지 모르는 낯선 외국어로 표기된 커피 이름 때문에 주문할 때 당황스러웠던 적이 한두 번이 아니었다.

옥외광고물 등의 관리와 옥외광고산업 진흥에 관한 법률 시행령에는 '광고물의 문자는 원칙적으로 한글맞춤법, 국어의 로마자표기법 및 외래어표기법 등에 맞춰 한글로 표시해야 하며, 외국 문자로 표시할 때는 특별한 사유가 없으면 한글과 함께 적어야 한다.'라고 명시돼 있다.

그런데도 앞서 제기한 외국어 간판뿐만 아니라 공공기관부터 무분별하게 외국어 사용에 앞장서고 있는 것 같아서 씁쓸한 느낌을 떨칠 수기 없다.

정겨웠던 '동사무소'가 '동주민센터'로 경찰 파출소는 '치안센터', 119

소방 파출소도 '119안전센터'로 바뀌었고, 서울교통공사 지하철은 아예 회사 명칭을 '서울 메트로(Seoul Metro)'로, 한국철도공사는 '코레일(KORAIL)'로 바꾸는 등, 우리 공공기관들은 앞다퉈 외래어 바꾸기 시합을 하는 것 같다.

훈민정음이 낳은 한글의 우수성은 세계적으로 인정받고 있지만 무분별한 외국어 사용은 명백한 문자 사대주의이기에 국제화를 핑계로 너무 쉽게 우리의 말과 글자를 포기하고 있는 오늘의 대한민국을 세종대왕은 어떻게 보고 계실까 궁금해진다.

넷째 마당

# 훈민정음 왜곡

ㆆ。喉音。如挹字初發聲

ㆆ는 喉ᅘᅮᇢ音ᅙᆷ이 如ᅀᅵᇰ挹ᅙᅵᆸ字ᄍᆼ初총
發ᄫᅥᇙ聲성ᄒᆞ니라

ㆆ는목소리니挹ᅙᅵᆸ字ᄍᆼ처ᅀᅥᆷ펴아나
ᄂᆞᆫ소리ᄀᆞᆮᄐᆞ니라

ㆁ。喉音。如虛字初發聲
並書如洪字初發聲

ᅘᆞ는喉ᅘᅮᇢ音ᅙᆷ이니 如ᅀᅵᇰ虛ᅙᅥᇰ字ᄍᆼ初총
發ᄫᅥᇙ聲성ᄒᆞ니並뼝書ᄉᆼ면如ᅀᅵᇰ洪
ᅘᅩᇰ字ᄍᆼ初총

ㄱ字ᄍᆼ初총發ᄫᅥᇙ聲성ᄒᆞ니라

ᅘᆞ는목소리니虛ᅙᅥᇰ字ᄍᆼ처ᅀᅥᆷ펴아
나ᄂᆞᆫ소리ᄀᆞᆮ고ᄫᅡᆯᄡᅮ면洪ᅘᅩᇰㄱ字
ᄍᆼ처ᅀᅥᆷ펴아나ᄂᆞᆫ소리ᄀᆞᆮᄐᆞ니라

ㅇ。喉音。如欲字初發聲

ㅇ는 喉ᅘᅮᇢ音ᅙᆷ이 如ᅀᅵᇰ欲ᅭᆨ字ᄍᆼ初총
發ᄫᅥᇙ聲성ᄒᆞ니라

ㅇ는목소리니欲ᅭᆨ字ᄍᆼ처ᅀᅥᆷ펴아나
ᄂᆞᆫ소리ᄀᆞᆮᄐᆞ니라

ㄹ。半舌音。如閭字初發聲

ㄹ는半반舌써ᇙ音ᅙᆷ이니 如ᅀᅵᇰ閭려ᇰ字ᄍᆼ
初총發ᄫᅥᇙ聲성ᄒᆞ니라

ㄹ는半반혀쏘리니閭려ᇰ字ᄍᆼ처ᅀᅥᆷ
펴아나ᄂᆞᆫ소리ᄀᆞᆮᄐᆞ니라

# 🏵 훈민정음의 생일을 아십니까?

모든 존재는 자기 쓸모를 가지고 태어나는데, 세상에 태어난 날 또는 태어난 날을 기념하는 해마다의 그날을 생일이라고 한다는 뜻이다. 이것은 시간을 간직할 때 부여되는 특별한 의미이다. 그러나 인간과 사건은 시간을 달리 체험한다. 인간은 시간을 간직할 줄 모른다. 간직할 줄 모르기에 그 순간으로 돌아살 수가 없다. 이에 비하여 사건은 시간을 간직함으로써 이름으로 존재한다. 시간에 포위되거나, 시간에 휩쓸리는 것이 아니라, 시간을 머금고 있다. 그것은 정지해 있는 것 같지만 호흡하며 살아 있는 것이다.

세종대왕 사후에 집현전 8 학사 중 최항, 박팽년, 성삼문, 신숙주를 포함한 총 58명으로 구성된 세종실록 편수 작업(1452~1454)의 총감독자였던 정인지는 세종 25년 계해년(1443년) 음력 12월 30일(경술일)의 실록에 다음과 같이 기록하여 시간을 머금고 있다.

是月上親制諺文二十八字其字倣古篆分爲初中終聲合之然後乃成字凡于文字及本國俚語皆可得而書字雖簡要轉換無窮是謂訓民正音(시월상친제언문이십팔자기자방고전분위초중종성합지연후내성자범우문자급본국리어개가득이서자수간요전환무궁시위훈민정음)이다. 이 실록의 문장은 띄어쓰기도 없고, 마침표 같은 문장부호 하나 없는 한자 57자로 기록된 한문이다.

이것을 소위 한글세대를 위하여 풀이한다면, "이달에 임금이 친히 언문 28자를 지었는데, 그 글자가 옛 전자를 모방하고, 초성·중성·종성으로 나누어 합한 연후에야 글자를 이루었다. 무릇 문자에 관한 것과 이어(俚語)

에 관한 것을 모두 쓸 수 있고, 글자는 비록 간단하고, 요약하지마는 전환하는 것이 무궁하니, 이것을 훈민정음이라고 일렀다."라는 뜻이 되는데, 번역문 속에 들어있는 쉼표나 가운뎃점, 마침표를 빼면 언문 114자로 한문보다는 정확히 두 배로 글자 수가 많아진다.

이렇게 짧은 문장 속에서 시간이 머금고 있는 몇 가지 중요한 사실을 발견할 수 있다. 첫째, 누구의 도움 없이 임금이 친히 창제했다는 것이고, 둘째, 언문 28자라는 것이며, 셋째, 옛 전자를 모방하였고, 넷째, 초성·중성·종성으로 나누어 합한 연후에야 글자를 이루었으며, 다섯째, 문자에 관한 것이든 항간에 떠도는 속된 말이 든 모두 쓸 수 있고, 여섯째, 글자를 간단하고, 요약하지만 전환하는 것이 무궁하다는 것이다.

그리고 마지막 일곱 번째로 이것을 훈민정음이라고 하였다는 것은 바로 이달에 임금이 친히 창제한 28자를 계해년 음력 12월 30일에 출생신고를 하면서 세종대왕이 각고의 노력 끝에 창제한 문자의 이름을 '훈민정음'이라고 정했다는 것이다.

그렇다면 왜 하필이면 정인지는 한 해의 마지막 날 이 사건을 기록하였을까?

음력 12월 30일은 섣달 그믐날로 한자로는 제석(除夕) 혹은 제야(除夜)라고도 한다.

이날은 한 해의 마지막 날이므로 집 안 구석구석에 등불을 밝히고 새벽녘에 닭이 울 때까지 잠을 자지 않고 수세(守歲)를 하면서 새해를 맞이한다.

守歲는 지나간 시간을 반성하고 새해를 설계하는 통과 의례로 마지막 날은 끝이 아니라 새로운 시작이라는 생각에서 음력 섣달 그믐날 밤에 잠을 자면 눈썹이 센다는 정겨운 풍습도 비롯되었다.

섣달은 한 해를 다 보내면서 새해의 설을 맞이하기 위한 설윗달 즉 서웃달의 준말이고 '그믐'은 순우리말 '그믈다'의 명사형에서 나온 말로 저문다는 뜻인데 만월의 보름달이 날마다 줄어들어 눈썹같이 가늘게 되다가 이윽고 모두 소진하여 없어진다는 뜻이므로, 섣달그믐을 빨리 제거해야 새해가 오고 입춘이 오기 때문에 어리석은 백성들을 어엿비 여겨 새로 만든 훈민정음을 새해 첫날부터 쓰게 하고 싶었기 때문일 것으로 생각해본다.

다시 말해 훈민정음 28자가 최초로 세상 밖으로 나온 창제에 대해 세종실록에는 1443년 음력 12월 30일 자에 기록하면서 '이달에~'라고 시작하고 있다. 그래서 '이달'의 중간날짜인 1443년 음력 12월 15일을 한국천문연구원에서 제공하는 음양력 변환계산을 이용하여 그레고리 양력으로 환산하면 1444년 1월 13일이라는 날짜가 나오기 때문에 훈민정음의 생일날로 기념하는 것을 제안해 본다.

왜냐하면, 집현전 대제학이었던 정인지도 1446년 9월에 쓴 '훈민정음 해설서'인《훈민정음 해례본》서문에서 "계해년 겨울에 우리 전하께서 정음 28자를 창제하시고, (신하들에게) 그 용례와 의미들을 간략히 들어 보여주시면서, 명칭을 훈민정음이라 하였다. (癸亥冬我殿下創制正音二十八字略揭例義以示之名曰訓民正音)"라고 훈민정음 창제 사실을 불가역적으로 명확하게 기술하고 있기 때문이다.

# ✸ '아래아'가 사라진 내력

하늘의 도리는 말이 없는 법이다. 단지 기운이 움직이는 소리가 있을 뿐이다. 사람의 일이란 분별이 있다.

그래서 지시하고 구별하는 말을 전해 받아 익힌다. 기(氣)의 소리와 사람의 일은 귓바퀴를 울리고 귀청을 떨게 해 정신과 기운에 통하게 된다.

처음 들을 때는 의심하지만 다시 듣게 되면 그럴듯하다고 생각해 처음 들었던 것을 살펴보고 세 번, 네 번 듣게 되면 헤아려 생각하게 된다.

점차 익숙해지면 듣는 힘이 깊고 넓어져 소리와 말을 듣기 이전이더라도 들을 수 있게 되고, 또 소리와 말을 들은 이후를 헤아려 살필 수 있다.

「훈민정음」 28자는 그렇게 만들어졌다.

《훈민정음 해례본》을 마치면서 정인지는 "전하께서 훈민정음을 창제하실 때 천지자연의 운행을 살피시어 만드셨다."라고 기술하였다.

그래서 훈민정음을 우주의 소리라고도 한다.

왜냐면 우주를 이루는 세 가지 요소인 하늘과 땅과 사람이라고 하는 '天·地·人 三才'사상을 접목하여 모음 기본 글자 '·, ㅡ, ㅣ'를 만들었기 때문이다.

'·'는 양으로 하늘을 뜻하고, 'ㅡ'는 음으로 땅을 뜻하며, 'ㅣ'는 음양을 겸한 사람을 나타낸 글자이다.

이렇게 훈민정음에서 모음을 이루는 3개의 글자 구성요소 중 하나인 '·'를 우리는 '아래아'라는 이름으로 읽는 데 전혀 주저하지 않는다.

그렇다면 '아래 아'라는 명칭은 언제 붙게 되었을까? 정확한 이유는 분명하지 않지만, 일반적으로 두 가지 설로 추측해 볼 수 있다.

첫째는 홍윤표 교수가 자신의 저서 《한글》에서 주장한 것으로, 「한글 반절표」에서 'ㆍ'행이 제일 아래쪽에 위치해서 '아래아'가 되었다는 설이 있고,

둘째는 ㅏ가 초성의 오른쪽에 붙는 것에 반해 'ㆍ'는 초성의 아래쪽에 붙으므로 '아래아'가 되었다는 설이다.

아마도 이 설은 527년(중종 22)에 최세진이 한자 학습서로 편찬한 『훈몽자회(訓蒙字會)』의 「언문자모(諺文字母)」라는 항목에서 설명한 'ㆍ 思不用初聲(사불용초성)' 즉, 'ㆍ는 스의 음에서 첫소리인 ㅅ 음을 사용하지 않은 나머지 부분'이라고 풀이한 것을 ㅅ의 아래에 있는 'ㆍ'라는 의미가 '아래 아'가 되었다고 생각한 데서 기인한 것으로 짐작된다.

그런데, 《훈민정음 해례본》〈예의〉에서는 "'ㆍ'如呑字中聲(여탄자중성)" 즉, 'ㆍ는 呑(톤) 자의 가운뎃소리와 같다'고 설명할 뿐 'ㆍ'의 명칭에서는 어떠한 언급도 하지 않는다.

이어서 〈제자해〉에서는 'ㆍ, ㅡ, ㅣ'를 다음과 같이 설명한다.
ㆍ 舌縮而聲深 天開於子也 形之圓 象乎天也
(설축이성심 천개어자야 형지원 상호천야)
'ㆍ는 혀가 오그라져서 소리가 깊으니, 하늘이 자시에 열린 것이다. 모양이 둥근 것은 하늘을 본뜬 것이다.'

— 舌小縮而聲不深不淺 地闢於丑也 形之平 象乎地也

(설소축이성불심불천 지벽어축야 형지평 상호지야)

'ㅡ는 혀가 조금 오그라져 소리가 깊지도 얕지도 않으니, 땅이 축시에 열린 것이다. 모양이 평평한 것은 땅을 본뜬 것이다.'

ㅣ 舌不縮而聲淺 人生於寅也 形之立 象乎人也

(설불축이성천 인생어인야 형지립 상호인야)

'ㅣ는 혀가 오그라지지 않아 소리가 얕으니, 사람이 인시(寅時)에 생긴 것이다. 모양이 서 있음은 사람을 본뜬 것이다.'라고 하였는데, 이곳 역시 명칭에 대한 언급은 찾을 수가 없다.

그래서 윗글에서 "ㆍ'의 모양이 둥근 것은 하늘을 본뜬 것이다."라고 표현한 것처럼 '하늘 아'라는 명칭이 타당하리라고 생각하지만 '아래아'로 굳어진 음가를 '하늘 아'로 바로잡아보려고 시도하는 것은 달걀로 바위 치는 격인 줄 알면서도 학문적인 의견을 피력해본다.

그리고 1894년 주시경 선생은 훈민정음에 ㅣ와 ㅡ의 합자가 없다는 점과 구한말 당시 사람들의 한국어 발음과 중국어 발음을 그 근거로 들면서 'ㆍ'의 본래 발음이 ㅣ와 ㅡ의 합음이라고 주장하면서 〈훈민정음〉에서 ㅣ와 ㅏ의 결합음을 적을 때 ㅣㅏ처럼 병서하지 않고 ㅑ라는 새로운 글자를 만든 것처럼 ㅣ와 ㅡ를 합쳐 쓰기 위해서 새로운 글자인 'ㆍ'를 만들었을 것으로 추측했다.

그러나 1940년 안동의 광산 김씨 고택에서 발견된 《훈민정음 해례본》에는 실제로 ㅣ와 ㅡ의 합자인 ㅢ라는 글자가 있었으니 1876년 황해도에서 출생하여 1914년 39세의 나이로 경성부에서 생을 마감한 주시경 선생이 만약 생전에 《훈민정음 해례본》을 만났더라면 우리나라의 현행 한글 교육의 방향은 어떻게 변하게 되었을까 '만약'이라는 가정을 해 본다.

한편 'ㆍ'는 훈민정음 창제 당시에는 구성 모음으로서 위치가 확고하여 훈민정음 창제원리 풀이에서도 핵심적으로 언급되었으나 1912년 조선총독부에서 《보통학교용 언문 철자법》을 발표하면서, 고유어에 있는 'ㆍ'는 공식적인 표기상으로도 폐지되면서 음가가 소실되었다.

한자어의 'ㆍ'는 그대로 남았다지만 이마저 1930년에 언문 철자법을 제정하며 한자어에 남아 있던 'ㆍ'도 폐지하여 한국어 표기에서 사라졌다가 결국, 1933년 조선어학회의 《한글 맞춤법 통일안》에서도 'ㆍ'를 폐기하게 되었다.

발음기관을 상형화하고 천지인 삼재의 우주 기운을 바탕으로 하여 창제된 훈민정음이 인류 문자 사에서 유례를 찾아보기 어려운 위대한 업적이라고 세계적인 언어학자들이 찬탄한 것은 580년 전 창제된 '훈민정음' 28자의 진정한 가치 때문일 것이라고 생각한다.

## 🏵 뒤틀린 훈민정음

대한국인에게 한민족 오천 년 역사에서 가장 위대한 성취를 꼽으라면 아마도 누구나 서슴없이 훈민정음이라고 대답하리라 생각한다. 그런데 우리는 훈민정음이 창제된 지 580년이라는 세월이 흘렀지만, 아직도 훈민정음 창제자에 대한 이견이 분분하다.

물과 공기처럼 당연한 듯이 쓰고 있는 우리의 위대한 문자 훈민정음을 그 누구는 세종대왕 한 사람의 머리에서 이렇게 배우기 쉽고 과학적인 원리를 가진 문자가 탄생할 수 없었을 것이라고 비틀어 대고, 어떤 이는 신미 대사가 창제 작업을 주도했다고 주장한다.

물론 생각은 자유다. 그러나 그 자유스러움도 지나치면 역사 왜곡이 되는 것이고, 그 왜곡은 자신만의 사유의 문제를 넘어서 타인에게 돌이킬 수 없는 영향을 끼친다는 점 때문에 우려할 수밖에 없는 것이다.

위대함이란 무엇인가? 사전적인 의미는 '뛰어나고 훌륭함'이다. 세종대왕 사후에 500여 년의 시공을 뛰어넘어 새롭게 발견된 '훈민정음 해례본'을 통한 또 다른 위대함의 발견, 그것은 새로 만든 스물여덟 자의 실체에 관한 것이었다. 황제의 나라에 대해 사대(事大)와 공맹의 진리를 빌미 삼아 왕권 강화를 견제하는 유신들의 압박에 시달리고 평생을 괴롭힌 질병에 고통받고, 사랑하는 아내인 소헌왕후의 상처조차 걷어줄 수 없는 지아비였기에 세종은 더 위대한 임금으로 기억되는지도 모르겠다.

2019년 여름에 상영되었던 '나랏말싸미'라는 국내 영화는 개봉할 당시의 여름 날씨보다 더 격렬한 논쟁의 불을 지폈던 것 같다. 영화는 왕권이 가장 강력한 시기였던 조선 4대 왕 세종이 신하들이나 승려들에게 하대받고, 무례한 대우를 받는 모습으로 왜곡하는 것도 모자라 훈민정음을 신미 승려의 창제설로 몰아간다. 게다가 홍보 포스터에는 "역사가 담지 못한 한글의 시작"이라는 문구를 넣어두어 잘못된 정보로 인하여 훈민정음의 창제 과정에 대한 역사적인 사실을 잘 모르는 어린 학생이나 외국인이 본다면 훈민정음은 세종이 창제한 문자가 아니라 신미라는 승려가 창제한 것이 되어 버린다.

110분간 상영된 이 영화에서 훈민정음의 창제 과정을 왜곡하고 뒤틀어 버린 곳이 대부분을 차지하지만, 그중에서도 압권은 다음 대사가 아닌가 싶다.

마침내 훈민정음이 완성되고 세종은 서문을 짓는다.

'나랏말ᄊᆞ미듕귁에달아문ᄍᆞ와로서르ᄉᆞᆷᄆᆞᆺ디아니ᄒᆞᆯ씨~(중략)~내이ᄅᆞᆯ 윙ᄒᆞ야어엿비너겨새로스믈여듧ᄍᆞᆼᄅᆞᆯ밍ᄀᆞ노니사ᄅᆞᆷ마다히ᅇᅧ수ᄫᅵ니겨날 로ᄡᅮ메뻔한킈ᄒᆞ고져홇ᄯᆞᄅᆞ미니라'

'몇 글자냐?' '백아홉 글자이옵니다.' '한 글자 빼라' 그래서 108배를 의미하게 하여서 신미에게 보은하겠다는 부분….

훈민정음 해례본의 세종이 직접 작성한 서문은 한문으로 쓰였으며 54 자이다. 그리고 '나랏말싸미~~'로 알려진 훈민정음 서문은 세종 사후 세조 때 간행된 언해본의 서문이다. 그래서 임금 사후에 올려진 묘호 '세종 어제훈민정음'이라는 제목이 붙게 되고 서문은 언문 108자로 풀이된 것이다.

'나랏말싸미'는 다행인지 불행인지 관객의 호응을 받지 못한 탓에 빠르게 스크린에서 내려졌지만, 북미, 일본, 대만 등지에서 개봉되었기 때문에

이 영화에서 다루었던 훈민정음 창제 과정에 대한 허구가 실제로 정사(正史)인 것처럼 잘못 알려지거나, 의도적인 왜곡의 소재로 사용될 수 있기에 염려가 되는 데도 한글학회나 국어학회 혹은 역사학회에서 정식으로 의견을 제시했다는 글을 인터넷에서도 찾아볼 수 없다.

그래서 필자는 뒤틀린 훈민정음을 보면서 지식을 독점하고 그것을 기반으로 권력 또한 독점하고자 했던 유신들에 맞서 '모든 백성이 문자를 쉽게 익혀서 읽고 쓰는 나라'를 꿈꿨던 세종대왕의 이상을 담아서 세상에서 가장 쉽고 가장 아름다운 문자 훈민정음의 창제 과정을 누구나 쉽게 만나보게 하려고 훈민정음이 탄생하기까지 그 과정에 녹아있는 역사적 요소를 시각화시키는 것에 초점을 맞춰 〈소설로 만나는 세종실록 속 훈민정음〉 집필 작업에 임했다.

조선 초기 집현전의 역할과 인재 등용은 물론, 새롭게 탄생한 조선의 문자 속에 기하학, 천문학, 철학까지 담겨 있는 훈민정음의 점과 선, 면으로 이루어진 단순한 역사의 실타래를 입체적으로 풀어가면서 독자의 시선을 사로잡는 미적 아름다움을 살려보려고 노력했다고 자평하면서 많은 이들이 읽어주기를 바라는 과욕을 부려본다.


## ⊛ '언문'의 뜻을 잘못 가르치는 국어 교육

「일제강점기에 주시경 선생은 세종대왕이 만든 우리말이 '언문'이라 불리는 것이 안타까워 한글이라는 새 이름을 붙여 주었어요.」

이 글은 자라나는 우리의 미래 주인공들이 배우는 『초등 전 과목 어휘력 사전』에 '언문'이라는 항목에 실린 풀이이다.

또 『중학생을 위한 국어 용어사전』에서 '언문'이라는 항목을 검색해 보면 「'한글'을 속되게 이르던 말」로 풀이하고 친절(?)하게 용어해설을 하기를 「세종 대왕이 훈민정음을 만들고 나서 한글은 저급한 것으로 평민이나 상민, 부녀자들이 쓰는 언어이고, 양반이나 선비들은 한자를 사용한다고 하여 우리말 '훈민정음'을 '언문'이라고 낮추어 칭하였다.」라고 덧붙이고 있다.

1992년에 한글학회에서 간행한 『우리말 큰사전(어문각)』에는 '언문(諺文)'이란 「전날에 일컫던 한글의 낮은말.」이라고 풀이하였고, 『표준국어대사전』에는 '언:문(諺文)' 「예전에, 한글을 낮잡아 일컫던 말.」이라고 풀이하고 있다.

이러한 생각을 하는 대다수 학자는 세종대왕의 훈민정음을 훌륭한 문자로 칭송하기 위해서 '언문'을 상말(상스러운 말)쯤으로 풀이해야 한다는 사명감(?) 때문에 "세종대왕이 만드신 훈민정음을 양반들이 기득권을 지키려고 언문 등 경멸하는 이름으로 불렀다"라고 분개하고 있는지 모르겠지만, 《세종실록》에 최초로 '언문'이라고 언급된 것은 세종 25년 12월 30일 기사이다.

「이달에 임금이 친히 '언문(諺文)' 28자를 지었는데, 그 글자가 옛 전자를 모방하고, 초성·중성·종성으로 나누어 합한 연후에야 글자를 이루었다. 무릇 문자에 관한 것과 이어(俚語)에 관한 것을 모두 쓸 수 있고, 글자는 비록 간단하고, 요약하지마는 전환하는 것이 무궁하니, 이것을 훈민정음이라고 일렀다.」라고 기록되어 있다.

또한, 세종 26년 2월 16일 자《세종실록》에서는 「집현전 교리 최항, 부교리 박팽년, 부수찬 신숙주, 이선로, 이개, 돈녕부 주부 강희안 등에게 명하여 의사청에 나아가 '언문'으로『운회(韻會)」를 번역하게 하고~(이하 생략)」라고 함으로써 새로 만든 〈훈민정음〉을 '언문'으로 표현하고 있다.

《세종실록》은 세종의 재위 31년 7개월간의 국정 전반에 관한 역사를 1452년(문종 2)에 왕명으로 편찬작업이 시작되어 1454년(단종 2)에 편찬작업이 완료되었는데, 선대왕의 최대 업적인 〈훈민정음〉 창제에 관한 기사를 실록에 작성하면서 문종과 단종 대에 속된 글자라는 뜻으로 '언문'이라고 적을 리 없을 것이고, 더욱이《훈민정음 해례본》의 서문을 썼던 정인지가 문종과 단종 대에 총재관으로서《세종실록》을 감수하면서 그대로 두었을 리가 있었겠는가?

또한, 최만리가 '언문 제작의 부당함을 아뢴 상소문'에도 22번이나 언급하고 있는데, 최만리가 감히 임금이 만드신 문자 훈민정음을 상말이라고 표현했다는 것인지 궁금하거니와 이들이 올린 상소문에 대해서 최만리 등을 꾸짖는 세종의 발언 중에도 세 차례나 '언문'이라고 말한 것은 어떻게 설명할 것인가?

북한에서 출판한『조선말대사전』에는 '언문'을 「늘 쓰는 입말의 글」이라고 풀이하는데, 「'글말의 글자'인 한문에 상대하여 이르던 '입말의 글」이라는 이 정의가 오히려 바른 표현이라는 생각이 든다.

그렇다면 '언문(諺文 : 상말 언, 글월 문)'이란 무슨 뜻일까? '諺' 자의 새김 '상말'은 「양반 말에 대칭 하는 상민 즉, 신분이 천한 사람이나 쓰는 말」이 아니라, 「일상 속 대화를 적은 구어체 문장(口文)」을 의미한다. 다시 말해 '상말[諺]'은 「상민(常民)의 말이 아니고, 평상시 쓰는 일상(日常)의 말」인 것이다.

제발 우리의 위대한 문자 〈훈민정음〉을 자랑스럽게 보존하시는 못할망정 스스로 깎아내리는 짓은 멈추기 바란다. 지금 당장 『표준국어대사전』을 비롯한 모든 사전에서 '언문'에 대한 풀이를 「훈민정음이 백성들이 사용하는 일상의 대화를 적을 수 있는 글자라는 뜻」이라고 수정(修正)하자. 그것이 백성을 어여삐 여겨 훈민정음 창제하여 주신 세종대왕에 대한 최소한의 예의(禮儀)가 아닐까 싶다.

## ❀ '세종대왕'도 모르는 훈민정음

대한민국 서울특별시 종로구 세종로 광화문광장에 있는 세종대왕 동상은 기단만 4m에 동상 높이가 6.2m, 폭 4.3m나 되는 거대 조각물로 홍익대 김영원 교수가 제작하여 2009년 10월 9일 한글날을 기해 세워진 대한민국 수도를 상징하는 기념물로 위용을 자랑하고 있다.

"세종대왕은 민족의 영웅으로서 경복궁에서 즉위하여 승하하신 최초의 임금이었던 역사적 사실 등을 고려해 새로운 정신으로 세종대왕 동상을 건립하여 민족의 자긍심을 높이고, 민족의 우수성을 세계에 널리 알리기 위해 세종대왕 동상을 제작하게 되었다."라고 한국관광공사 홈페이지는 소개하고 있는데, 세종대왕의 동상 아래의 기단에 새겨진 '**세종대왕**'이라는 네 글자는 훈민정음 글꼴로 표현하였다는 것을 누구나 알아차릴 수 있도록, 모음의 점을 둥근 원점으로 찍었고, '종'자와 '왕'자의 받침 글자, 즉, 종성을 지금은 사라져 버린 옛이응 'ㆁ'으로 표기하고 '세'자와 '대'자는 현대 국어 표기법으로 적어 놓은 것을 발견하고서 '**세종대왕**' 네 글자가 현대 국어 표기법에도 맞지 않을 뿐만 아니라, 세종 당시의 표기법에도 맞지 않으므로 '종'과 같이 받침 글자(종성)를 굳이 옛이응(ㆁ)을 쓰고자 한다면 통일성이 있도록 '세'자와 '대'자도 훈민정음 창제원리의 가장 중요한 원리인 삼성 법을 적용하여 **솅종땡왕**으로 표기하던지, 아니면 현대적 글꼴로 표기하려면 **세종대왕**과 같이 표기하여야 할 것이라고 필자는 사단법인 훈민정음기념사업회 이사장의 직함으로 세종대왕 동상을 관리하는 서울특별시에 이의 시정을 요청하는 민원을 2021.11.7. 제기하여 정확히 10일 지난 2021.11.17. 서울특별시 광화문광장 기획 반장이 발신한 민원답변서를 받게 되었다.

그런데 이 답변서의 내용이 필자를 어리둥절하게 하여 소개한다. "'**세종대왕**'의 글씨체는 동상 건립 당시 세종대왕 동상 자문위원회에서 한글학회와 세종대왕기념사업회 자문위원들의 의견에 따라 훈민정음 해례본에서 집자하되 현대인들이 읽기 쉽게 한다는 원칙에 따라 전문가들의 논의를 거쳐 제작된 것이고, 또한 2012년 유사한 내용의 민원이 제기된 바 있었지만, 세종대왕 동상 기단 글자에 대해 수차례 여러 전문가의 자문을 거친 결과 건립 시 정한 원칙 유지가 필요한 점, '**세종대왕**' 글자가 훈민정음 해례본에서 집자한 근거가 있는 점(월인천강지곡에 유사한 글씨체 존재), '세종대왕' 글자도 작품 디자인의 일부인 점 등을 감안하여 수정하지 않는 것으로 정리된 건임으로 민원의 의견을 수용하지 못하는 점 이해 바란다"고 답변하였기 때문이다.

　필자의 과문한 탓인지는 모르겠으나 『훈민정음 해례본』 어느 곳에 '세종대왕' 네 글자를 집자할 수 있는 글자가 있는지 본 적이 없을 뿐만 아니라, 필자가 소장하고 있는 『월인천강지곡』 영인본을 수차례 검토해봐도 世를 '세'로 大를 '대'로 표기한 사례가 없는데 근거가 있다고 주장을 하니 어안이 벙벙할 수밖에 없다. 그리고 서울시가 인용한 『훈민정음 해례본』은 그 이름이 5 解(제자해, 초성해, 중성해, 종성해, 합자해)와 1 例(용자례)로 편찬되었기 때문에 '해례'라고 한 것이고, 그 5해 중 「합자해」에서 중요하게 다루는 '초성, 중성, 종성 3성이 합하여 글자를 이룬다.'라는 훈민정음 창제원리를 도외시한 한글학회와 세종대왕 기념사업회 자문위원들이 자문했다고는 믿기지 않을 뿐만 아니라 『훈민정음 언해본』의 「어제서문」에서도 '솅종'이라고 표기되어 있지 '세종'이라고 되어 있지 않음은 중등교육을 받은 대한민국의 국민이라면 누구나 알 수 있는 사실을 우겨대는 서울시는 과연 훈민정음에 대한 기본 상식이 있는지 의심하지 않을 수가 없다.

　더욱이 '세종대왕' 글자도 작품 디자인의 일부라고 설명하였는데, 서두에서 인용한 세종대왕 동상의 건립 취지에 대해서 한국관광공사의 홈페이지에 소개한 내용처럼 "-전략- 새로운 정신으로 세종대왕 동상을 건립하여 민족의 자긍심을 높이고, 민족의 우수성을 세계에 널리 알리기 위해 …."서라면 오히려 세종대왕의 여러 업적 중 '훈민정음' 창제가 가장 뛰어난 업적이라는 짐을 대외적으로 알리려면 디자인보다 더 중요한 것은 훈민정음 창제원리에 맞는 정확한 표기법으로 표기하였을 때 광화문을 찾는 국민뿐만 아니라 세계 각국의 관광객에게 훈민정음에 대한 바른 인식과 문자와 문화 강국이라는 이미지를 심어줄 수 있다는 것을 대한민국의 수도 서울시가 인식했으면 좋겠다는 바람이다.

## ✹ '훈민정음 언해본'의 표기법을 파괴한 훈민정음 기념비

광화문광장은 대한민국 수도 서울특별시 종로구에 있는 광장으로 2009년 8월 1일 12시 일반 시민에게 개방된 이래 서울 시민들은 물론이고 외국 관광객이 즐겨 찾는 명실상부한 대한민국의 중심역할을 하는 명소이다.

광장은 6개 구역으로 나누어 조성되어있다. 이 가운데 〈한국의 대표광장〉이라고 명명된 곳은 세종문화회관 전면부 총 130m 구간으로 세종대왕 동상이 위용을 자랑하며 자리를 잡고 있다.

이 세종대왕 동상에 대해 서울특별시는 광화문광장의 상징이라는 제목으로 홈페이지에 다음과 같이 소개하고 있다.

민족의 영웅으로서 경복궁에서 즉위하여 승하하신 최초의 임금이었던 세종대왕의 동상. 높이 6.2m, 폭 4.3m 규모로 4.2m 기단(基壇) 위에 좌상 형태로 남쪽을 향해있는 세종대왕 동상은 부드러운 표정으로, 왼손에는 《훈민정음 해례본》(페이지는 용자례 - 훈민정음 글자의 사용 예를 정리한 것)을, 오른손은 가볍게 들어 신하들에게 온 백성이 훈민정음을 널리 쓰도록 하라는 대왕의 정신을 표현하였습니다.

기단 바로 앞에는 '훈민정음 원문과 해석문'이, 동상 전면부에는 세종대왕의 주요 과학 발명품인 해시계, 측우기, 혼천의 모형을, 후면부에는 세종대왕의 업적을 상징하는 기둥 형태의 6개의 열주가 세워져 있습니다.

위와 같이 세종대왕동상 소개 글처럼 '기단 바로 앞에는 훈민정음 원문과 해석문이~'다음 그림과 같이 새겨져 있다.

그런데 이를 어찌하랴! 대한민국 수도 서울의 상징물이고 세종대왕 최고의 업적으로 손꼽히는 훈민정음을 소개하면서 '기단 바로 앞에는 훈민정음 원문과 해석문이'라고 설명하고 있지만, 확인해 보니 새겨져 있는 글은 훈민정음 원문이 아니라 〈훈민정음 어제 서문〉의 〈언해본〉이라고 해야 맞을 뿐만 아니라, 그나마도 무려 여섯 글자나 오자(誤字)를 새겨놓았으니 부끄러움을 넘어서 이 조형물을 세운 관계 공무원들의 무지함에 필자의 얼굴이 달아오른다.

왜냐면 이 돌에 새겨진 내용의 훈민정음은 해례본과 언해본으로 나뉘는데, 해례본은 1940년 안동의 광산 김씨 궁구당에서 이용준이 찾아낸 책으로 간송미술관에 소장되어있는 국보를 가리킨다.

이 해례본은 54자의 어제 서문과 제자해(制字解), 초성해(初聲解), 중성해(中聲解), 종성해(終聲解), 합자해(合字解)와 용자례(用字例) 등 다섯 부분 해설과 한가지 사용 예로 본문을 구성하고 있어서 『해례본』이라고 하므로, 이 돌에 새겨진 내용은 '훈민정음 원문'이 아니고 '어제 서문'이라고 하는 것이 맞다.

또한, 내용도 한문으로 쓰인 『훈민정음 해례본』의 어제 서문이 아니라 세조 5년(1459)에 간행된 초간본 『월인석보』 권1에 수록된 「언해 어제 서문」이라는 것을 구별해야 한다.

이것은 세종대왕이 훈민정음을 창제하고 반포한 해례본은 한문으로 작성되어 있어 한문에 조예가 있는 사람만이 읽을 수 있었으므로 훈민정음 반포(1446년)부터 13년이 지난 1459년 세조가 부왕인 세종 때 만들어진 훈민정음을 백성들에게 좀 더 널리 알리기 위한 목적에서 해례본의 서문과 예의(例義) 부분을 한문에 무지한 사람들도 쉽게 알아볼 수 있도록 완전히 우리말로 언해(諺解), 윤문(潤文), 번역(飜譯)하고, 훈민정음으로 기록하여 전국에 배포한 책이기 때문이다.

우리가 일반적으로 훈민정음이라 하면 떠올리는 "나라의 말소리가 중국과 달라"로 시작되는 문장을 원문으로 소개하면서 오자를 지적하고자 한다.

셍종엉졩훈민졍흠 / 나랏말ㅆ미듕귁에달아문쯩와로서르ㅅ뭇디아니홀ㅆㅣ이런젼ㅊ로어린빅셩이니르고져홇배이셔도ᄆᆞᄎᆞᆷ내제ᄠᅳ들시러펴디몯홇노미하니라내이롤윙ᄒᆞ야어엿비너겨새로스믈여듧쫑ᄅᆞᆯ밍ᄀᆞ노니사ᄅᆞᆷ마다히ᅇᅧ수빙니겨날로ᄡᅮ메ᄲᅧᆫ한킈ᄒᆞ고져홇ᄯᆞᄅᆞ미니라 〈언해본 어제

서문 원문(방점 제거본)〉

아래의 그림에서 원으로 표시한 오자는 훈민정음 해례본의 합자해에서 중요하게 다룬 창제원리, 즉, '初中終三聲 合而成字(초중종삼성 합이성자) : 첫소리, 가운뎃소리, 끝소리의 3성은 어울려야 글자를 이룬다.'라는 기본 원리에 따라 다음과 같이 9곳의 오자를 지적한다.

① 셰→셍(世)　② 어→엉(御)　③ 졔→졩(製).

④ 졍→졍(正)　⑤ 듕→듕(中)　⑥ ᄍᆞ→ᄍᆞᆼ(字).

⑦ 셩→셩(姓)　⑧ 위→윙(為)　⑨ ᄍᆞ→ᄍᆞᆼ(字)

민족의 영웅으로서 한국인이 가장 존경하는 인물 세종대왕의 동상을 건립하여 민족의 자긍심을 높이고, 민족의 우수성을 알리기 위해 제작하게 되었다는 한국관광공사의 홈페이지에 소개된 글이 진정성을 가지고 누구나 공감하게 하려면, 창제원리마저 무시한 출처 불명의 글을 하루빨리 훈민정음 창제원리에 맞는 정확한 표기법에 맞게 수정하여 대한민국 5천년 역사에서 가장 위대한 업적일 뿐 아니라, 세계의 문자 사에서 최고의 문자로 인정받고 있는 훈민정음이 바르게 계승되기를 간절히 염원한다.

## 🌸 지상과 지하 모두 오자로 된 부끄러운 훈민정음 이야기

광화문광장 지상의 훈민정음 어제 서문의 오류를 지난 호에서 지적한 글을 투고한 후 다시 광화문을 찾았다. 세종대왕 동상 뒤편에 지하로 들어가는 계단을 통해서 지하 2층에 있는 세종이야기 전시장으로 내려갔다.

'세종이야기'라고 크게 쓴 현판을 지나면 본 전시장으로 통하는 대리석으로 조성된 복도가 나온다. 그 세종이야기 현판 아래에서 중앙 전시장 쪽을 바라보는 복도 오른쪽 벽면에도 세종 어제 서문이 대리석에 새겨져 있기에 본능적으로 내용을 살폈다. 혹시나 하는 마음이 역시 나로 바뀐 순간이었다. 첫 단추를 잘못 끼웠나 보다. 그 대리석에도 지상의 훈민정음 비문과 단 한 치의 오차도 없이 아홉 자의 오자를 그대로 새겨놓았다.

우리가 일반적으로 훈민정음이라 하면 떠올리는 "나랏말ㅆ미듕귁에달아"로 시작되는 문장의 원문을 소개하면서 오자와 비교해서 제시한다.

셩종엉졩훈민졍흠 / 나랏말ㅆ미듕귁에달아문쫑와로서르ᄉ뭇디아니홀ᄊ이러런젼ᄎ로어린빅셩이니르고져홇배이셔도ᄆ촘내제ᄠ들시러펴디몯홇노미하니라내이룰윙ᄒ야어엿비너겨새로스믈여듧쫑룰밍ᄀ노니사

롬마다ᄒᆡᅇᅧ수ᄫᅵ니겨날로ᄡᅮ메ᄲᅧᆫ한킈ᄒᆞ고져ᄒᆞᇙᄯᆞᄅᆞ미니라 <언해본 어제 서문 원문(방점 제거본)>

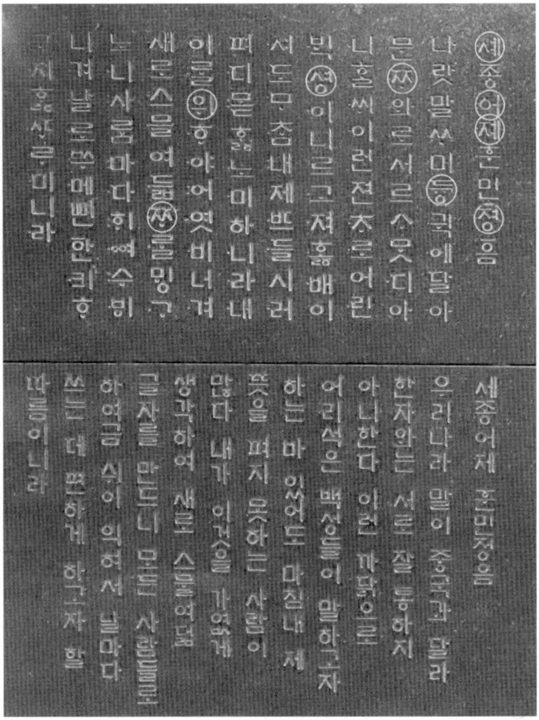


위에서 원으로 표시한 오자는 훈민정음 해례본의 합자해에서 중요하게 다룬 창제원리, 즉, '初中終三聲 合而成字(초중종삼성, 합이성자) 첫소리, 가운뎃소리, 끝소리의 3성은 어울려야 글자를 이룬다.'라는 기본 원리에 따라 다음과 같이 9곳의 오자를 바로잡는다.

① 셰→솅(世) ② 어→엉(御) ③ 졔→졩(製)
④ 졍→졍(正) ⑤ 듕→듕(中) ⑥ ᄍᆞ→ᄍᆞᆼ(字)
⑦ 셩→셩(姓) ⑧ 위→윙(為) ⑨ ᄍᆞ→ᄍᆞᆼ(字)

한국관광공사의 홈페이지 대한민국 구-석구석
https://korean.visitkorea.or.kr에는 다음과 같이 소개하고 있다.

도심 속에서 생생한 역사를 체험할 수 있는 공간. 세종이야기, 충무공
이야기 전시장은 세종문화회관에서 운영하는 생생한 역사, 문화공간으로
한국인이 가장 존경하고 자랑스러워하는 조선 4대 임금 세종대왕과 임진
왜란 당시 큰 공을 세운 충무공 이순신 장군의 생애와 업적을 기리기 위해
조성된 전시관이다.

세종이야기 전시장은 2009년 10월 9일 한글날을 맞아 개관하였고, (중
략) 1. 인간, 세종 2. 민본사상 3. 한글 창제 4. 과학과 예술 5. 군사정책 6.
한글도서관 총 6개의 전시 공간으로 구성되어 있고, (중략) 연간 약 150만
명의 관람객이 방문하는 서울 관광 명소로, 다양한 체험 및 교육프로그램
을 운영하여 도심 속에서 생생한 역사를 체험할 수 있는 공간으로 자리매
김하고 있다.

이 안내 글처럼 이곳은 연간 약 150만 명이 방문하는 교육프로그램을
운영하는 서울 관광 명소이다. 그중에서도 가장 중심 공간인 세종대왕 동

상 앞에 설치한 훈민정음언해 서문 기념비의 오자도 부끄럽기 그지없는데, 이번에는 지하의 세종이야기 전시장 입구 벽면의 대리석 부조에 새긴 어제 서문에도 아홉 자나 오자가 있다. 또 한 가지 위 안내 글에서 짚고 넘어갈 내용이 있다. "세종이야기 전시장은 1. 인간, 세종 2. 민본사상 3. 한글 창제 4. 과학과 예술 5. 군사정책 6. 한글도서관 총 6개의 전시 공간으로 구성되어 있고"라는 글에서 '한글 창제'라고 한 부분이다.

왜냐하면 『조선왕조실록』〈세종실록 102권〉의 세종 25(1443)년 음력 12월 30일 경술 2번째 기사에 기록되기를 '이달에 임금이 친히 언문 28자를 지었는데, 그 글자가 옛 전자를 모방하고, 초성·중성·종성으로 나누어 합한 연후에야 글자를 이루었다. 무릇 문자에 관한 것과 이어(俚語)에 관한 것을 모두 쓸 수 있고, 글자는 비록 간단하고, 요약하지만 전환하는 것이 무궁하니, 이것을 훈민정음이라고 일렀다.'라고 57자의 짧은 문장으로 최초의 훈민정음에 대해 기록하고 있는 생생한 역사를 무시해서는 안되기 때문이다.

이 글에서 분명하게 임금(세종)이 친히 지었고, 28자이며 초성·중성·종성으로 나누어 합한 연후에야 이루어지는 이 글자는 비록 간단하고, 요약하지만 전환하는 것이 무궁한 이것을 훈민정음이라고 이른다는 것이다.

그런데 훈민정음을 이르는 또 다른 '한글'이라는 이름은 1940년에야 발견된 〈훈민정음 해례본〉의 존재조차도 알지 못한 상황에서 1912년경 주시경이라는 젊은 학자가 작명한 것이다. 그렇다면 세종이야기 전시장의 주제만큼은 사실(史實)에 바탕을 두어 한글 창제가 아니라, 훈민정음 창제라고 안내해야 할 것이다.

이렇게 바로잡지 않으면 교과서 내용 중 중세국어론에서 비중 있게 다루는 훈민정음 어제 서문을 머리를 싸매고 열심히 외웠을 학생들은 지상의 세종대왕 동상 앞의 어제 서문이나 지하의 세종이야기 기념관 벽면에 새겨진 오류투성이인 '나랏말싸미~'의 내용을 보고 혼란스러워할 것이라 염려스러워진다.

## ⚜ 국립국어원마저 '훈민정음언해 어제 서문'이 오자다

필자는 〈월간 서예문인화〉 2023년 6월호 「'훈민정음 언해본'의 표기법을 파괴한 훈민정음 기념비」와 2023년 7월호 「지상과 지하 모두 오자로 된 부끄러운 훈민정음 이야기」에서 '훈민정음언해 어제 서문의 오류'에 대해 기고를 하여 많은 독자로부터 호평과 함께 자성의 의견을 들었습니다. 그래서 필자는 앞으로도 꾸준히 유튜브에서 누구나 쉽게 접할 수 있는 동영상은 물론 서예작품이나 기념물을 비롯하여 사회 곳곳에서 훈민정음의 오류에 관한 사례들을 〈월간 서예문인화〉에서 지면을 허락해 수신다면 틈나는 대로 기고하고자 합니다. 이것은 쉽지 않은 결정이었습니다. '지나친 것은 미치지 못한 것과 같다.'라고 했듯이 〈훈민정음기념사업회 이사장〉인 필자가 마치 '훈민정음'의 오자나 찾는 아류로 오해받을 수 있다는 염려와 함께 지적을 당한 기관이나 개인의 명예와 관련된 문제이므로 신중하게 접근해야 한다는 신중함과 〈훈민정음기념사업회〉의 역할이 바로 사회 지도층이나 어문 정책을 수립하거나 어문 정책에 심대한 영향을 끼치는 기관일수록 훈민정음이 바르게 계승되어야 한다는 것을 알리자는 적극성을 두고 많은 고민을 하였습니다.

결론적으로 세종대왕이 창제하신 위대한 문자 훈민정음에 대한 자긍심만 갖자고 외칠 것이 아니라, 훈민정음에 관하여 바르게 알아야 세계인들을 향해 자랑스럽게 전할 수 있다는 사명감을 우선하기로 하였습니다.

필자는 진심으로 훈민정음과 관련한 문서나 작품, 기념물 등에서 오탈자를 찾을 수 없게 되기를 간절히 희망합니다. 그것은 훈민정음이 바르게 쓰이고 있다는 방증이 될 것이기 때문입니다. 〈필자의 변〉

〈세 번째 오류의 현장〉

인터넷에서 '국립국어원'이라고 검색하면 국내 유명 일간지에 실린 「국립국어원장의 '말모이' 예찬」이라는 제하의 기사와 함께 사진 한 장이 기자의 눈을 멈추게 한다. 누가 봐도 쉽게 알아볼 수 있는 〈훈민정음언해 어제 서문(이하 '언해 서문')〉 서예작품을 양팔을 벌려 한 아름 안는 듯한 자세를 취하고 있는 인물사진이다. 그 사진의 아래에는 "국립국어원 원장실에는 '나랏말싸미'로 시작하는 훈민정음 서문이 걸려있다. 소강춘 원장은 '살아 있는 말을 고스란히 채집할 수 있다는 게 조선일보 말모이 100년 운동의 가장 큰 의지이자 장점'이라고 했다."라고 설명 글이 붙어 있다.

그런데 그 사진 속 '언해 서문' 서예작품의 오른쪽 두 번째 줄에서 온전하게 보이는 맨 윗글 자 '쯔'는 '쫑'를 잘못 쓴 글자이다.

혹자는 그럴 수도 있지 뭘 한 글지 틀린 깃을 가지고 호들갑을 떠느냐고 기자를 타박할지 모르겠다. 그러나 백번을 양보해서 그렇다고 치더라도 대한민국의 어문 연구를 주관하는 문화체육관광부에 소속된 한국어 연구 기관이라는 곳의 최고위직 책임자인 원장실에 걸려있는 작품이라는 점이고, '쫑'는 '字'의 한자 음을 삼성법(초성, 중성, 종성 합용법)으로 훈민정음 창제원리 중 중요한 표기법이다. 더욱이 국립국어원은 표준국어대사전을 편찬하고 표준어나 맞춤법을 제정하는 기관일 뿐만 아니라, 그곳의 역대 원장은 대한민국 국문학계의 석학으로 인정받는 최고의 국문학자가 임명되는 자리이다.

사진 속 작품을 쓴 작가에 대해서는 논외라 하더라도, 세계 최고의 문자라고 홍보해야 할 국립국어원장실에 오자가 있는 작품 액자가 걸려있는 것을 원장들마저 발견하지 못하고 있다는 점이다. 설마 우리나라 국어학계에서 자타가 인정하는 최고 실력의 원장들께서 학창시절부터 골백번은 암기하였을 훈민정음언해 어제 서문을 모를 것이라는 생각은 추호도 하지 않는다. 다만 국립국어원의 최고 책임자인 원장들께서도 관심이 없다는 점을 지적하고자 하는 것이다. 사랑의 반대말은 무관심이다는 말은 역설적으로 훈민정음을 사랑하신다면 관심을 두시라고 청하는 것이다.

위에서 인용한 기사 속 소강춘 원장은 국립국어원 제11대 원장(재임 기간 2018.8.27.~2021.8.26.)이다. 그런데 국립국어원 홈페이지(www.korean.go.kr)의 홍보 및 방송 자료실에는 '말이 오르면 나라도 오른다.'라는 제목의 제8대 권재일 원장(재임 기간 2009.4.13.~2012.4.12.)의 1분 5초 분량의 영상과 함께 누구나 볼 수 있도록 글로도 게시해 놓았다. 8대 원장 재임 시절부터 11대 원장 재임 때까지만 따져봐도 10년 가까운 세월 동안 한결같이 원장실 벽면을 오자가 있는 '언해 서문' 액자가 걸려 기대하면서, 영상의 내용을 소개한다.

주시경 선생께서는 '말이 오르면 나라도 오르고, 말이 내리면 나라도 내린다.'라고 말씀하셨습니다. 우리는 예로부터 고유한 우리말을 쓰면서 살아왔고 또한 세상에서 으뜸가는 한글을 가진 문화민족입니다. 그러나 그동안 말과 글을 제대로 돌보지 못했습니다. 지금 사회 각 분야에서 말의 쓰임은 거칠어져 가고 있고 외국어가 필요 없이 많이 사용되고 있습니다.

방송의 오락프로그램에서는 우리말이 뒤틀려 제멋대로 쓰이고 있고, 암어 같은 표현은 인터넷을 가득 채우고 있습니다. 이제 우리는 우리말과 우리글을 귀하게 여기고 제대로 가꾸어 지켜야 할 것입니다. 그래야 나라가 오를 것입니다.

[사진출처] 국립국어원 홈페이지〉자료〉홍보 및 방송 자료〉 동영상 갈무리

국립국어원 원장실에는 '나랏말싸미'로 시작하는 훈민정음 서문이 걸려 있다. 소강춘 원장은 "살아 있는 말을 고스란히 채집할 수 있다는 게 조선일보 말모이 100년 운동의 가장 큰 의미이자 장점"이라고 했다. /이진한 기자

[사진 출처] daum

## 🏵 서예작품의 '훈민정음언해 어제 서문' 오자

〈서예(書藝)〉는 '글씨를 붓으로 쓰는 예술.'이라고 국립국어원에서 발행한 표준국어대사전은 풀이하고 있다. 이어서 '글씨'를 정의하기를 '①쓴 글자의 모양. ②말을 적는 일정한 체계의 부호.'를 이르는 순우리말이라고 정의하고 있다. 즉, '글씨'는 순우리말이고, '문자'는 한자라고 풀이하였는데, 정리하면 '인간의 언어를 적는데 사용하는 시각적인 기호 체계.'라는 것이다.

위에서 언급한 인간의 언어는 의지적 행위이고 창조적이며, 양방향이라는 배타적 특성으로 정의하면서도 결정적으로 동물의 언어와 구별되는 특성이 시각적인 기호 체계인 문자를 사용한다는 점이다.

예를 들면, 〈서예〉라는 기호가 꼭 '서예'라는 소리 형태를 지녀야 할 필연적 이유는 없지만, 언어를 포함한 모든 기호는 그 형태와 의미가 자의적 관계에 있으므로 〈서예〉라는 기호는 '서예'라는 소리 형태와 '글씨를 붓으로 쓰는 예술.'이라는 의미가 결합한 것이다. 그러므로 문자를 직접적 소재로 해서 표현하는 예술인 서예작품에 오자가 있으면 절대 안 되는 이유가 바로 시각적인 기호 체계인 문자를 잘못 쓰면 바른 의미를 전달할 수 없기 때문이다.

그런데 현실은 어떠한가? 인터넷 네이버 검색창에 '서예대전 오자 논란'이라고 입력해보면 그 결과는 놀랍게도 매년 '오자 논란'이라는 같은 제목이 반복되고 있다는 것을 한눈에 볼 수 있다. "2008년 직지 세계 서예대전 오자 수상 취소", "2012년 부산미술대전 오자 대상 수상 취소", "2017년 세계서예 전북비엔날레 '오자 논란 대상작 취소해야!'", "운곡 서예문인화 대전 또 오자 논란…. 3년째", "'4년째 오자' 운곡 서예대전 부실심사 논란", "27회 울산미술대전 서예문인화 부문 대상 수상작 오자 논란", "대한민국 미술대전 서예 부문 대상 수상자격 논란", "글자 틀린 작품에 대상, 부끄러운 부산미술대전", "3·15 미술대전 서각 대상자 오자 논란" 등 모두 열거하기가 부끄러울 정도로 서예대전의 오자 논란은 한 두 해가 아닌 고질화하고 있는 것 같다.

이와 같은 서예대전의 오자 논란 외에도 블로그나 카페 등에 작가 작품을 소개하는 것은 자유이지만, 작품 사진을 올리기 전에 최소한 오탈자 여부를 한 번이라도 확인하고 올려야 할 것이다.

인터넷에 게재된 작품 사진은 올리기는 쉬워도 다시 내리기는 어렵기 때문이기도 하지만, 작가 스스로 무지함을 드러내는 민낯이 될 것이기 때문이다.

현재 네이버 등에서 쉽게 접할 수 있는 '세종어제훈민정음 서문' 서예 작품 중에서 오자를 발견한 몇 점을 예시하되 작가의 낙관은 알아보지 못하도록 처리했다.

솅종엉졩훈민졍흠 / 나랏말ᄊᆞ미듕귁에달아문ᄍᆞᆼ와로서르ᄉᆞᄆᆺ디아니홀ᄊᆡ이런젼ᄎᆞ로어린빅셩이니르고져홇배이셔도ᄆᆞᄎᆞᆷ내제ᄠᅳ들시러펴디몯홇노미하니라내이ᄅᆞᆯ윙ᄒᆞ야어엿비너겨새로스믈여듧ᄍᆞᆼ를밍ᄀᆞ노니사ᄅᆞᆷ마다ᄒᆡ여수비니겨날로ᄡᅮ메뼌한킈ᄒᆞ고져홇ᄯᆞᄅᆞ미니라 <언해본 어제 서문 원문(방점 제거본)>

〈사진1〉에서 원으로 표시한 오자는 훈민정음 해례본의 합자해에서 중요하게 다룬 창제원리, 즉, '初中終三聲 合而成字(초중종삼성, 합이성자) 첫소리, 가운뎃소리, 끝소리의 3성은 어울려야 글자를 이룬다.'라는 기본 원리에 따라 다음과 같이 6곳의 오자를 바로잡는다.

① 셰→솅(世)    ② 어→엉(御)    ③ 제→졩(製)
④ ᄍᆞ→ᄍᆞᆼ(字)    ⑤ 위→윙(爲)    ⑥ ᄍᆞ→ᄍᆞᆼ(字)

〈사진2〉에서 원으로 표시한 오자 4자를 다음과 같이 바로잡는다.
① ᄍᆞ→ᄍᆞᆼ(字)    ② 위→윙(爲)    ③ ᄍᆞ→ᄍᆞᆼ(字)    ④ 밍→밍

〈사진3〉에서 원으로 표시한 첫 번째 글자는 작가가 아무래도 홀과 홇을 혼동한 듯하다. 참고로 '홇'은 종성이 'ᇙ'으로 되어 있지만, "영모(影母)'ᇢ'

로써 래모(來母) 'ㄹ'을 돕는다"는 뜻의 「이영보래(以影補來)(국어국문학자료사전, 1998., 이응백, 김원경, 김선풍)」와는 무관한 표기법이다. 왜냐하면 「이영보래」란 한자어를 읽을 때, 중국어의 원발음과 비슷하게 소리내라고 붙인 일종의 발음표기이기 때문에 순 우리말 표기에서는 'ㄹ'음을 길게 끌지 말고, 빨리 끝내는 입성으로 발음하라는 의도의 표기법이기 때문이다.

① 홇→홀 ② 위→윙(爲)

▲ 사진1

▲ 사진2

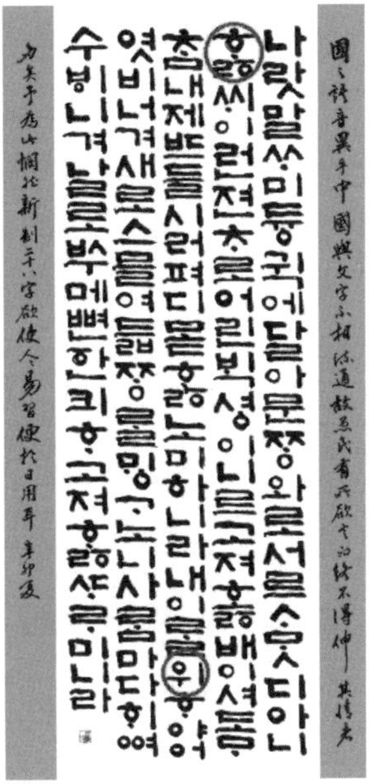

▲ 사진3

## 🏵 전공 교수도 거르지 못한 '어제 서문' 오자

일반 대중에게 서산대사(休静, 1520-1604)의 선시(禪詩)라고 알려지기도 하고, 조선 후기 시인 임연당 이양연(1771~1853)의 시라고도 전해지는데 백범 김구 선생이 생전 즐겨 애송했던 시(詩)로 지금까지 많은 이들에게 읽히며 삶의 이정표가 되는 『답설』이라는 한시가 있다.

> 踏雪野中去(답설야중거) 눈 덮인 들판을 걸어갈 때는
> 不須胡亂行(불수호란행) 발걸음을 함부로 어지러이 걷지 마라
> 今日我行迹(금일아행적) 오늘 내가 걸어간 발자국은
> 遂作後人程(수작후인정) 반드시 뒷사람의 이정표가 되리니

### - 사례 하나 -

유튜브에는 인문학 분야에서 드물게 조회 수 298만 회를 기록한 영상이 있다. 「국립 충남대학교 김차균 명예교수가 직접 감수한 15세기 3성조 발음에 따른 세종어제훈민정음 발음」이라는 제목의 영상이다. 필자도 15세기 발음이라는 부제에 호기심이 생겨서 감상하게 되었다.

그런데 어찌 된 영문인지 시종일관 영상에 게시된 세종어제훈민정음 서문 속에도 여섯 글자나 오자로 표기되어 있었다. 물론 김차균 교수의 작품이 아닐 것이라고 믿고 싶지만, 음운학계의 석학이신 데다가 세종어제훈민정음 발음을 선보이는 영상에 쓰인 자료의 오자를 감수하지 않은 채 300만에 가까운 조회를 기록했다는 것은 그만큼 오류가 참인 양 전파되는 것 같아서 아쉬운 점으로 생각한다.

세종어제훈민정음 김차균

**15세기 훈민정음 발음**

E ESWind
구독자 1.61천명

구독

👍 3.9만    👎    ↪ 공유    ≡+ 저장    …

조회수 298만회 5년 전
김차균 충남대 명예교수가 직접 감수한 15세기 3성조 발음에 따른 세종어
제훈민정음 발음 …더보기

위에서 원으로 표시한 오자는 훈민정음 해례본의 합자해에서 중요하게 다룬 창제원리, 즉, '初中終三聲 合而成字(초중종삼성, 합이성자) 첫소리, 가운뎃소리, 끝소리의 3성은 어울려야 글자를 이룬다.'라는 기본 원리에 따라 다음과 같이 6곳의 오자를 바로잡는다.

① 세→솅(世)　② 어→엉(御)　③ 제→졩(製)
④ 쯔→쫑(字)　⑤ 위→윙(為)　⑥ 쯔→쫑(字)

- 사례 둘 -

1년 전 한글날 특집으로 KBS 창원 방송에서 방영되었던 '글씨 콘서트 나랏말싸미'라는 영상이 조회 수 60.5만을 기록하면서 호기심을 자아내고 있다.

세종대왕으로 분장한 바리톤 신화수 씨가 '훈민정음 서문가'를 열창하는 화면과 함께 여류 서예가가 굉장히 넓게 펼쳐진 화선지 위에 올라가서 세종 어제 서문을 휘호 하는 모습을 담은 영상이 펼쳐진다.

그런데 이를 어쩌랴! 여기서도 오자인 줄을 아는지 모르는지 글씨를 써 내려간다. 그나마 다행(?)이라고 의미를 부여한다면 ①쯔→쫑(字) ②위→윙(為) ③쯔→쫑(字)와 같이 세 곳만 틀렸다는 점이다.

그래서 백범 선생이 애송했다는 『답설』이라는 한시를 되뇌면서 이번 글로 훈민정음 관련 자료의 오자를 지적하는 글을 마치려고 한다

**세종대왕 바리톤 신화수 ♪훈민정음 서문가♪ㅣ한글날 특집 '글씨콘서트 나랏말싸미'ㅣ(KBS 창원방송총...**

예전에는 검색 기반의 활동이 중심이었다면 이제는 영상 기반의 활동이 중심이 될 정도로 영상 선호도가 엄청나게 높아졌고 전 세계적으로 유튜브 영상의 파급력도 상당해졌다는 점을 기억한다면 누군가의 서예작품 속 글자 하나하나가 누군가에겐 이정표가 되기도 하고 유튜브 영상을 통해서 접하게 되는 정보를 그대로 받아들이는 감상자도 적지 않을 것이기 때문이다.

마지막으로《세종실록》113권, 1446년(세종 28년) 9월 29일 갑오 4번째 기사에 54자의 한자로 실린 어제 서문과 1459년(세조 5년)에 간행된《월인석보》1권의 책머리에 실려 있는 108자로 풀이된〈세종어제훈민정음〉어제 서문을 제시한다.

## ⚜ 훈민정음 해례본의 정인지 서문은 진실일까?

「정인지 서문」은 『훈민정음』의 '해례'를 집필하게 된 경위를 설명하는 글로 시작하면서 한자와 신라 때 설총이 만들었다는 이두 사용의 불편함을 지적하고 그래서 전하께서 계해년(1443년) 겨울에 정음 스물여덟 자를 창제하게 된 동기와 필요성에 대해서 강조하고, 새로운 문자 훈민정음의 특징과 장점 등에 관하여 간략하게 설명한 뒤에 세종대왕의 뛰어난 업적을 찬양한 글인데, 집필에 참여한 최항, 박팽년, 성삼문, 신숙주, 강희안, 이개, 이선로를 대표하여 그 우두머리인 정인지가 작성하였기 때문에 「정인지 서문」이라고 한다.

그 가운데 '智者不終朝而會 愚者可浹旬而學(지자불종조이회 우자가협순이학)'

즉, '슬기로운 사람은 하루아침을 마치기도 전에 깨우치고 어리석은 자라도 가히 두루 미쳐서 열흘이면 배울 수 있다.'라는 내용은 진실이었을까 아니면 허풍이었을까 궁금증을 떨쳐낼 수 없다.

왜냐면 현재의 수많은 한글 교육 계획표를 살펴보면 짧게는 몇 주나 몇 달이 보통이고, 길게는 일 년이 넘도록 한글 학습을 진행할 뿐만 아니라 초등학교에서도 60차시 정도를 한글 학습에 쏟고 있기 때문이다.

그런데도 상당수 아이가 한글 익히기에 어려움을 겪고 있다는 통계를 보면서 위에 인용한 「정인지 서문」의 표현을 대할 때미디 진실이 무엇인지 확인해 보고 싶었다.

위 표현이 사실이라면 세종 시대의 사람들 특히 열흘이면 배울 수 있다는 어리석은 자들보다 현대의 유아들이 더 어리석어진 것인지 의문은 꼬리를 문다.

더욱이 세종 시대에는 스물여덟 자의 글자이고 현재는 네 글자나 줄어든 스물 넉 자로 배우고 있으므로 단순히 양적으로 따져보아도 약 15%의 점수를 선점하는 상황임을 참작하였을 때 현대의 유아들이 훨씬 유리한 학습상황일 터인데 훈민정음 창제로부터 580년의 시공을 뛰어넘은 2024년 현재의 가장 큰 차이는 무엇일까?

아마도 '소리'에 대한 민감성에서 실마리를 찾아보아야 할 것 같다는 생각이 든다.

왜냐면 세종대왕이 창제한 문자의 이름도 '바른 소리'라는 뜻의 '정음(正音)'이라고 하였기 때문이다.

音이란 '음성 기호로 생각이나 느낌을 표현하고 전달하는 행위로 말을 통해서 나오는 소리'라고 정의되듯이 중세 사람들은 음악을 매우 중요하게 생각하였다.

그래서 인간이 인위적으로 만들어 내어 아무 때나 들을 수 없는 희귀한 소리로서의 음악을 중요시하였던 데 반해 현대인은 음악을 아무 때고 들을 수 있다는 점에서 실마리를 찾을 수 있을 것이기 때문이다.

고대로부터 중세까지 당시 사람들에게 음악은 악사들이 연주하는 현장에서만 들을 수 있는 아주 특별한 소리였다.

그렇게 고대 중세인들이 음악을 듣고 느꼈을 감동은 현대인이 스트리밍 서비스로 느끼는 감동과는 비교할 수 없을 만큼 아주 차이가 컸을 것이다.

대표적으로 세종도 그는 절대음감의 소유자였고, 직접 작곡까지 한 작곡가였다는 단서를 《용비어천가(龍飛御天歌)》에서 찾을 수 있다.

《용비어친가》는 세종 27년(1445)에 권제와 정인지, 안지 등에게 편찬하게 하여 세종 29년(1447)에 발간된 악장·서사시다.

'용(임금)이 날아올라 하늘을 다스린다.'라는 뜻인 용비어천가는 세종 대왕이 훈민정음을 창제한 뒤 훈민정음을 시험하기 위해 훈민정음으로 쓰인 가사에 직접 가락을 붙인 현존하는 최초의 책이자 훈민정음 반포 이전에 지은 유일한 훈민정음 시 작품이다.

이런 일화도 있다. 박연이 편경을 제작해서 시연할 때 세종은 '소리가 약간 높은 것 같다'라고 지적하여 확인해 보니, 재단할 때 그었던 먹줄 두께만큼 편경을 갈지 않은 것이 밝혀졌다.
미처 갈지 않은 편경의 먹줄 두께는 약 0.5mm인데, 이 두께가 내는 음 차이는 한 음의 20분의 1 정도라고 알려져 있다. 정간보라는 악보를 창안하고 작곡도 직접 한 음악가이기도 했던 세종은 이처럼 소리에 예민했기에 백성들의 말소리 또한 면밀하게 관찰하고 분석하여 창제한 소리가 보이는 문자를 '백성을 가르치는 바른 소리'라는 뜻을 품어 『훈민정음』이라고 이름 지었다.

이렇듯 훈민정음은 인간의 소리를 음양오행의 이치에 따라 문자로 구현하였다는 사실을 정인지는 서문에서 명확히 밝히고 있다.

그리고 훈민정음 글자 모양은 모두 소리와 깊은 관계가 있을 정도로 세종 시대 사람들은 소리에 무척 민감했을 것이다.

당시 백성들은 인위적인 소리라고는 사람 말소리 외에 들을 기회가 거의 없었을 뿐만 아니라, 필기구도 귀하여 양반들의 전유물이었을 것이고, 쉽게 구할 수 없었던 백성들은 땅바닥에 나뭇가지로 글씨를 쓰기도 했을 터지만 먼저 쓰기보다는 소리에 민감하게 반응하며 새로 만든 스물여덟 글자 훈민정음을 배웠을 것으로 짐작할 수 있다.

그래서 소리에 먼저 반응하며 배웠기에 정인지는 전하가 친히 창제하신 『훈민정음』 스물여덟 글자는 어리석은 자도 열흘이면 깨우칠 수 있다고 자신 있게 강조했나 보다.

# 다섯째 마당

# 훈민정음 미래

· 세종대왕 동상만 있는 이상한 나라를 아시나요?
· 훈민정음 탑 하나 없는 부끄러운 민족
· 훈민정음 기념탑의 첫 삽을 뜨는 새해를 위하여
· 문해율이 최저수준의 훈민정음 보유국
· 누구나 부를 수 있기를 바라면서 쓴 '훈민정음 노래'
· 훈민정음 해례본 범국민 써보기 운동을 펼치자
· 금속활자로 찍은 훈민정음 해례본의 출현을 기대한다.
· 22대 국회에서 훈민정음의 위대함을 만방에 고하라
· 세종 승하 574주년에 부쳐
· 훈민정음 창제 580돌 2024년을 맞이하여
· 세종 탄신일을 국가기념일로 지정해야

△。半齒音。如穰字初發聲

△ᄂᆞᆫ半·반齒칭音ᅙᆞᆷ이니 如ᅀᅠᆼ穰ᅀᅣᆼ字
쭝初총發벓聲셩ᄒᆞ니라

△ᄂᆞᆫ半·반齒칭音ᅙᆞᆷ이니 쏘·리니 如ᅀᅠᆼ穰ᅀᅣᆼ字쭝 처엄
펴·아나ᄂᆞ소리ᄀᆞᆮ트니라

·如吞字中聲

·ᄂᆞᆫ如ᅀᅠᆼ吞ᄐᆞᆫ字쭝中듕聲셩ᄒᆞ니라

·ᄂᆞᆫ吞ᄐᆞᆫ字쭝中듕聲셩ᄒᆞ니라
中듕은가
온ᄃᆡ라

·ᄂᆞᆫ吞ᄐᆞᆫ字쭝 가온ᄃᆡᆺ소리ᄀᆞᆮ트니

라

一。如即字中聲

一ᄂᆞᆫ如ᅀᅠᆼ即즉字쭝中듕聲셩ᄒᆞ니라

一ᄂᆞᆫ即즉字쭝 가온ᄃᆡᆺ소리ᄀᆞᆮ트니라

︱。如侵字中聲

︱ᄂᆞᆫ如ᅀᅠᆼ侵침ㅂ字쭝中듕聲셩ᄒᆞ니라

︱ᄂᆞᆫ侵침ㅂ字쭝 가온ᄃᆡᆺ소리ᄀᆞᆮ트니

라

初총聲셩을合ᆞᆸ用용호ᄃᆡ면則즉並뼝
書셩ᄒᆞ라終즁聲셩도同똥ᄒᆞ니라
合ᆞᆸ은어·울씨라同똥은ᄒᆞᆫ가
지라ᄒᆞᆫ논ᄠᆮ디라

첫소리ᄅᆞᆯ어·울·워·뿛·디·면글·바쓰·라 ㄲ

ᄢ終즁ㄱ소리ᄃᆞ도ᄒᆞᆫ가지라

# 🏵 세종대왕 동상만 있는 이상한 나라를 아시나요?

　세종 10년(1427) 진주에 사는 김화가 아버지를 살해한 사건에 대하여 엄벌하자는 주장이 논의되었을 때, 세종대왕은 엄벌에 앞서 "아버지를 살해하는 일은 충효를 모르는 백성의 어리석음에서 일어난 일이다"라고 탄식하며, 조선과 중국의 효자, 충신, 열녀를 가려 뽑아 세상에 효행의 풍습을 널리 알릴 수 있는 서적을 간행하여 백성들에게 항상 읽게 하는 것이 좋겠다는 취지에서 글과 그림으로 『삼강행실도』를 편찬하게 하였다.

　그러나 그림만 보고서는 백성들이 충효의 깊은 뜻을 깨닫지 못한다는 것을 알게 된 세종대왕은 "책을 줘도 그 뜻을 모르니 어찌 착한 마음을 일으킬 수 있으리오"라고 또 한 번 탄식하면서 백성이 쉽게 익힐 수 있는 문자의 창제를 결심하게 되었다. 그래서 "어리석은 백성들이 생각을 바로 표현하지 못하므로 새로 28자를 만들어 사람들이 쉽게 익히어 편히 쓰도록" 창제하고 그 이름을 훈민정음이라고 하였다.

　이렇게 백성을 지배하기 위해 만든 것이 아니라 백성들에게 사람다움을 가르치기 위하여 탄생한 백성을 가르치는 바른 소리 훈민정음은 세계에서 유일하게 창제 연도와 창제 자는 물론이고 창제원리가 알려진 인류 역사상 최고의 문자로 인정받고 있다.

　예를 들어 다음 몇몇 학자들의 평가를 소개해 본다. 먼저 미국 컬럼비아 대학의 게리 키스 레드야드(Gari Keith Ledyard) 교수는 "훈민정음은 세계문자 사상 가장 진보된 글자이고, 대한민국의 국민은 그 무엇과도 비교할 수 없는 문자학적 사치를 누리고 있는 민족이다"라고 하였고 세계적

인 언어학자인 미국 시카고대학의 제임스 맥 콜리(J.D. McCawley) 교수
는 "훈민정음은 지구상의 문자 중에서 가장 독창적인 창조물이다. 한국인
들이 1440년대에 이룬 업적은 참으로 놀라운 것이다. 500년이 지난 오늘
날의 언어학적 수준에서 보아도 그들이 창조한 문자 체계는 참으로 탁월
한 것이다"라고 하였으며 미국 하버드 대학의 동아시아 역사가인 에드윈
라이샤워(E.O. Reischauer) 교수는 "훈민정음은 세계 어떤 나라의 일상
문자에서도 볼 수 없는 가장 과학적인 표기 체계이다."라고 극찬하고 있
듯이 우리의 훈민정음은 세계의 전문가들이 입증하는 과학적인 최고의 문
자인 것이다.

또한 유엔교육과학문화기구(UNESCO)는 전 세계적으로 약 7억 7
천 4백만 명이 글을 읽거나 쓰지 못하고 있는 문맹률 타개책의 일환으로
1990년부터 세계 문맹 퇴치에 이바지한 인물이나 단체를 선정하여 시상
해 오고 있다. 그런데 이 상의 이름이 바로 세종대왕상이다.

이처럼 국제기구가 왕의 이름으로 수여하는 상은 현재 「세종대왕상」밖
에 없다는 것도 또 다른 자랑일 것이다. 왜냐면 훈민정음의 창제 동기가
백성들의 문맹 퇴치에 있을 뿐만 아니라 백성들이 배우기 쉽게 만들어서
문맹률 감소에 크게 이바지했기 때문이다.

그런데 이처럼 전 세계가 인정하는 훈민정음을 기념하는 상징물이 훈
민정음이 반포된 지 600여 년이 다 되어가는 동안 국내외에 단 한기도 없
다는 것은 우리의 부끄러움이자 대한민국의 수치이다.

이제라도 훈민정음 탑을 건립하여 자라나는 2세들에게 훈민정음에 대
한 올바른 이해와 자긍심을 심어줄 뿐만 아니라 프랑스의 에펠탑, 미국의
자유 여신상, 브라질의 예수상보다 더 위대한 훈민정음 탑을 보기 위해 세

계인들이 물밀 듯이 찾아오는 문화관광 대국으로 도약하는 것이 바로 김구 선생의 소원이 아니겠는가?

"나는 우리나라가 세계에서 가장 아름다운 나라가 되기를 원한다. 가장 부강한 나라가 되기를 원하는 것은 아니다. 내가 남의 침략에 가슴이 아팠으니 내 나라가 남을 침략하는 것을 원치 아니한다.

우리의 부력(富力)은 우리의 생활을 풍족히 힐 만하고, 우리의 강력(強力)은 남의 침략을 막을 만하면 족하다. 오직 한없이 가지고 싶은 것은 높은 문화의 힘이다. 문화의 힘은 우리 자신을 행복하게 하고 나아가서 남에게 행복을 주기 때문이다. 지금, 인류에게 부족한 것은 무력도 아니요, 경제력도 아니다. 자연 과학의 힘은 아무리 많아도 좋으나 인류 전체로 보면 현재의 자연 과학만 가지고도 편안히 살아가기에 넉넉하다.

인류가 현재에 불행한 근본 이유는 인의가 부족하고 자비가 부족하고 사랑이 부족한 때문이다. 이 마음만 발달하면 현재의 물질력으로 20억이 다 편안히 살아갈 수 있을 것이다. 인류의 이 정신을 배양하는 것은 오직 문화이다.

나는 우리나라가 남의 것을 모방하는 나라가 되지 말고 이러한 높고 새로운 문화의 근원이 되고 목표가 되고 모범이 되기를 원한다. 그래서 진정한 세계의 평화가 우리나라에서, 우리나라로 말미암아서 세계에 실현되기를 원한다."

## 🏵 훈민정음 탑 하나 없는 부끄러운 민족

6백여 년 전 새로운 문자가 동방의 작은 나라에 섬광처럼 훈민정음이라는 이름으로 우리 곁에 다가왔다.

헤아리기 어려운 수많은 한자 중에서 얼마 안 되는 지식을 가지고 식자층의 전유물인 양 뽐내며 거들먹거리는 그들 앞에서 문자를 모르는 것이 당연한 운명이라고 체념하며 살아가는 백성들의 안타까움을 느낀 임금의 열정이 빚어낸 훈민정음. 대국의 눈치를 보자며 벌떼같이 일어난 신하들의 반대 상소 속에서 수많은 날 잠 못 이루며 창제한 훈민정음!

훈민정음은 늘 공기처럼 한결같이 우리와 함께 해 주었는데 우리는 6백여 년이 흐른 지금까지 훈민정음을 기념하는 탑 하나 제대로 세우려고 하는 생각을 하지 못하고 있었다.

모화사상에 젖은 조선 시대 식자층들이 비하하여 지어준 억울한 이름 암클, 아햇글, 가갸글, 중글 그리고 일본 치하에서는 배달말 해방 후에는 북한의 조선글 남한의 한글이라는 이름으로 바뀌었어도 세상의 모든 소리를 표현할 수 있는 과학적이고 독창적인 문자 훈민정음은 우리 민족에게 세종대왕이 하사한 무엇과도 바꿀 수 없는 무가지보(無價之寶)의 선물이다.

그러함에도 우리 역사 속에 이렇게 위대한 문자 훈민정음을 기념하는 탑 하나 찾을 수 없는 것이 너무나 안타까울 뿐이다.

아마 조선 초기 시기 언필칭 '중국'이란 명나라였을 것이고, 당시 '문자'란 어쩌면 지금의 중국, 지금의 한자보다 더 거대한 힘을 발휘했을

터. 그 엄청난 한자 문화의 중력 속에서 백성을 위한 보다 쉬운 훈민정음 스물여덟 자를 창제해내었다는 사실은 정말이지 충격이자 기적 같은 일이었다.

세종의 문자 창제 계획은 그야말로 역사를 통째로 갈아엎는 거대한 파도였고 세기의 대변환이었으며, 우리 민족이 변치 않는 문자 강국의 영예를 얻게 한 불후의 금자탑이었다.

기하학적이고 단순명료하며, 과학적이면서 내적 질서가 정연하고, 우주의 이치를 담은 선명한 글꼴 구조로 문자가 가질 수 있는 모든 특성을 보인 훈민정음의 모습은 바로 우리 한민족에 대한 자존심을 세우려는 자각이었다.

훈민정음이라는 이름에는 백성을 어여삐 살피는 긍휼한 마음이 깔려있고, 백성을 사랑한다는 고백이며, 우리 말이 중국과 다름을 뼈저리게 인식한 문화적 주체성을 천명한 고고한 뜻이 담겨 있다.

스물여덟 자로 쉽고 간명하며 체계적인 문자 훈민정음은 무궁무진한 작용성을 발휘하는 전대미문(前代未聞)의 문자혁명이었다.

그런데 초성과 중성 종성의 어울림 상태의 문자적 원리를 갖고 태어나 세상의 모든 소리를 표현할 수 있는 위대한 문자 훈민정음의 존재 이유를 우리는 자랑하지 못하고 오히려 우리 스스로 파괴해 가고 있지는 안 했는지 뒤돌아보아야 할 터이다.

오랜 실록의 흔적이 가늘지만 도도한 강물처럼 흘러온 역사를 통해 잊을 수 없는 이름인 훈민정음을 기념하는 탑을 건립하기까지 시간이 걸리더라도 우리는 시간의 배를 타고 한없이 과거에서 미래로의 여행을 떠나야 한다.

전통이란 그야말로 면면히 이어져가는 옛것이 살아남은 상태이다. 전통의 계승과 발전은 과거와 현재 그리고 미래에도 풀어야 할 숙제일 것이다. 그것은 살아 있는 생명력 있는 찬란한 문화 강국의 위대한 표상이기 때문이다.

훈민정음의 현대성은 빠르고 번쩍이는 빠른 활용성과 시대와 국경을 넘나드는 상상력의 불꽃이 번뜩이는 보편적이고 문화적이며 실용적인 문자로서의 장점을 지녔다는 것을 만장에 알려야 한다.

그러기 위해서 우리는 독창성과 생명력 있는 미의식과 자긍심이 담긴 훈민정음이 미래에도 면면히 살아 숨 쉴 수 있도록, 훈민정음 기념탑을 건립하여 세계문자의 이정표가 되게 하여야 한다.

훈민정음은 지금을 살아가는 우리 대한민국이 세계에서 가장 자랑할 수 있는 위대한 문화적 자산이기 때문이다.

# 🏵 훈민정음 기념탑 건립의 첫 삽을 뜨는 새해를 위하여

어떤 뜻깊은 일을 오래도록 잊지 아니하고 마음에 간직하기 위하여 세운 탑을 기념탑이라고 한다. 넓은 의미로는 무언가를 기념하거나 칭송하기 위하여 만들어진 건축물인 기념비, 기념관, 현충탑 등을 아울러 기념건축물이라고 하는데 이것은 한 지역이나 나라를 대표하는 상징건물이 되기도 한다.

그래서 각국은 우리가 익히 알고 있는 기념건축물을 보유하여 세계적인 관광 명소로서의 영예를 누리고 있다. 예를 들면, 1889년에 준공된 프랑스 파리의 384m 에펠탑, 1885년에 완공된 미국의 169m 워싱턴기념탑, 1808년경 영국 런던의 트라팔가르광장에 세워진 57.6m 넬슨 기념탑, 1706년에 세워진 오스트리아 인스브루크에 있는 안나 기념탑, 1931년에 세워진 브라질 리우의 대표적인 랜드 마크인 예수상은 높이 38m, 양팔의 길이 28m, 무게 1,145톤의 규모 때문에 세계 7대 불가사의로도 알려져 있다.

이밖에 미국 뉴욕항의 리버티섬에 1884년 세워진 무게 225t, 횃불까지의 높이 약 46m, 대좌 높이 약 47.5m의 거대한 자유 여신상은 1984년 유네스코 세계유산으로 지정되었고, 또 다른 세계 7대 불가사의 건물로 유명한 이탈리아 토스카나주에 있는 피사 대성당에 있는 피사의 사탑은 1173년부터 짓기 시작한 후 공사를 진행하면서부터 기울어지는 현상이 발견되어 결국 200년이 지난 1372년 완공되었을 때는 기울어진 탑의 모습이 되었으나 무너지지 않는 경이로움으로 세계인의 시선을 끌고 있는 등 세계적인 기념건축물은 일일이 열거할 수 없을 정도로 많다.

우리도 대한민국을 대표하는 기념건축물을 세우자. 세계에서 5번째로 높다는 잠실롯데월드타워처럼 높이만을 강조하는 건축물보다는 세계문자 중에서 유일하게 창제 연도와 창제원리 및 창제 자를 알 수 있을 뿐만 아니라, 세상의 모든 소리를 적을 수 있는 뛰어난 문자 훈민정음 창제를 기념하는 탑을 세우자. 이 탑의 층수는 훈민정음 자모음 28자를 상징하는 28층이었으면 좋겠고, 높이는 훈민정음 언해본 서문인 '나라의 말이 중국과 달라 ~ 편하게 하고자 할 따름이니라.'의 글자 수 108자를 상징하는 108m 높이로 관람객이 기념탑 내부에 들어가서 함께 공감하는 문자박물관은 물론 집현전 8 학사 기념관, 학술관, 훈민정음 명장 전시장을 비롯한 다양한 체험공간이 배치되는 명소를 만들었으면 좋겠다는 바람이다.

이러한 훈민정음 기념탑이 들어설 부지는 2021년 초에 청주시장을 역임하신 나기정 세계직지문화협회 회장님께서 충북 청주시 청원구 내수읍 우산리 산 48-5에 위치한 136,095㎡ 넓이의 귀한 토지를 사단법인 훈민정음기념사업회에 기증하셨다.

이곳은 초정약수로 유명할 뿐만 아니라 세종대왕이 훈민정음 반포 즈음에 2차례나 머물며 지병을 치료했던 행궁이 있는 곳이다. 청주에서 20년 가까이 직지 세계문자 서예대전을 개최하면서 수집한 세계 각국의 다양한 문자 관련 자료를 소장하고 있는 세계문자서예협회(이사장 김동연)와 함께 세계문자공원을 조성하고, 세계적인 디자인 공모전을 통해 선발된 건축디자인으로 대한민국의 랜드 마크가 될 훈민정음 기념탑을 건립(명예조직위원장 반기문 전 유엔사무총장/대표조직위원장 황우여 전 부총리)할 계획이다.

그래서 우리 대한민국이 세계에서 가장 자랑할 수 있는 위대한 문화적 자산인 훈민정음을 기념하는 탑이 세계문자의 이정표가 될 수 있도록 온 국민의 정성으로 건립되기를 기대한다. 그러면 관광 대국으로서의 위상도 높일 수 있게 될 것이고 천년 후를 내다보는 문화유산을 후손에게 물려준 선견지명의 조상으로 역사는 기록할 것이라고 확신한다.

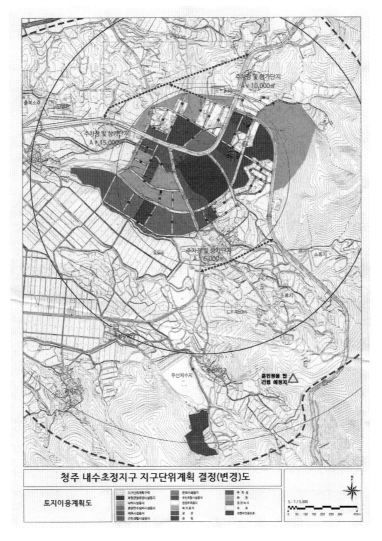

## 🏵 문해율 최저수준의 훈민정음 보유국

"역사에 만약이란 것은 없다"지만 만약 세종대왕이 어리석은 백성을 나 몰라라 하고 훈민정음을 창제하지 않았다면 오늘날 우리는 어떤 문자 생활을 하고 있을까? 아마도 아직 모든 공문서와 서책은 물론이고 일상에서의 표현도 한자를 쓰고 있을 것이다.

그러나 다행스럽게도 "지혜로운 자는 이른 아침이 되기도 전에 이해하고, 어리석은 자도 열흘이면 배울 수 있는[智者不崇朝而會(지자불숭조이회) 愚者可浹旬而學(우자가협순이학)]" 스물여덟 자 훈민정음 덕분에 세계에서 가장 우수한 문자를 사용하고 있는 국가로 타국의 부러움을 사고 있다.

이처럼 우리는 하늘이 내리신 성군 세종대왕께서 만들어 주신 훈민정음 28자의 조합능력으로 "사용하여 구비하지 않은 적이 없으며 어디를 가더라도 통하지 않는 곳이 없어서, 비록 바람 소리와 학의 울음소리는 물론, 닭 울음소리나 개 짖는 소리까지도 모두 표현해 쓸 수가 있게 되었다[無所用而不備無所往而不達(무소용이불비무소왕이불달) 雖風聲鶴唳雞鳴 狗吠(수풍성학려계명구폐) 皆可得而書矣(개가득이서의)]"라고 정인지가 서문에 밝힌 것처럼 위대한 문자를 지닌 자랑스러운 문자 강국이다.

그렇지만 뜻밖에도 우리나라의 문해율은 OECD가 실시한 국제성인 문해력 조사결과, 문해력이 최저수준인 사람의 비율은 대한민국이 38%로, 회원국 평균인 22%보다 두 배 가까이 많다는 사실이다.

왜 그럴까? 세계의 수많은 문자 중에서 가장 과학적이고, 가장 우수한 문자라는 훈민정음이 가져다주는 커다란 복을 외면하고 무시하면서 무분별한 외래어와 정체불명의 외국어를 우선시해 온 결과 정작 훈민정음에 대해 모르는 것이 너무 많은 데서 이유를 찾아야 할 것 같다.

그렇다면 '문해율(文解率)'이란 무엇인가? 문자를 이해하고 문자로 소통할 수 있는 능력을 갖춘 성인의 비율을 뜻한다.

그래서 흔히 '비(非) 문해율'이라고 하면 단순히 글자를 읽고 쓰지 못하는 '문맹' 뿐만 아니라 글을 읽어도 그 내용을 이해하지 못하는 경우까지 다 포함되는 것이다. 다시 말해 문맹률은 낮을수록 좋고 문해율은 높을수록 좋은 것이다.

지식 기반 사회로 접어든 최근에는 다양한 정보들을 해득하는 일이 중요해지면서, 선진국일수록 기초 문해 능력을 강조하는 경우가 많다.

하지만 체계적인 문자 해득 교육이 뒷받침되지 않으면 그 나라의 문해율도 낮아질 수밖에 없는데, 이처럼 받아들이기 어려운 결과에 대해 전문가들은 전반적으로 부실한 기초 '국어 교육'이 중요한 원인 가운데 하나라고 지적한다.

즉, 우리나라 국민은 글을 아는 걸 당연하게 생각하는 사람들의 인식과 다르게, 실제 문자를 이해하고 소통할 수 있는 능력을 갖춘 사람의 비율이 그리 높지 않은 이유는 학교에서 놓치고 있는 기초 한글 교육이 성인들의 문해력에까지 영향을 미친다는 점이다.

예를 들면, '한글은 세종대왕이 만든 글자이고 글자 수는 24자'라고 교육하고 있기에 창제 당시의 28자 중 잃어버린 4개 글자가 없어도 언어사용에 불편함이 없다고 착각하게 되었을 뿐 아니라, 소위 말하는 식자층은 물론이고 대학을 졸업한 젊은이나 초등학생에 이르기까지 '낫 놓고 ㄱ자도 모른다.'라는 속담에 나오는 'ㄱ' 자에 대해 '기역'이란 이름을 붙인 사람에 대해서 대부분 세종대왕으로 알고 있을 정도로 훈민정음 교육은 현재 진행형으로 왜곡되고 있다는 점이 초라한 문해율 최저수준의 시발점이라고 생각한다.

이제부터라도 한글의 원형인 훈민정음 28자를 체계적으로 기초부터 학습하고, 훈민정음 창제 정신을 바르게 가르쳐나간다면 공교육인 국어교육의 신뢰를 회복할 수 있고 최고의 문자를 보유한 국격에 맞게 문해율 상위국이라는 평가도 받을 수 있을 것이다.


## ⚙ 누구나 부를 수 있기를 바라면서 쓴 '훈민정음 노래'

"함께 노래 부르면서 믿음을 쌓고 두려움을 이겨나가는 것이 겁나는 시간 앞에서 우리가 할 수 있는, 유일한 몸짓이 아닐까?" 약 10년 전 「네이버 쉼」 편집위원회 추천사 중에서 나온 말로 기억한다.

이처럼 노래란 음악 중에서도 어떠한 도구도 없이 사람의 목소리만 있으면 언제 어디서든지 시공을 초월하여 표현할 수 있으므로 가장 원초적인 인간성을 표현하는 방법이라고 한다.

즉, 감정을 표현하거나 느끼게 하는 데 매우 효과적이라는 것이다. 그래서 필자도 훈민정음을 노래로 부를 수 있다면 훈민정음기념사업회가 지향하고자 하는 취지를 알리는 데 굉장한 효과를 불러일으킬 수 있다고 생각해왔다.

지난 2020년 11월 13일 대한민국 국회도서관 회의실에서 개최되었던 '훈민정음 탑 건립조직위원회 발족식'에서 필자가 쓴 〈훈민정음 스물여덟 자〉라는 졸문(拙文)에 작곡가 김현 선생이 곡을 재능 기부하고 가수 청아가 아름다운 목소리로 불러주게 되면서 첫 훈민정음 노래가 나왔다.

나의 졸문에 곡이 붙어서 노래로 불린다는 사실이 그저 놀라워서 그때의 벅찬 감동은 이루 말로 다 표현할 수 없었다.

그런데 올해 초부터 이 노래에 관심을 둔 가까운 지인들로부터 가사 내용이 '잃어버린 훈민정음 네 글자에 대해 초점'이 맞춰졌기 때문에 대중화하기에는 한계가 있을 것 같다는 지적을 받게 된 가사는 다음과 같다.

(1절)
저 하늘의 별들처럼
수많은 언어 중에
천지 만물 모든 이치
완벽하게 담고 있는

평안도 덕화리
고분의 천장 그림
고구려 천문도 속
이십팔 개 성좌 담은
훈민정음 스물 여덟 자

(2절)
배달민족 하늘 소리

신령스러운 소리글자
세종대왕 경천애민
훈민정음 스물여덟 자

오백 년사 풍파 속에
하늘 아( · )와
여린 히읗( ㆆ )
반치음( ㅿ )과
옛이응( ㆁ ) 사라졌네

(3절)
삼라만상 모든 소리
일심동체 하늘 소리
대우주 원리 품고
태어난 훈민정음

세계화 물결 속에
사라진 네 글자
다시 찾아 나서는 건
온갖 소리 쓸 수 있는
창제원리 때문이네

　훈민정음에 관심을 두고 이 노래를 들어주는 것만으로도 고맙다고 생각한 터라 그들의 충고를 겸허히 받아들이기로 하고 고심하던 중 뜻이 있으면 길이 있다는 말이 현실로 다가왔다.

그것은 K-Classic을 이끄는 한국 합창의 대표 작곡가로 명성이 자자한 작곡가 오병희 선생이 필자가 새로운 가사를 쓰면 작곡을 해 주겠다고 약속을 하였기에 천학비재(淺學菲才)를 망각한 채 다음과 같은 〈훈민정음 노래〉라는 제목으로 새롭게 가사를 써보았다.

(1절)
삼천리 금수강산 터전을 잡고
반만년 오랜 역사 이어온 겨레

거룩한 세종대왕 등극하신 후
무지한 백성들을 어여삐 여겨

새롭게 만든 문자 훈민정음은
수많은 언어 중에 으뜸이라네

(2절)
천지간 음양오행 원리에 기초
천문도 이십팔 개 별자리같이

자모음 이십팔 자 글자의 모양
볼수록 아름답게 자연을 담은

신비한 창제원리 훈민정음은
세계의 글자 중에 으뜸이라네

(3절)
하늘땅 사람의 도(道) 이치를 담고
대우주 기운 품은 하늘의 소리

세상의 온갖 소리 쓸 수 있기에
새 세상 밝혀주는 스물여덟 자

위대한 소리글자 훈민정음은
세계화 물결 속의 으뜸이라네

전문 작사가들의 질정을 바라면서도 언감생심(焉敢生心), 이 노래를 부르는 이는 물론 듣는 이에게도 '훈민정음'에 대한 새로운 인식이 분명하게 전달되기를 희망한다.

왜냐하면, 가끔 제대로 꽂히거나 중독성이 강한 곡의 가사를 들었을 경우 나중에도 머릿속에서 무한 반복되는 때도 있기 때문이다.

사족(蛇足)이지만 오병희 작곡가가 약속을 지켜주어서 이 〈훈민정음 노래〉가 훈민정음 창제 578주년이었던 2022년 10월 6일(화) 오후 7시 30분에 경기아트센터 대극장(수원)에서 아가페 콰이어 합창단의 정기연주회에서 발표되었었다. 아주 오래도록 의미 있는 날로 기억될 것이다.

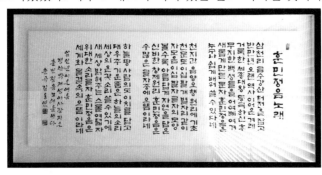

## 🏵 훈민정음 해례본 범국민 써보기 운동을 펼치자

사람은 글씨를 통해 마음을 표현할 수 있으므로, 글씨는 마음을 전달하는 수레라고 표현한다.

옛말에 '서여기인(書如其人)' 즉, 글씨는 그 사람을 표현한다고 했다. 글씨를 보면 그 사람의 인품과 성품이나 교양을 짐작할 수가 있다는 의미다.

또 '심정즉필정(心正則筆正)'이라고 해서 '마음이 바르면 글씨도 바르다'라는 말도 있다. 이 말은 당(唐)나라 때 구양순, 안진경, 조맹부와 함께 '해서(楷書) 4대가(大家)'로 불리는 유공권(柳公權)의 일화에서 찾아볼 수 있다.

당나라 목종(穆宗)이 유공권에게 어떻게 하면 글씨를 잘 쓸 수 있냐고 묻자 "붓을 사용함은 마음에 있다 했으니 마음이 바르면 붓(글씨)도 바른 것"「용필재심(用筆在心) 심정즉필정(心正則筆正) 내가위법(乃可爲法)」이라고 대답하였다.

목종은 아무 말 없이 듣고 있다가 이내 얼굴을 고쳤고 그가 글씨 쓰는 것을 가지고 간(諫)한다는 것을 알았다. 이후 역사에서는 용필의 방법을 빌려 간언한 이 일화를 '필간(筆諫)'이라고 한다.

이처럼 예로부터 글씨는 그 사람의 상태를 대변한다고 여겼다. '올바른 몸가짐, 겸손하고 정직한 말씨, 바른 글씨체, 공정한 판단력'이라는 「신언서판(身言書判)」도 글씨로 마음을 다스릴 수 있는 사람에게 나랏일을 맡겼다는 의미이다.

그래서 글씨는 의사소통의 도구라고 표현하는데, 우리는 의사소통의 도구 중에서도 가장 쉽고 간략하여 효과적으로 의사 표현을 할 수 있으므로 세계인이 부러워하는 특별한 문자를 갖고 있다.

그것은 바로 전 세계에 존재하는 70여 개의 문자 중에서 유일하게 창제자 · 창제 연도 · 창제원리를 알 수 있는 독창성과 창작성으로 유네스코에 인류문화 유산으로 등재되어 세계에서 가장 우수한 문자로 인정받는 〈훈민정음〉이 바로 그것이다.

그런데 우리는 세종대왕이 주신 위대하고 영원한 선물을 제대로 활용하지 못하고 있을 뿐만 아니라 오히려 원형을 파괴하고 왜곡하여 국적 불명의 신조어를 양산하여 우리의 주체성마저 훼손하는 어문생활을 하는 것 같아 안타까울 뿐이다.

무진년 청룡의 해를 시작하면서 지금부터라도 세계인이 부러워하는 국보《훈민정음 해례본》을 모든 국민이 한 번이라도 써보면 좋겠다고 제안해 본다.

왜냐하면, 훈민정음 해례본을 써보므로 얻을 수 있는 것이 다음과 같이 너무 많기 때문이다.

첫째, 위대한 문자 훈민정음을 바르게 배울 수 있을 뿐만 아니라 사고력을 키우고 글쓰기 능력까지 키울 수 있다.

둘째, 훈민정음을 보유한 문자 강국의 자긍심을 갖고 후손에게 자랑스러운 역사를 전할 수 있다.

셋째, 훈민정음 창제에 얽힌 역사를 바르게 알 수 있어서 왜곡되고 부정하는 일부 그릇된 가치관을 바로 잡을 수 있다.

넷째, 한자로 쓰인 훈민정음 해례본에 나온 724자의 한자만 알아도 일상생활에 별다른 어려움이 없다는 것을 알게 된다.

다섯째, 스마트폰과 컴퓨터 생활로 글씨를 쓰는 기회가 점점 사라지고 키보드와 마우스가 대세인 현대인에게 마음을 표현할 수 있는 예쁜 손 글씨를 많이 쓰게 된다.

결론적으로 글씨를 쓴다는 것은 지구상에 존재하는 생명체 중에 인간만이 가질 수 있는 특권을 누린다는 것이다.

이제부터라도 국보 『훈민정음 해례본』을 간송미술관의 유리 상자 속에서만 만날 것이 아니라, 대한국인이라면 누구나 한 번쯤 반드시 직접 써보고 세계 최고의 문자 훈민정음을 보유한 후예로서 자긍심을 가져보길 기대한다.

# ❀ 금속활자로 찍은 『훈민정음 해례본』의 출현을 기대한다.

"인류가 지구상에 와서 살다 죽어 간 것이 100만 년이나 되었지만, 문자를 사용하기 시작한 것은 6,000년밖에 되지 않았다."(르네 에티앙블)

문자의 역사, 그것은 6천 년이라는 장구한 세월이 일구어낸 인류의 서사시이며, 메소포타미아에서 황하에 이르기까지의 문화가 담긴 장대한 파노라마이자 영감에 가득 찬 예술 세계이다. 문자는 인류 문명의 주춧돌이며, 그 역사는 인류가 물려받은 기억의 총량이다.

인류가 존재한 수만 년 동안 선화(線畫), 기호, 그림 등 간단한 의사소통의 수단은 많이 있었다. 그러나 진정한 의미의 문자가 존재하려면 몇 가지 전제 조건이 필요하다. 문자를 사용하는 집단의 생각이나 느낌을 분명하게 재현할 수 있는 공식적인 기호나 상징체계가 있어야 하며, 이 체계는 여러 사람 사이에 합의된 것이라야 한다.

이러한 체계는 하룻밤 사이에 만들어지지 않는다. 문자의 역사는 그야말로 오랫동안 천천히 진행된 복잡한 과정이다.

그런데 세계에 존재하는 약 70여 개의 문자 중에서 시공을 초월하여 가장 빠른 속도로 창제되고 가장 짧은 시간과 공간을 초월하여 여러 사람이 합의하고 활용할 수 있는 문자가 동아시아 변방의 조선에서 1443년 12월 이달에 만들어졌다.

그렇게 갑작스럽게 만들어진 문자는 이름부터가 백성을 사랑한다는 고백이 담긴 '백성을 깨우치기 위한 바른 소리'라는 의미를 함축한 〈훈민정음〉이라고 불렀다.

백성을 위한 문자 훈민정음은 글자의 모양은 단순하지만, 기형학적으로 이미지를 연상할 수 있도록 고안되었을 뿐만 아니라 세계만방의 어떠한 언어와도 통하지 않는 것이 없는 참으로 신묘하고 충실한 문자로서 세종대왕이 물려준 가장 소중한 민족유산이다.

"이건 조약돌이 아니라 금속활자입니다."

2021년 6월 29일 세계의 문자 사와 아울러 금속활자 사에 대변혁을 가져올 어마어마한 일대 사건이 서울 도심의 한 골목에서 어마어마한 폭발력을 지닌 뇌관이 터진다. 그것은 다름 아닌 600여 년 전 한양 도성의 중심부였던 서울 종로구 인사동 피맛골에서 유적을 발굴 중이던 수도문물연구원 조사팀의 외마디가 신호탄이었다.

16세기 조선의 건물터 땅속에서 나온 도기 항아리 옆구리 구멍으로 시공을 초월하여 자기 존재를 드러내기 위하여 삐져나온 조약돌 모양의 유물 몇 개!

조심스럽게 씻어보니 15세기 세종대왕의 훈민정음 창제 즈음에 쓰인 것으로 짐작되는 조선 초기 세종대(代)에서 세조 연간에 주조되었을 것으로 추정되는 갑인자인 금속활자라는 판독 결과가 나왔다.

더욱이 한두 점이 아니라 항아리 내부에는 무려 1600여 개의 금속활자가 가득 들어차 있었는데 이 금속활자 중 일부는 독일인 구텐베르크가 1450년대 서양 최초로 금속활자로 활판인쇄를 시작한 때보다 제작 시기가 수십여 년 앞서는 것들로 추정된다는 점이다.

특히, 훈민정음 창제 시기인 15세기에 한정되어 사용되던 '동국정운식 표기법'을 쓴 금속활자가 실물로 확인되었는데, 〈동국정운〉은 세종의 명으로 신숙주, 박팽년 등이 조선의 한자음을 바로잡기 위해 간행한 우리나라 최초의 표준음에 관한 책으로, 중국 한자음을 표기하기 위하여 사용된 '여린 히읗', '비읍 순경음' 등의 활자는 물론이고 두 글자를 하나의 활자에 연결 표기해 토씨(어조사)의 구실을 한 연주활자(連鑄活字)들도 10여 점이나 나왔다.

이처럼 훈민정음 창제 당시 표기가 반영된 가장 이른 시기인 조선 전기에 제작된 훈민정음 금속활자 1600여 점이 발견되었듯이 우리 대한민국은 세계인이 인정하는 금속활자 강국이다.

이것은 우리만의 주장이 아니라 교육·과학·문화의 보급 및 교류를 통하여 국가 간의 협력 증진을 목적으로 설립된 국제연합전문기구인 유네스코가 인류가 보존 보호해야 할 문화적 세계기록유산으로 〈직지심체요절〉을 2001년 9월 4일 지정함으로써 자타가 공인하는 세계 최고의 금속활자 강국임이 입증된 것이다.

그런데 세계가 인정한 最古의 금속활자 강국에서 이상하게도 세종대왕이 창제한 훈민정음의 원리를 기록해 놓은 『훈민정음 해례본』은 목판본으로 남아 있다는 것이 선뜻 이해하기 어렵다. 앞서 인용한 대로 훈민정음 창제 당시에 사용된 금속활자가 있었는데 무슨 까닭으로 왕의 창작물인 〈훈민정음〉이라는 위대한 문자를 풀이한 서적 『해례본』은 목판으로 출판하였으며, 반 천년이 지난 어느 날 갑작스럽게 한양이 아닌 안동과 그 후 상주라는 경상도 지역에서만 발견되게 하였는지 궁금증을 떨칠 수가 없다.

최근 한류 문화에 대해 세계인의 관심이 높아지는 가운데 한글에 관한 관심도 함께 높아지는 기회를 잘 활용하여 '28자로 이루어진 자모음으로 세상의 어떠한 소리도 적을 수 있는' 신비하고 소중한 자랑스러운 문자 〈훈민정음〉을 문자가 없는 나라와 종족에게 전파하여 명실상부한 세계인류문자가 되게 하는 것은 현재를 살아가는 우리의 몫일 터이다.

그러기 위해서는 민족을 초월한 인류의 영원한 문화유산으로 지정된 〈훈민정음〉의 해설서인 해례본의 금속활사본이 있을 것이라 확신하고 세종대왕의 지혜와 숨결이 깃들어 있는 훈민정음 원본을 반드시 찾아내어 잘 보존하여 후손들에게 온전히 물려주어야 하는 소명의식이 선행되어야 할 것이다.

## 🏵 22대 국회에서 훈민정음의 위대함을 만방에 고하라

『훈민정음(訓民正音)』 창제 580년이 되는 2024년 4월 10일은 대한민국 제22대 국회의원 선거가 있어서 또 다른 시작을 의미한다.

이 지구상에는 수많은 언어와 70여 개의 문자가 있지만, 문자를 만든 사람, 문자를 만든 연대, 문자의 창제원리가 뚜렷하게 기록된 것은 『훈민정음』이 유일하다고 세계적인 문자학의 석학들을 포함하여 자타가 공인하는 대한민국은 자랑스러운 문자 강국이다.

더욱이 전 세계 언어학자들은 『훈민정음』이 독창적이고 과학적이며,

배우기 쉽고, 실용적이어서 무슨 발음이든지 못할 것이 없는 세계에서 가장 우수한 표음문자라고 인정하고 있다.

그래서 지금 세계 각 대학에 한국어과가 생겨나고, 한국문화를 알려는 사람, 한국 기업에 취업하려고 한국어를 배우려는 사람들이 점차 늘어나고 있다고 하니 참으로 고무적인 일이 아닐 수 없다.

1443년 음력 12월 30일 세종대왕이 훈민정음 창제와 더불어 공포하고, 1446년 음력 9월 상한 두 번째 반포한 뒤 국가에서는 기존 한문 서적을 언문으로 번역하는 작업을 시행했지만, 세종의 바람과는 다르게 오래도록 백성들에게 확장되지는 못했다.

그 까닭은 한문만이 진서라고 여겼던 선비사회의 조선에서 한자는 곧 권력이요, 정치요, 힘이었기 때문이다. 그래서 한자를 아는 것은 곧 지식인이요, 신분 상승의 기회였기에 새롭게 창제한 『훈민정음』은 신분이 낮은 사람들이나 부녀자들이 소통하는 문자쯤으로 이해됐기에 '암글', '아햇글'이라는 비하를 받으면서 주로 궁중 여인들과 아녀자들의 편지에서나 쓰였다.

그러다가 조선 중기의 대표적인 문인이었던 송강 정철이 〈관동별곡〉, 〈사미인곡〉 등 많은 가사를 『훈민정음』으로 남기는 계기를 통해서 17~18세기에 걸쳐 훈민정음(언문)을 사용한 국문 문학이 활발하게 창작되고 유통하게 되었다.

이때 등장한 《홍길동전》, 《춘향전》 등 국문 소설들은 사대부층의 여성과 평민층을 독자로 끌어들였고, 새로운 글자 훈민정음의 사용을 점진적으로 확산시키는 데에 공헌했다.

반면 사대부층에서는 소설 같은 순수문학보다는 유교 경전을 중시하였고, 나아가 평민 문학을 부정적으로 인식하며 이를 억제하기도 하였지만, 어느 곳에서든지 모든 사람과 소통할 수 있는 『훈민정음』의 도도한 물결은 막을 수가 없어서 조선 후기 평민들의 사회·경세적 성장과 더불어 그에 맞는 문화의 향유를 추구하게 되면서 국문소설의 보급은 요원의 들불처럼 타오르기 시작했다.

이렇게 발전을 거듭해온 『훈민정음』을 보유한 대한민국은 창제 580년이 되는 2024년 현재 자타가 공인하는 IT 강국이라는 평가가 전혀 억지스럽지 않게 되었다.

그 이유는 『훈민정음』 28자의 '자음'과 '모음'이 무한대의 조합을 가능하게 하는 디지털시대에 가장 적합한 과학적인 문자라는 불가역적인 사실을 부정할 수 없는 까닭이다.

다만 아쉬운 것은 "내 이를 어여삐 여겨 새로 스물여덟 자를 만들었다"는 「훈민정음 어제 서문」에서 알 수 있듯이 인류역사상 가장 완벽한 소리글자 「훈민정음 28자」가 세월의 질곡 속에 이유 같지 않은 이유로 24자로 둔갑하더니 일본 강점기를 거치면서 한글은 24자이고, 그 한글을 세종대왕이 창제한 것이라고 굳어져 버렸다는 점이다.

이제라도 잃어버린 네 글자 ㆁ(옛이응), ㆆ(여린 히읗), △(반치음), ·(하늘아)를 복원하는 작업을 22대 국회에서 학계를 주축으로 많은 국민이 관심을 두고 추진한다면 『훈민정음』은 모든 소리를 더 정확하게 적을 수 있는 명실상부한 IT 강국이 되고 세계의 공용 문자로 인정될 수 있을 것이다.

사단법인 훈민정음기념사업회는 세계적 문자인 『훈민정음』 창제의 우수성과 위대함을 세계만방에 알리는 〈훈민정음 탑〉 건립을 위한 범국민 운동을 펼치고 있다.

이 〈훈민정음 탑〉 건립의 당위성을 대한민국 22대 국회의원 선거에 출마하는 후보들이 앞다퉈서 공약으로 표방하고 총선 후 여야 당선자들이 한마음 한뜻으로 국가 백년대계의 중요 정책 사업으로 추진해 주기를 소망해 본다.

왜냐면 K-POP이나 K드라마, BTS가 뿌리고 있는 한류의 도도한 흐름을 바탕으로 세종대왕이 만들어 주신 위대한 문자 『훈민정음』을 더 깊이 알기 위해 세계만방에서 한국을 주시할 것이고 독특한 한국만의 문화유산을 담아 우뚝 솟은 대한민국의 상징이 될 〈훈민정음 기념탑〉을 보기 위해 세계 각국에서 관광객이 물밀 듯이 방한한다면 대한민국은 명실상부한 문자 문화 강국의 위엄을 세계만방에 과시할 수 있을 뿐만 아니라 에펠탑을 보유한 프랑스보다 더 유명한 관광 대국이 될 수 있기 때문이다.

혼자 꾸면 꿈이지만 다 같이 꾸면 현실이 될 것이라고 확신한다.
21세기를 선도하는 선진국 대한민국의 위상에 맞게 22대 국회에서는 갈등과 대립의 정쟁을 지양하고 이 지구상에서 가장 과학적이고 독창적인 우수한 문자 『훈민정음』을 기념하는 탑 건립을 위해 천년을 내다보는 혜안을 가진 국민을 대표하는 지도자들이 많이 선출되기를 희망한다.

그리고 〈훈민정음 기념탑〉이 완공되는 즈음에 맞춰 한민족이 한마음 한뜻으로 심혈을 기울여 세계문자 엑스포를 개최하여 세계인이 함께하는 문자의 이정표가 될 축제의 장을 만든다면 '문화 강국'이라는 위상을 세운 22대 국회라는 평가와 더불어 300명의 국회의원은 선견지명 한 애국 정치인으로 역사에 찬란하게 기록될 것이다.

## ⊛ 세종 승하 574주년에 부쳐

2024년 4월 8일은 574년 전 이날 훈민정음을 창제한 조선의 네 번째 국왕인 세종이 1450년 음력 2월 17일 재위 32년 되던 향년 52세로 한성부 영응대군 사저에서 승하하신 날이다.

조선 왕조에서 처음으로 개국 이후 태어난 임금이면서, 종신(終身)한 임금 세종에 대해서 《조선왕조실록》의 〈세종실록 총서〉에는 다음과 같이 20자의 한자로 그를 평가하고 있다.

英明剛果 沈毅重厚 寬裕仁慈 恭儉孝友 出於天性
(영명강과 심의중후 관유인자 공검효우 출어천성)

영민하고 총명했으며 강인하고 과감했다.
무거우며 굳세었고 점잖고 두터웠다.
크고 너그러웠으며 어질고, 사랑했다.

공손하고 검소하며 효도하고 우애함은
태어날 때부터 그러했다.

경기도 여주시 세종대왕면 왕대리에 있는 세종을 모신 능은 영릉(英陵)으로 아내인 소헌왕후와 합장된 조선 역사상 최초의 합장릉이다.

원래 세종은 아버지 태종의 헌릉(서울시 서초구 내곡동) 근처에 묻히고 싶어 해서 먼저 세상을 뜬 소헌왕후를 태종의 능 구역 서쪽에 장사지냈고 본인이 승하한 후에는 그곳에 합장되었다.

훈민정음이 창제되었다는 1차 반포가 있기 10개월 전인 1443년 2월 세종은 자신의 수릉(壽陵 : 임금이 죽기 전에 미리 만들어 두는 무덤)을 정할 당시 그곳의 형세와 지리가 어떤지 미리 알아보라고 지시한다.

당대의 풍수가로 이름난 지관 최양선은 태종의 묘 옆에 있는 수릉이 들어설 묏자리의 형세를 꼼꼼히 살펴본 뒤 "絕嗣損長子(절사손장자)"라는 충격적인 이야기를 꺼낸다. '절사'란 대를 잇는 자식이 끊긴다는 것이고, '손장자'란 맏아들을 잃는다는 뜻이다. 다시 말해 '후손이 끊어지고 맏아들을 잃는 무서운 자리'라는 것이다.

이때 땅을 살피러 간 왕족은 바로 수양대군 즉, 훗날의 세조였고 배종한 신하 중 한 명인 정인지는 최양선의 섬뜩한 말을 헛소리로 치부하며 '이런 요망한 소리를 하는 자를 처단해야 한다.'라고 했지만, 세종은 꼭 아버지 태종 곁에 묻히고 싶었기 때문에 그냥 자신을 향한 충언 정도로 받아들이며 뜻을 꺾지 않고 넘어갔다.

그래서 1450년 음력 2월 17일 세종은 결국 뜻대로 태종의 묘인 헌릉 옆에 묻히게 된다.

그렇지만 우연의 일치인지 최양선이 주장했던 것처럼 세종의 장남 문종이 즉위 2년 만에 승하했고, 문종의 장남 단종 또한 비극적인 최후를 맞이했으며, 세조의 장남 의경 세자와 예종의 장남 인성 대군도 요절했다.

이 때문에 예종은 풍수가들의 조언에 따라서 할아버지인 세종 내외를 여주로 이장하기로 하는데 그 당시 영릉 자리에는 우의정을 지낸 이인손(李仁孫)의 무덤이 있었다.

무덤 자리를 양보해달라는 예종의 청을 받아들인 이인손의 후손들이 묘를 파자 '이 자리에서 연을 높이 날린 다음 줄을 끊어 연이 떨어지는 자리로 이장하라.'라는 지석이 나왔고 후손들이 이를 따르자 연이 떨어진 자리도 명당이어서 가문이 계속 번창했다고 한다.

영릉 이장은 세조 때부터 논의되다 1469년(예종 1년)에 천장 하여 현재 자리로 옮겼는데, 이 자리가 천하의 대명당으로 풍수가들 사이에서는 평판이 대단한 자리이다. 태조의 건원릉, 단종의 장릉과 더불어 3대 명당으로 손꼽히는 자리로, 일설에는 세종 같은 성인을 이러한 대명당에 모셨기 때문에 조선 왕조의 수명이 최소 100여 년은 연장되었다는 소위 '영릉가백년(英陵加百年)'이라는 말까지 있을 정도다.

영릉은 건원릉(태조), 후릉(정종), 헌릉(태종)에 세워진 신도비(神道碑, 일종의 추모비)가 조선의 역대 왕릉에서 마지막으로 신도비가 세워진 능이기도 하다. 왜냐면 세조 때부터는 세조 본인이 이런 걸 만들지 말라고 해서 그 이후의 왕들은 신도비가 없기 때문이다.

"세종은 족보로 된 임금이 아니다. 전주이씨의 임금이 아니라 하늘이 낸 임금이었다. 그가 훈민정음을 짓고 모든 책의 언해를 만든 것은 모두 백성을 위한 것이었다. 진정으로 민족 걱정을 한 임금요, 진정으로 인생 걱정을 한 임금이다. 어쩌면 그런 어진 마음이 이 역사에도 났을까?" 함 석헌 선생의 표현을 빌려 한민족의 역사에 가장 큰 발자국을 남기신 세종 을 추모한다.

## ❋ 훈민정음 창제 580돌 2024년을 맞이하며

훈민정음 창제 및 완성과 관련된 기사는《조선왕조실록》〈세종실록〉에 다음과 같은 두 개의 기록이 보인다.

첫 번째는 〈세종실록 102권〉 세종 25년(1443) 12월 30일 경술 2번째 조에 '是月上親制諺文二十八字其字倣古篆分爲初中終聲合之然後乃成字凡于 文字及本國俚語皆可得而書字雖簡要轉換無窮是謂訓民正音'이라는 기사이 고, 두 번째는 〈세종실록 113권〉 세종 28년(1446) 9월 29일 갑오 4번째 조에 '是月訓民正音成 御製曰國之語音異乎中國與文字不相流通故愚民有所 欲言而終不得伸其情者多矣予爲此憫然新制二十八字欲使人人易習便於日用 耳~(하략)'이라는 기사이다.

위 두 개의 기사 중 첫 번째 기사는 훈민정음이 창제되었음을 알리는 것이고, 두 번째 기사는 훈민정음이 완성되었음을 알리고 있다.

그래서 이 첫 번째 기사를 근거로 새해 2024년은 훈민정음 창제 580돌이 되는 대단히 뜻깊은 해라고 강조하는 것이다. 왜냐하면, 1443년 12월 30일은 음력이므로 이 날짜를 그레고리력으로 환산하면 양력 1444년 1월 28일이 되기 때문에 2024년은 훈민정음 창제 580돌이 되는 것이다.

그런데 일부 학계에서는 1443년 12월 30일 자 기사는 창제 일자에 대한 정확한 기록이 없을 뿐만 아니라 훈민정음 창세 당시 국가(조선)에서 공식 기록을 남길 필요를 느끼지 못할 정도였기에 세종의 사적인 작업이었다는 증거라고 주장한다.(나무위키 '한글날' 항목 참조) 때문에 《훈민정음 해례본》이 간행된 것을 공식적으로 퍼뜨리기 시작한 반포일로 정통11년 9월 상한(上澣)을 기준으로 삼아서 한글날을 제정하였다고 주장한다. 그렇지만 이 주장도 모순이 발생한다. 왜냐하면 《훈민정음 해례본》의 정인지 서문도 정확한 반포일자를 나타내지 않고 上澣이라고 하였기 때문이다. 즉, 上澣은 上旬과 같은 의미로 매월 1일부터 10일까지를 이르는 말이므로 10일간 이라는 시간의 간극이 생긴다는 점이다.

또한, 이 두 개의 기사에서 눈여겨 볼 한자가 있다. 바로 첫 번째 기사에서 '上親制'의 '制'와 두 번째 기사에서 '御製曰'의 '製'자이다. 왜냐하면 '制'와 '製'는 모두 '짓는다'라는 새김을 갖는 한자이지만, 制는 '무성한 나뭇가지를 다듬는 모습'을 표현한 글자로, '나무의 가지를 치는 것은 모양을 다듬거나 형태를 유지한다.'라는 의미에서 '절제하다', '억제하다'라는 뜻이 확대되어 '법도'나 '규정'이라는 뜻으로도 쓰이고 있는 글자이므로 '上親制'라고 기록한 것은 1443년 12월 이전 당시까지 한자로 문자 생활을 해오던 조선에 임금이 친히 언문 28자를 창제한 이 문자를 '훈민정음'이라고 하였다. 이것은 조선의 새로운 문자를 제정한 것을 대내외에 천명한 유사이래 가장 위대한 일대 사건이지 결코 세종의 사적인 작업 정도로 폄훼할 일이 결코 아니다.

그리고 '製'는 '본래 옷을 만드는 과정'을 표현한 글자로 '짓다', '만들다'라는 뜻이 확대되어 '필요한 제품을 제작한다.'라는 의미로 쓰이는 글자이므로 1446년 9월 29일 기사에서 '御製曰'이라고 기록한 것은 새로운 문자 훈민정음의 해설과 사용법을 담은 이른바 제품의 사용설명서가 되는 일명 《훈민정음 해례본》이 완성되었음을 뜻하기 때문이다.

사람도 출생을 하여야 출생신고를 할 수 있기에 출생신고일 보다는 생일을 더 중요시하여 기념하는 것이다.

세종대왕께서 1443년 12월 이달에 "나랏말이 중국과 달라 문자와 서로 통하지 아니하므로, 우매한 백성들이 말하고 싶은 것이 있어도 마침내 제 뜻을 잘 표현하지 못하는 사람이 많아서 이를 딱하게 여기어 새로 28字를 만들었으니[制], 사람들로 하여금 쉬 익히어 날마다 쓰는 데 편하게 할 뿐이다."라고 창제 동기를 밝히시고, 정인지, 최항, 박팽년, 신숙주, 성삼문, 강희안, 이개, 이선로 등 집현전 8학사에게 새로운 문자 훈민정음을 더욱 더 보완하고 연구하도록 명하여서 자세한 해설과 사용법 등 이론적으로도 완성되었으므로 1446년 9월 이달에 출생신고(반포)를 하셨던 것이다.

그래서 지구상에서 가장 위대한 문자 훈민정음의 우수성과 참된 가치를 만방에 알리고 영원무궁 알리기 위해서는 훈민정음을 창제했다는 사실을 기록한 세종실록 1443년 12월 30일 음력을 양력인 그레고리력으로 환산한 1444년 1월 28일을 기준으로 훈민정음 창제 580돌을 기념하는 마음으로 2024년 새해를 맞이해야 할 것이다.

만약 누군가 이 주장을 반박하기 위해 1443년 12월 30일자 기사 중 '昰月~' 즉, '이 달~'이라고 되어 있어서 정확한 창제일이 아니라고 주장할지라도 이때의 昰月(시월)은 음력 12월 1일부터 12월 30일까지 해당되므로 그 중간날짜로 음력 1443년 12월 15일을 기준으로 하더라도 1444년 1월 13일이 되므로 2024년은 훈민정음 창제 580돌이 되는 해라는 사실에 이의를 제기할 수 없을 것이다.

또 한편으로 혹자가 1443년이나 1444년은 그레고리력이 제정된 1582년보다 이전이기 때문에 그레고리력으로 환산한 날짜는 의미가 없다는 주장을 할 것이라는 가정하에 다음과 같이 덧붙인다.

율리우스력(Julian calender)은 고대 로마 공화국의 율리우스 카이사르가 기원전 46년 제정하여 기원전 45년부터 시행한 역법으로 인류 역사상 가장 오랫동안 쓰인 태양력이다. 로마가 쇠퇴한 이후에도 유럽각국의 표준 역법으로 사용되다가 율리우스력의 오차를 수정한 그레고리력이 제정된 후 수백년에 걸쳐 점차 사장되었다. 이후 교황 그레고리오 13세의 이름에서 유래한 그레고리력은 1582년에 제정하여 실행된 후 지금까지 세계 표준으로 사용하는 역법일 뿐만 아니라 2017년 10월 24일 〈법률 제14906호〉로 공포된 [대한민국 천문법] 제5조 "천문 역법을 통하여 계산되는 날짜는 양력인 그레고리력을 기준으로 하되, 음력을 병행하여 사용할 수 있다."라는 조항을 근거로 환산하여도 분명 2024년 새해는 위대한 문자 훈민정음 창제 580돌이 되는 해이다.

사족이지만 다른 나라 특히 중국이나 일본은 한 해라도 더하여 오래된 역사성을 확보하기 위해서라면 없는 사건도 사실이라고 억지 주장을 하는

데 왜 우리는 세계에서 가장 완벽한 문자로 인정받는 훈민정음을 창제일을 기준하지 않고 반포일을 기준으로 삼아서 577돌이라고 역사를 깎아내리려 하는지 안타까운 마음이다.


## 🏵 세종 탄신일을 국가기념일로 지정해야

5월 15일은 '스승의 날'로 교권존중과 스승 공경의 사회적 풍토를 조성하여 교원의 사기진작과 사회적 지위 향상을 위하여 지정된 법정 기념일 중 하나인데, 2024년 스승의 날은 법정 기념일인 '부처님 오신 날'과 겹쳐있어서 휴무일이 된다.

이날을 스승의 날로 지정한 이유는 세종대왕이 훈민정음을 창제하여 백성에게 가르침을 주어 존경받는 것처럼 스승이 세종대왕처럼 존경받는 시대가 왔으면 하는 의미를 담아서 '겨레의 스승'으로 꼽히는 세종대왕의 탄신일에서 따왔다.

세종대왕은 1397년 음력 4월 10일 현재의 서울특별시 종로구 창성동인 한성부 준수방 장의동 본궁에서 출생하여 2024년 5월 15일은 세종대왕 탄신 627돌이 되는데, 이 음력 날짜를 그레고리력으로 환산한 양력 날짜가 1397년 5월 15일 월요일이라서 이날이 스승의 날로 된 것이다.

다만 스승의 날이 처음부터 5월 15일이었던 건 아니었다. 유래는 1958년 5월 충청남도 논산시 강경읍 강경여자 고등학교에서 청소년적십자(RCY) 단원들이 적십자를 창설한 앙리 뒤낭의 생일인 5월 8일을 기념하여 제정된 세계 적십자의 날을 맞아 현직 선생님과 은퇴하신 선생님, 병중에 계신 선생님들을 자발적으로 위문한 것이 시초였다. 이를 의미 있게 여긴 청소년적십자 충남협의회는 이날이 날짜상 어버이날과 겹치기에, 1963년 9월 21일을 충청남도 지역의 '은사의 날'로 정하고 사은행사를 실시했는데, 9월은 너무 늦은 감이 있다는 여론에 따라서 1964년부터는 5월 26일로 날짜를 변경하면서 '스승의 날'로 부르기로 했다고 한다.

다음 해인 1965년부터는 우리 민족의 큰 스승 세종대왕의 탄신일인 5월 15일로 바뀌었다. 1년 뒤 1966년부터 대한적십자사에서 스승의 날 노래를 방송 매체에 보급하면서, 노래와 함께 행사가 전국적으로 퍼지게 되었다.

그러나 1973년 3월 모든 교육 관련 기념행사가 '국민교육헌장선포일'로 통합되면서 '스승의 날'은 1981년까지 금지되는 우여곡절을 겪게 된다.

이후 1982년 5월 제정된 〈각종 기념일 등에 관한 규정〉에 따라 9년 만에 부활하여 법정 기념일로 지정되어 현재에 이르고 있다.

다른 나라에서는 그 나라에서 배출한 위인의 탄신일을 국가기념일로 하는 사례가 매우 많다. 예를 들어 미국에서는, 지금은 '대통령의 날'로 통합되었지만, 과거의 워싱턴 탄신일이나 링컨 탄신일, 현재의 마틴 루터 킹 목사 탄신일이 있고, 대만에는 손문 탄신일, 장개석 탄신일이 있는데, 공자 탄신일인 9월 28일을 스승의 날로 지정하고 있다.

이처럼 국가기념일은 정부가 주관하는 기념일을 말하는데, 2024년 5월 현재 우리나라 국가기념일은 스승의 날을 포함하여 총 53종이다.

그중에서 '무(武)'를 대표하는 충무공 탄신일인 4월 28일을 '충무공 탄신일'로 지정하여 충무공 이순신의 숭고한 충의를 길이 빛내는 행사를 문화체육관광부에서 주관하여 진행하듯이 5월 15일은 '문(文)'을 대표하는 불세출의 위인 '세종대왕 탄신일'로 명명하여 국가기념일로 지정하자는 제안을 한다.

[대통령령 제33620호, 2023. 7. 7. 일부개정] 각종 기념일 등에 관한 규정에 따라서 국가기념일은 더 추가될 수도 있고, 주관부처나 내용 등에서 변동이 생길 수도 있기 때문이다.

아동문학가인 강소천 선생이 작사한 「스승의 은혜」 노래 가사를 소개하면서 글을 맺는다.

[1절]
스승의 은혜는 하늘 같아서
우러러볼 수록 높아만 지네
참되거라 바르거라
가르쳐 주신
스승은 마음의 어버이시다.
아아 고마워라 스승의 사랑
아아 보답하리 스승의 은혜

[2절]
태산같이 무거운 스승의 사랑
떠나면은 잊기 쉬운 스승의 은혜
어디 간들 언제 있든 잊사오리까
마음을 길러주신 스승의 은혜
아아 고마워라 스승의 사랑
아아 보답하리 스승의 은혜

[3절]
바다보다 더 깊은 스승의 사랑
갚을 길은 오직 하나
살아생전에 가르치신 그 교훈
마음에 새겨 나라 위해 겨레 위해 일하오리다
아아 고마워라 스승의 사랑
아아 보답하리 스승의 은혜

# 훈민정음 보도 내용

- · '훈민정음 경필 쓰기' 머리말
- · '훈민정음 해설사 자격시험' 머리말
- · '소설로 만나는 세종실록 속 훈민정음' 머리말
- · '108인의 훈민정음 글모음' 발간사
- · '훈민정음 신문' 창간사
- · 훈민정음 경필쓰기 운동을 펼치는 박재성 이사장에게 듣는다.
- · '훈민정음 법' 제정, 더 이상 미뤄선 안된다.
- · 세계 최고의 문자 강국 대한민국, 훈민정음 기념탑 건립 시급
- · (사)훈민정음기념사업회, '108인의 훈민정음 글모음' 첫 출간… "역사적 자산"
- · 닿소리와 홀소리를 아시나요?

ㅗ。如洪字中聲

ㅗᄂᆞᆫ 如ᅀᅧᆼ洪ᅘ字ᄍ中ᄠᅱᆼ聲싱ᄒᆞ니
라

ㅗᄂᆞᆫ 洪ᅘㄱ字ᄍ 가온ᄃᆡᆺ소리ㄱ토니

ㅏ。如覃字中聲

ㅏᄂᆞᆫ 如ᅀᅧᆼ覃땀字ᄍ中ᄠᅱᆼ聲싱ᄒᆞ니

ㅏᄂᆞᆫ 覃땀字ᄍ 가온ᄃᆡᆺ소리ㄱ토니
라

ㆍㅡㅜㅛㅠ란 附뽕書셔ᇰ初총聲셔ᇰ之징下ᅘᅡᆼᄒᆞ고 附뽕書셔ᇰᄂᆞᆫ 브ㅌ텨쓰라

ㆍ와ㅡ와ㅜ와ㅛ와ㅠ란 첫소
리 아래 브텨쓰고

---

ㅜ。如君字中聲

ㅜᄂᆞᆫ 如ᅀᅧᆼ君군字ᄍ中ᄠᅱᆼ聲싱ᄒᆞ니
라

ㅜᄂᆞᆫ 君군ㄷ字ᄍ 가온ᄃᆡᆺ소리ㄱ토니

ㅓ。如業字中聲

ㅓᄂᆞᆫ 如ᅀᅧᆼ業업字ᄍ中ᄠᅱᆼ聲싱ᄒᆞ니
라

ㅓᄂᆞᆫ 業업字ᄍ 가온ᄃᆡᆺ소리ㄱ토니
라

ㅣㅏㅓㅑㅕ란 附뽕書셔ᇰ於ᅙᅥᆼ右ᅌᅮᇢᄒᆞ라 右ᅌᅮᇢᄂᆞᆫ 올ᄒᆞᆫ녀기라

ㅣ와ㅏ와ㅓ와ㅑ와ㅕ란 올ᄒᆞᆫ녀긔
브텨쓰라

# 🏵 '훈민정음 경필 쓰기' 머리말

## 훈민정음은 대한국인에게 주신 영원한 최고의 선물

사람은 글씨를 통해 마음을 표현하므로 글씨는 마음을 전달하는 수레라고 할 수 있습니다. 따라서 '마음이 바르면 글씨도 바르다(心正則筆正)'고 합니다. 오만 원권 지폐에서 우리에게 낯익은 신사임당이 만 원권 지폐에서도 만날 수 있는 이율곡에게 전한 말입니다.

예로부터 글씨는 그 사람의 상태를 대변한다고 합니다. 올바른 몸가짐, 겸손하고 정직한 말씨, 바른 글씨체, 공정한 판단력이라는 「신언서판(身言書判)」은 글씨로 마음을 다스릴 수 있는 사람에게 나랏일을 맡겼다는 의미입니다. 그래서 글씨는 의사소통의 도구라고 표현하는데, 우리는 의사소통의 도구 중에 가장 쉽고 간략하여 효과적으로 의사 표현을 할 수 있으므로 세계인이 부러워하는 특별한 방법을 갖고 있습니다.

전 세계에 존재하는 70여 개의 문자 중에서 유일하게 창제자ㆍ창제연도ㆍ창제원리를 알 수 있는 독창성과 창작성으로 유네스코에 인류문화유산으로 등재되어 세계에서 가장 우수한 문자로 인정받는 위대한 문자 훈민정음이 바로 그것입니다. 그런데 우리는 세종대왕이 주신 위대하고 영원한 선물을 제대로 활용하지 못하고 오히려 파괴하고 있습니다.

더욱이 현대인은 스마트폰과 컴퓨터 생활로 글씨를 쓰는 기회가 점점 사라지고 키보드로 글을 치게 됩니다. 이것은 지구상에 존재하는 생명체 중에 인간민이 누릴 수 있는 글씨 쓰는 특권을 포기하는 것과 마찬가지입니다. 키보드와 마우스가 대세인 젊은 세대일수록 손으로 글씨를 많이 써야 하는 이유이기도 합니다.

이제부터라도 대한국인이라면 반드시 『훈민정음 언해본』을 한 번쯤 직접 써보면서 대강의 내용이라도 알고 세계 최고의 문자 훈민정음을 보유한 후예로서 자긍심을 가져야 할 것입니다.

끝으로 귀한 목판본 자료를 제공해 주신 충청북도 무형문화재 제28호 각자장인 박영덕 훈민정음 각자 명장에게 깊은 감사를 드립니다.

## ✸ '훈민정음 해설사 자격시험' 머리말

6백여 년 전 새로운 문자가 동방의 작은 나라에서 섬광처럼 《훈민정음》이라는 이름으로 우리 곁에 다가왔다.

세종대왕이 우리 민족에게 하사한 위대한 선물 《훈민정음》은 그야말로 역사를 통째로 갈아엎는 거대한 파도였다. 그 일은 가히 문자혁명이었고, 세기의 대변환이었으며, 우리 민족의 변치 않는 태양 빛을 얻게 된 불후의 금자탑이었다.

기하학적이고 단순명료하며, 과학적이면서 내적 질서가 정연하고, 우주의 이치를 담은 선명한 글꼴 구조. 이러한 특성이 있는 훈민정음의 모습은 바로 우리 한민족에 대한 자존심을 세우려는 자각이었다.

《훈민정음》이라는 이름에는 백성을 어여삐 살피는 긍휼한 마음이 깔려 있고, 백성을 사랑한다는 고백이며, 우리 말이 중국과 다름을 뼈저리게 인식한 문화적 주체성을 천명한 고고한 뜻이 담겨있다. 조선 초기 엄청난 한자 문화의 중력 속에서 백성을 위한 보다 쉬운 새로운 문자 스물여덟 자를 창제해내었다는 사실은 충격이자 기적 같은 일이었다.

쉽고 간명하며 체계적인 문자 《훈민정음》, 스물여덟 자 밖에 안되는 그것은 무궁무진한 작용성을 발휘하는 전대미문(前代未聞)의 문자혁명이었다.

지금을 살아가는 우리는 세계에서 가장 자랑할 수 있는 문화적 사산인 《훈민정음》의 원리를 찬란한 역사 속에서 살아 숨 쉬게 하려면 전통을 계승해야 한다. 그래서 《훈민정음》이 시대를 넘나드는 상상력의 불꽃이 번뜩이는 문화적, 실험적, 전위적, 통변적, 소프트웨어로서의 장점이 있다는 것을 바르게 알리는 훈민정음 해설사를 양성하고자 「훈민정음 해설사」자격시험 예상문제집을 내놓으면서 이 책이 「훈민정음 해설사」의 이정표가 되기를 기대한다.

또한, 이 책을 통해서 오랜 실록의 흔적이 가늘지만 도도한 강물처럼 흘러온 역사를 통해 잊을 수 없는 이름 《훈민정음》이 가진 당돌함과 생명력 있는 미의식과 자긍심이 담긴 창작 의식이 미래에도 면면히 살아 숨 쉬도록 시간의 배를 타고 시간이 걸리더라도 한없이 과거로의 여행을 떠날 수 있는 「훈민정음 해설사」가 많이 배출되기를 희망한다.

# 🏵 소설로 만나는 세종실록 속 '훈민정음' 머리말

훈민정음이 박물관의 유리 상자 속에나 진열된 유물쯤으로 생각하는 현실을 늘 안타까워했었다. 어떻게 하면 세종대왕이 창제한 《훈민정음》을 오늘날에도 살아 숨 쉬게 할 수 있을까 고민하다가 소설이라는 형식을 빌려 써보기로 마음먹었다. 작년에 출판한 《세종어제훈민정음 총록》을 집필하면서 세종의 훈민정음 창제에 얽힌 사실들이 예상 밖으로 많이 잘못 알려져 있다는 것을 알게 되었다.

아울러 훈민정음 관련 정보 중에 훈민정음 창제에 참여한 집현전 학사들에 대한 조명이 정치적 측면만 부각되어 있어서 훈민정음 창제 과정의 노고에 대한 업적이 축소되거나 왜곡되어 있다는 생각도 하게 되었다.

예를 들면 훈민정음 창제 과정에서 지대한 공헌을 했던 신숙주가 그랬다. 만약 신숙주의 박학다식함과 8개 국어에 능통한 실력에 더해 성실함과 헌신적인 노력이 없었다면 훈민정음 창제가 순탄했을까에 대해 의문이 들 정도이다. 그런데도 신숙주는 성종 이후 사림파가 정계에 진출하면서 세종의 유언을 저버린 배신자, 동료들을 배신한 변절자로 지목되어 훈민정음 창제와 관련된 공이 가려지고 있다는 점이다.

사육신과 생육신이라는 용어는 중종 이후 사림파가 만들었을 뿐만 아니라, 이후 민족적 절개를 고취해야 할 필요가 절실했던 일제강점기에 쓰인 김택영의 《한사경》에서는 세조 즉위 전후 생사를 오가는 권력투쟁의 와중에서 신숙주가 미모에 끌려 단종비 송씨를 노비로 들이겠다고 청했다는 허구적이면서도 다소 선정적인 이야기 소재로 등장시킨 것도 한몫했을 것이고, 한때 지조와 의리가 강조되던 시대에 쓰인 이광수의 《단종애사》

나 박종화의 《금삼의 피》등의 작품이 신숙주에 대한 부정적인 평가를 확산시키는 데 일조하지 않았는지 생각해 본다.

그래서 세종과 함께 훈민정음 창제 과정에서 노고를 아끼지 않았던 집현전 여덟 명의 학사를 중심으로 펼쳐지는 이야기를 세종실록에 근거하여 객관적인 시각에서 바라보고자 노력하였다. 누구나 쉽게 읽을 수 있는 글을 써보아야겠다고 마음먹었지만 아쉬움이 남는다.

그러나 세종대왕이 훈민정음 28자로 세상의 어떤 소리도 적을 수 있는 완벽한 소리글자를 창제하셨다는 점을 알리기 위해 최선을 다했다고 스스로 위안을 해본다. 정확한 뿌리를 알아야 세상에서 가장 우수한 문자인 훈민정음을 보유한 진정한 문자 강국이 될 수 있을 것이라고 확신하면서 …….

## ❀ '108인의 훈민정음 글모음' 발간사

### <108인의 훈민정음 글모음>은 훈민정음 보유국의 자존심

사단법인 훈민정음기념사업회는 문화체육관광부 소관 공익법인으로 2021년 2월 25일 세계 최고의 문자 '훈민정음' 보유국이라는 확신 하나만 믿고 조그만 쪽배를 타고 꿈을 마음껏 펼칠 수 있는 바다라는 미지의 세상으로 첫 출항을 하였습니다.

두 살도 되지 않은 신생 단체이지만 훈민정음을 위한 〈108인의 훈민정음 글모음〉을 출간하면서 또 하나의 획을 그었다는 자부심을 갖게 되어 기쁘기 한량없습니다. 이 책으로 훈민정음기념사업회는 뿌리 깊은 나무가 되어 그 어떤 풍파가 닥쳐도 흔들림 없이 항해를 지속할 수 있는 거대 항모가 될 수 있다고 확신합니다.

미치지 않으면 큰일을 할 수 없다는 것을 잘 알기에 우리는 그동안 휴일도 없이 일하였습니다. 그냥 최선을 다했다는 말로는 부족하다고 자평합니다. 왜냐면 한 가지 일에 미치지 않으면 탐스러운 열매를 수확할 수 없다는 것을 잘 알기 때문입니다. 미친다는 말은 역설적으로 말하면 한 가지를 위해 다른 것들을 포기한다는 말과 같습니다. 조선 최고의 왕 세종이 그랬습니다. "나라의 말이 중국과 달라 문자와 서로 통하지 아니하므로 백성들이 당시의 문자인 한자를 쉽게 배우지 못함을 안타깝게 여겨" 건강을 포기했고, 세자에게 대리청정케 한 후 문자 창제에 미친 왕이었습니다.

불현듯 우리는 세종이 창제하신 훈민정음에 관한 국민의 생각을 듣고 싶었습니다. 그래서 훈민정음 언해본의 어제 서문 글자 수에 해당하는 〈108인의 훈민정음 글모음〉이라는 책을 훈민정음 글자 수만큼 28권으로 출판하기로 했습니다. 한때 우리는 원고를 제출하겠다는 신청자가 너무 많으면 108명만 어떻게 선정해야 할지 참 많이 고민했었습니다. 그러나 훈민정음을 알고 있는 듯하면서도 훈민정음에 대해서 잘 알지 못하는 기현상이 가져온 현실을 만나면서 그것은 기우에 불과했다는 것을 알게 되었습니다.

원고를 보내주신 108명의 용기 있는 필자분들께 먼저 진심으로 감사드리고, 축사를 보내서 격려해 주신 반기문 전 유엔 사무총장님과 홍익표 문화체육관광위원회 위원장님, 그리고 주호영 국민의힘 원내대표님께도 심심한 감사를 드립니다.

이 〈108인의 훈민정음 글모음〉이 앞으로 세계 주요 언어로 번역되어 세계인에게 훈민정음의 위대함을 알리는 책이 되기를 기대합니다. 그리고 훈민정음 기념탑을 건립하는 밑거름이 될 수 있도록 많은 분이 읽어주기를 간절하게 소망합니다.

## ⚜ '훈민정음 신문' 창간사

### 뿌리 깊은 나무처럼 흔들리지 않는 신문이 되겠습니다.

뿌리 깊은 나무가 바람에 아니 흔들리듯이 세파에 흔들리지 않은 신문이 되겠다는 다짐으로 「훈민정음 신문」을 창간합니다.

샘이 깊은 물이 가뭄에 아니 그쳐 내를 이뤄 바다에 가듯이, 훈민정음이라는 깊은 샘물을 퍼 올려서 위대한 문자 훈민정음이 세계를 향해서 나아가는 역사적 대업에 작은 힘이나마 보태고자 합니다.

스물여덟 자 훈민정음에는 민족의 얼이 숨을 쉬고, 백성을 사랑한 세종대왕의 혼이 서려 있고, 미래 AI 시대에 가장 적합한 문자라고 평가를 받는 예지가 담겨 있습니다. 579년 동안 살아 숨 쉬고 있는 생명의 문자인 훈민정음의 창제 정신을 바르게 보존하고 바르게 계승하며 바르게 발전시켜 나아갈 우리들의 목소리를 모아 볼 필요를 생각하고 있었습니다.

따라서 다가올 4차산업 시대에 가장 적합한 문자로서의 훈민정음에 대한 소식들을 발굴하여 숨김없이 전달해 주는 명실상부한 문자를 위한 문자에 의한 문자에 대한 언론의 책임과 의무를 절감하면서 조용한 도전을 시작합니다.

이제 「훈민정음신문」은 대한민국을 상징하는 훈민정음기념탑이 건립될 수 있도록 여론 형성의 선도적 임무를 수행할 것이며, 훈민정음 대학원대학교 설립의 초석을 쌓는 일에 동참하여 우리의 실정과 특성에 맞는 교육기관의 사명과 전통문화 창달의 확실한 담보가 될 것입니다. 또한, 문해율 해소를 위해 실질적인 방향을 제시하는 선봉이 되도록 노력할 것입니다. 문자 영역의 진솔한 대변지로서 각계각층의 여론을 묶어 내어 미래를 대비해야 할 어려운 문제들을 푸는 데 있어서 「훈민정음신문」의 역할은 매우 크리라 봅니다.

작지만 결코 무엇과도 바꿀 수 없는 사명감 하나만으로 훈민정음의 정통성 회복과 계승을 위한 정보나 아름다운 미담을 발굴하여 기사화하는 것은 물론, 기회가 된다면 세계의 문자 문화도 심층 취재하여 전달할 꿈도 갖고 있습니다. 말이 아닌 실천하는 행동으로 소박한 첫발을 내디디며 문자교육 문제를 해결하는 방안을 제시해 나아가겠습니다.

현실은 비록 우리의 내일을 약속해 주지 못하는 미완성의 공간이지만 최선을 다하겠다는 사명감은 언제까지나 버릴 수 없는 우리의 신념이 될 것입니다. 이러한 사명감을 가지고 훈민정음과 관련된 소식을 바르게 전해서 문자 강국의 자긍심을 북돋아 줄 수 있는 올바른 언론이 될 수 있도록 적극적인 관심에서 나오는 창조적 비판과 애정 어린 충고를 기다립니다.

「훈민정음신문」은 뿌리 깊은 나무처럼, 샘이 깊은 물처럼 국민이 찾아서 읽어주고 비평을 해 줄 수 있는 사랑받는 신문이 되도록 노력하겠습니다. 본지가 문자 강국 대한민국의 위상을 드높이는 정론지가 될 수 있도록 독자 여러분의 많은 관심과 응원을 기대합니다.

## ◉ 『훈민정음 경필쓰기 운동』을 펼치는 훈민정음기념사업회 박재성 이사장에게 듣는다.

**문** 훈민정음기념사업회에 대해서 간단히 소개해 주세요.

**답** 사단법인 훈민정음기념사업회(이사장 박재성)는 세상의 모든 소리를 표현할 수 있는 위대한 훈민정음이 인류 문화유산으로 우뚝 서기를 기원하고, 백성에게 사람다움을 가르치기 위하여 만든 애족·애민의 사상을 바탕으로 창제된 바른 소리 〈훈민정음〉 보유국에 대한 자긍심과 세계에서 가장 우수한 문자로 인정받는 훈민정음의 효용성에 대한 국제적인 공감대를 적극적으로 확산시켜 나가고자 『훈민정음 탑 건립』, 『훈민정음대학원대학교 설립』, 『훈민정음 해설사 자격시험』, 『훈민정음 과거시험』, 범국민 훈민정음 경필쓰기 운동을 위하여 『훈민정음 경필쓰기 검정』 등의 목적사업을 추진하여 자랑스러운 민족의 후예로써 문자 강국의 자긍심을 후손에 길이 심어주기 위하여 문화체육관광부 소관(제2021-0007호) 공익법인으로 설립되었습니다.

**문** 훈민정음 경필쓰기를 범국민 운동으로 펼친다는데 어떻게 하는 것인가요?

**답** 우리 대한민국은 전 세계 70여개 문자 중에서 창제자와 창제연도와 창제원리를 알 수 있는 유일한 문자이기도 하지만, 세상의 모든 소리를 적을 수 있는 인류 역사상 가장 위대한 문자로 평가받고 있는 〈훈민정음〉을 보유하고 있습니다.

그런데 우리는 〈훈민정음〉을 박물관 유리상자 속에서나 만날 수 있는 문화재로만 생각할 뿐, 창제 정신이나 창제원리에 대해서는 잘 모르고 있는 것이 현실입니다. 이에 세종대왕이 창제한 훈민정음에 깃든 우리 민족의 얼을 생각하고 문자 강국의 자긍심을 갖는 계기를 마련하기 위하여 '범국민 훈민정음 경필쓰기 운동(추진위원장 서예가 김동연 국립현대미술관 초대작가)'을 전개하기 위하여 『훈민정음 경필쓰기 검정』을 민간자격(제2022-002214호)으로 등록하여 시행하고 있습니다.

**문** 경필쓰기는 좀 생소한 용어인데, 쉽게 풀이해 주세요.

**답** 경필은 뾰족한 끝을 반으로 가른 얇은 쇠붙이로 만든 촉을 대에 꽂아 잉크를 찍어서 글씨를 쓰는 도구라는 뜻이지만, 동양의 대표적인 필기구인 붓이 부드러운 털로 이루어졌다는 뜻에 대해서 단단한 재료로 만들어진 글씨 쓰는 도구란 의미로 '단단할 경(硬) · 붓 필(筆)' 즉, 펜이나 연필 또는 철필, 만년필 등으로 글자를 쓰는 것을 〈경필쓰기〉라고 합니다.

**문** 훈민정음 경필쓰기 검정제도는 어떤 것인가요?

**답** 『훈민정음 경필 쓰기 검정』은 '훈민정음 경필 쓰기' 교본에 따른, 각종 필기구를 활용하여 표음문자인 '훈민정음'을 바르게 경필로 글씨 쓰는 법을 습득하고, 이를 활용한 올바른 경필 글씨 능력을 객관적으로 공정하게 심사하며 사범, 특급, 1급, 2급, 3급, 4급, 5급, 6급, 7급, 8급의 총 10개 등급으로 시행하는데, 〈사범〉은 「훈민정음해례본」의 '전문(全文)'을 경필로 쓰는 실력을 평가하고, 〈특급〉은 「훈민정음해례본」중 '정인지 서문'을, 〈1급〉은 「훈민정음해례본」중 '어제 서문'과 '예의편'을, 〈2급〉은 「훈민정음 언해본」중 '예의편'을, 〈3급〉은 「훈민정음 언해본」중 '어제 서문'을 , 〈4급〉은 「옛시조 28개」 문장 중에서 응시자가 한 개의 시조를 선택하며, 〈5급〉은 「2,350개의 낱자」 중에서 응시자가 200자를 선택하되 중복되지 않은 연속된 글자를, 〈6급〉은 「훈민정음 옛글자체」 낱말 50개를, 〈7급〉은 「훈민정음 옛글자체」 낱글자 80자를, 〈8급〉은 「훈민정음 옛글자체」 자모음 28자를 경필로 쓰는 실력을 소정의 심사규정에 따라서 평가한 후 합격자에게는 민간 자격증을 발급하여 경필 쓰기 실력을 객관적으로 인증해 주는 제도입니다.

**문** 훈민정음 경필쓰기 검정 일정은 어떻게 되나요?

**답** 『훈민정음 경필쓰기 검정』은 매월 실시하는데, '검정 응시 접수기간'은 매월 첫째 주 월요일부터 금요일까지이며, '심사기간'은 매월 둘째주이고, '합격자 발표'는 매월 셋째주 월요일에 사단법인 훈민정음기념사업회 홈페이지(www.hoonminjeongeum.kr)에 공지하고, '자격증 교부기간'은 매월 넷째주 월요일부터 금요일까지입니다.

**문** 훈민정음 경필쓰기 검정의 응시자격은 어떻게 되나요?

**답** 『훈민정음 경필쓰기 검정』의 응시자격은 〈사범〉은 연령, 학력, 국적,

성별과는 무관하게 누구나 응시할 수 있지만, 반드시 '훈민정음 경필쓰기 검정' 특급 합격자만 응시할 수 있으며, 〈특급〉, 〈1급〉, 〈2급〉, 〈3급〉은 연령, 학력, 국적, 성별과는 무관하게 누구나 응시할 수 있습니다. 다만, 초등학교 저학년부는 〈8, 7, 6급〉을 고학년부는 〈5급〉을 중학교는 〈4급〉을, 고등학교는 〈3급〉을 권장하며 전 단계 등급을 합격한 후 상위 등급 응시자에게는 10점의 가산점이 부여됩니다.

🔠 훈민정음 경필쓰기 검정에 응시하려면 어떻게 접수하나요?

🔠 『훈민정음 경필 쓰기 검정』 별도의 장소에서 시행하는 시험과는 달리, 가정에서 해당 등급의 『훈민정음 경필 쓰기 검정』 지정 도서[가나북스] 중 응시 희망 등급의 검정용 원고검정용 도서에 쓰기 연습을 한 후에 도서 안에 포함된 '훈민정음 경필 쓰기 검정용 원고'를 경필로 작성한 후 칼이나 가위로 반듯하게 잘라서 응시원서에 반드시 응시자의 주소와 이름을 정확히 기재한 것을 확인하고 검정원고와 응시회비 납입 영수증을 함께 우편이나 택배 등의 방법으로 다음의 주소로 발송하면 됩니다.

검정원고 접수처 :

(16978) 용인특례시 기흥구 강남동로 6, 401호(그랜드프라자)

사단법인 훈민정음기념사업회 경필쓰기 검정담당자 앞

🔠 훈민정음 경필쓰기 검정 합격기준을 설명해 주세요.

🔠 『훈민정음 경필 쓰기 검정』 심사기준은 필기규범(15점), 오자 유무(10점), 필법의 정확성(15점), 필획의 유연성(10점), 균형(15점), 조화(10점), 서체의 창의성(10점), 전체의 통일성(15점)의 총 100점으로 합격기준은 특급, 1급, 2급, 3급, 4급, 5급, 6급, 7급, 8급은 총점의 60점 이상 취득한 자이고, 사범은 총점의 70점 이상 취득하여야 합니다.

🈁 훈민정음 경필쓰기 검정 도서가 출판되었다는데 특징을 설명해 주세요.

🈁 〈훈민정음 경필쓰기〉 도서는 『가나북스』에서 출판하였는데, 「훈민정음해례본(사범, 특급, 1급용)」과, 「언해본(2급, 3급용)」, 4급용, 5급용, 6·7·8급 등 다섯 종류로 발간했는데, 특히 「훈민정음해례본」과, 「언해본」은 문화체육관광부 소관 사단법인 훈민정음기념사업회가 『훈민정음해례본』을 바르게 알리기 위해서 심혈을 기울여 국보 70호 『훈민정음해례본』과 동일한 본문 글자를 한 자 한 자 정교하게 집자하여 대한민국 국민이라면 누구나 한 권은 소장할 수 있는 가치가 있을 뿐만 아니라, 현대에 맞게 번역하여 쉽게 이해할 수 있도록 편집하였습니다. 그리고 전 세계에 존재하는 70여 개의 문자 중에서 유일하게 창제자 · 창제연도 · 창제원리를 알 수 있는 독창성과 창작성으로 유네스코에 인류문화 유산으로 등재되어 세계에서 가장 우수한 문자로 인정받는 위대한 문자 『훈민정음』을 보유한 문자 강국의 자긍심을 느낄 수 있도록 편집하였으며, 『훈민정음해례본』은 내용 풀이에만 그치지 않고, 내용 중에 이해하기 어려운 역사 용어도 미주에 보충 설명을 하여 바르게 역사를 알 수 있도록 편집하였습니다. 또한, 『훈민정음해례본』에 쓰인 한자에 대한 훈음은 물론 속자, 약자, 동자를 일목요연하게 정리하여 한자와 한자어를 저절로 알 수 있도록 편집하였습니다. 무엇보다도  이 책은 스마트폰과 컴퓨터 생활로 글씨를 쓰는 기회가 점점 사라지는 현대인에게 훈민정음으로 마음을 표현할 수 있는 예쁜 글씨를 써볼 수 있도록 편집하였습니다.

🈁 훈민정음 경필쓰기 검정에 대해서 궁금한 사항은 어디로 문의하는가요?

🈁 사단법인 훈민정음기념사업회 사무처 031-287 0225 또는 hmju119@naver.com으로 문의하면 됩니다.

2022년 7월 25일자 『경남연합신문』에 특별기획 대담형식으로 보도되었던 내용임.

## ⚙ "'훈민정음 법' 제정, 더 이상 미뤄선 안 된다."

대한민국의 '민족 100년 대계'를 위해 '훈민정음 법'을 제정해야 한다고 주장하는 국민들의 목소리가 갈수록 높아지고 있다. 이런 가운데 오는 12월 14일, 서울 여의도 국회의원 회관에서 '훈민정음 법' 제정을 촉구하는 학술토론회 및 전시회가 열린다. 박재성 훈민정음기념사업회 이사장을 만나 훈민정음 법 제정의 당위성 등에 대해 이야기를 나눠봤다.

Q. 그동안 훈민정음기념사업회는 쉼 없이 '훈민정음 법 제정'을 촉구해 오신 것으로 알고 있는데 우선 단체 소개부터 듣고 싶습니다.

2021년 2월, 「민법」 제32조 및 「문화체육관광부 및 문화재청 소관 비영리 법인의 설립 및 감독에 관한 규칙」제4조에 따라 2021년 2월 25일 문화체육관광부 소관(제2021-0007호)으로 설립되었습니다. 단체명은 사단법인 훈민정음기념사업회입니다만 당초의 설립 동기는 2020년 11월 13일 국회도서관에서 열렸던 「훈민정음 탑 건립조직위원회」의 결의 내용이 포인트입니다. 이날 모임에 참석한 각계 대표들은 훈민정음이야말로 인류 역사상 가장 위대하다고 자타가 공인하는 문자요, 우리의 자랑스러운 자산이자 유산임에도 이를 기념하는 '상징탑' 하나 현실을 함께하면서 기념사업회를 구성하자는데 뜻을 모았습니다. 즉, 국민의 자발적 의사에 의해 탄생한 기구라 할 수 있습니다.

Q. 『훈민정음 법』 제정 촉구의 분명한 이유도 궁금합니다.

지구상에는 3000여 개의 언어가 있고 그중 70여 개의 문자가 사용 중에 있다고 합니다. 그런데 경이적인 사실이 있습니다. 세계의 모든 문자 가운데 문자를 만든이(창제자)가 분명히 밝혀져 있고, 또한 문자 창제 연도와 창제 원리가 문헌으로 기록되어 전승된 훈민정음의 위대성입니다. 그러함에도 국가적으로 보존하고 지원할 수 있는 관련 법이 없는 건 우리 모두의 슬픔이며 안타까운 현실인 것입니다.

이 같은 현실적 상황을 직시하며, 뜻있는 국민들이 삼삼오오 모여 '훈민정음 법' 제정 촉구에 적극적으로 나서고 있는 것이지요. 법을 만들어 후손 만대에 자랑스러운 문자 훈민정음을 창제자이신 세종대왕의 창제 원형대로 온전히 보존하여 전승해야 할 의무와 도리가 있다는 게 말의 동기요, 목적입니다.

이번에 열리는 학술토론회는 입법기관인 국회 문화체육관광위원회가 주도적으로 법 제정을 할 수 있도록 그 토대를 마련하는 계기가 될 수 있기를 바라는 간절한 국민들의 마음이 담겨져 있습니다.

Q. 결국, 학술토론회의 토론 결과물들이 정리돼 국가 정책 반영 및 추진과 지원 근거를 제시하게 되겠군요? 여러분들이 참여하여 격론과 함께 기대할 만한 결과들을 내실 것으로 예상됩니다만 어떻습니까?

그렇습니다. '백가쟁명'이 예상됩니다. 좋은 의견들이 제시될 것으로 기대됩니다. 앞에서 잠시 소개했지만 토론회는 오는 12월 14일(수) 오후 2시부터 5시까지 국회의원회관 제2소회의실에서 개최됩니다. 이 학술토론회는 홍익표 국회 문화체육관광위원회 위원장(국회의원)과 이용호 문화체육관광위원회 국민의힘 간사, 그리고 청주가 지역구인 이장섭 국회의원 등이 공동 주최하고 사단법인 훈민정음기념사업회가 주관합니다.

Q. 구체적인 학술토론회 세부 일정도 소개해 주시지요.

『훈민정음 법』 학술토론회 좌장은 한국교통대학교 총장을 역임한 성기태 박사가 맡고, 사단법인 훈민정음기념사업회 박재성 이사장이 〈세종실록〉과 〈훈민정음 해례본〉 내용의 차이점'에 대해서 기조 발제를 합니다. 또한 충북대학교 국어교육학과 김진식 교수가 '훈민정음 창제원리', 충북교육청 안남영 정책 특별보좌관이 '한국말 왜 이렇게 어려울까', 홍익대학교 법과대학 장용근 헌법학 교수가 '훈민정음에 의한 문화국가 원리의 확립에 대한 헌법적 검토', 한얼경제사업연구원 전병제 대표가 '초정 훈민정음 생태계의 지속가능성을 위한 수익기반 확보전략'이라는 주제로 발표를 하게 됩니다. 알찬 내용들이 소개, 발표될 것입니다.

그리고 청주여자고등학교 김건일 국어교사와 서울선정고등학교 최홍길 국어교사, 용인 특례시 4선 시의원을 지낸 박남숙 1호 훈민정음 해설사, 문화체육관광부 부이사관으로 재직할 때 문화예술정책을 담당했던 권혁중 충주문화관광 발전연구소장 등이 토론자로 나서게 됩니다.

특히 이번 학술토론회에서는 국내 최초로 출판된 〈108인의 훈민정음 글모음〉 도서를 반기문 전 유엔사무총장님과 학술토론회를 주최해 주시는 홍익표 국회의원과 이용호 국회의원, 이장섭 국회의원 및 훈민정음탑 건립조직위원회 대표조직위원장이신 황우여 전 교육부 장관님께 헌정하는 특별 순서를 갖게 되며 미국 OIKOS 대학교 교수인 여근하 바이올리니스트가 '하늘소리 우리 소리 훈민정음'이라는 곡으로 축하 공연하는 것으로 짜여져 있습니다.

Q. '훈민정음 법' 학술토론회를 후원하는 단체들도 많다고 들었습니다. 큰 힘이 되시겠지요.

그렇습니다. 고맙고 감사합니다. 충청북도와 청주시 그리고 충청북도 교육청을 비롯하여 영릉봉양회, 유네스코 충북협회, (사)세계직지문화협회, (사)세계문자서예협회, (사)전주이씨대동종약원, 다보성고미술전시관, 청주대학교 청주학연구원, 충북지역개발회 등이 후원하게 되는데, 특히 학술토론회 이후에 유네스코 충북협회와 (사)세계직지문화협회 등 세 개 단체와 주관단체인 (사)훈민정음기념사업회 간에 다자 업무 협약식을 거행하여 훈민정음 발전을 위해 함께하기로 하였습니다.

Q. 이번 '훈민정음 법' 학술토론회는 특별히 전시회도 함께 한다고 하는데 간단하게 소개 바랍니다.

학술토론회 개최일부터 3일간 국회의원회관 3층 로비 전시장에서 훈민정음에 관한 관심을 끌어내기 위하여 소규모 전시회이지만 알찬 내용으로 '훈민정음 관련 자료 전시회'를 갖게 됩니다. 이 전시회에는 충북 청주시 청원구 내수읍 우산리 산 48-5 일대에 건립 예정인 28층의 '훈민정음 기념탑' 모형탑을 비롯하여 국립현대미술관 초대작가인 서예가 운곡 김동연 선생의 '붓글씨로 살아난 훈민정음 11,172자 서예작품'과 훈민정음기념사업회 박재성 이사장이 작사하고 운곡 김동연 선생이 휘호한 서예작품을 고산서각아카데미 원장인 성기태 훈민정음 서각명장이 정성을 기울여 완성한 '훈민정음 노래' 서각작품 등 다양한 관련 자료를 전시할 예정입니다.

Q. 마지막으로 앞에서 언급한 『108인의 훈민정음 글모음』 도서를 간단하게 소개하는 것으로 마쳤으면 좋겠습니다.

세계 최초로 각계각층의 훈민정음에 관한 생각을 집대성하는 『108인의 훈민정음 글모음』은 훈민정음 글자 수에 맞게 앞으로 28권으로 연작 출판할 예정입니다. 그 첫 번째 책에는 반기문 전 유엔 사무 총장님 등이 축사를 보내주셨고, 프랑스와 중국에서도 참여하였으며, 우리나라 사회 긱계각층이 참어한 〈108인익 훈민정음 글모유〉으로 탄생하게 되었습니다. 별도의 출판기념회를 통해서 이 도서에 더 많은 사람이 계속해서 참여할 수 있도록 홍보해 나갈 것이며, 아울러 독지가 등이 후원하여 경제적인 여건이 마련된다면 영어, 프랑스어, 중국어, 일본어와 스페인어 등 세계 주요 언어로 번역하여 훈민정음의 위대함을 알려 나갈 계획입니다. 감사합니다.

▲ 2022년 11월 16일 반기문 제8대 유엔사무총장을 예방하여
〈108인의 훈민정음 글모음〉을 증정하는 박재성 이사장

2022년 11월 22일자 『서울경기행정신문』에 특별기획 대담형식으로 보도되었던 내용임.

## 🏵 "세계 최고의 문자 강국 대한민국, 훈민정음 기념탑 건립 시급"

*28자 상징 28층, 어제 서문 108자 의미 108m 높이 훈민정음 탑,*
*대한민국 상징하는 관광 명소가 될 것*

문화체육관광부 소관(제2021-0007호) 사단법인 훈민정음기념사업회(이사장 박재성)가 충북 청주시 청원구 내수읍 산 48-5에 들어설 예정인 세계문자공원 내에 문자 문화강국 대한민국의 이미지를 세상에 알리기 위한 이정표로 훈민정음 탑 건립을 추진하고 있는 '훈민정음 탑 건립조직위원회 박재성 상임조직위원장'을 본지 김동영 발행인이 만나 훈민정음 기념탑을 국내는 물론 UN 본부 광장에 건립하고자 하는 야심 찬 계획을 들어봤다.

## Q. 훈민정음 탑을 건립하려는 취지는?

〈기념건축물〉은 프랑스하면 '에펠탑', 미국하면 '자유의 여신상'이 생각나듯이, 나라와 지역을 떠올리게 하는 상징적인 명소이자 문화관광 상품으로서 막대한 부가가치를 창출해 내는 건축물을 일컫는다.

그런데 대한민국에는 세계적인 어문학계에서도 가장 완벽한 표음문자로 인정하고 극찬하는 훈민정음을 상징하는 기념탑이 단 한 개도 없다는 것이 안타깝다. 전 세계에 존재하는 70여 개의 문자 중에서 창제자와 창제원리는 물론이고 창제 연도를 알 수 있는 유일한 문자일 뿐만 아니라 독창성과 창작성으로 세계의 언어를 표현할 수 있는 위대한 문자 훈민정음이 인류 문화유산으로 우뚝 서기를 기원한다. 또한, 경천애민의 사상을 바탕으로 창제된 훈민정음의 효용성에 대한 국제적인 공감대를 적극적으로 확산시켜 나가기 위해서는 국가 차원에서 훈민정음기념탑 건립이 시급하다고 생각한다.

## Q. 왜 충북 청주에 건립 계획 세웠나?

충북 청주시 청원구 내수읍에 있는 초정약수는 세종대왕이 훈민정음 반포 전 마지막 정리를 위해 두 차례에 걸쳐 거둥했다는 기록이 세종실록에 보이는 역사적 명수를 기념하여 세종 행궁이 건립되어 있을 뿐만 아니라, 유네스코에 인류문화유산으로 등재된 직지의 고장이기도 하다. 바로 이곳 인근의 지형과 경관이 뛰어난 곳에 개인 소유의 토지 136,095㎡를 세계문자공원과 훈민정음 탑 건립을 위해 기증한 고귀한 뜻을 받들고자 훈민정음 탑 건립 장소로 결정하였다.

Q. 훈민정음탑 건립 계획을 구체적으로 설명해 달라.

훈민정음 창제 585주년이 되는 2029년 훈민정음 기념 본 탑을 충북 청주시에 건ㄹㅂ하는 것을 목표로 모든 역량을 집결하고 있으며 2034년까지 유엔본부 광장 등 순차적인 계획에 따라 전 세계 한국인 거주 밀집 지역에도 순수민간차원에서 훈민정음 탑을 건립하여 문자가 없는 국가에 훈민정음이 보급될 수 있도록 추진해 나갈 것이다. 또한, 전국의 초·중·고등학교 교정에도 훈민정음 탑을 건립함으로써 문자 강국의 자긍심을 후손에 길이 심어주는 것은 물론 남북을 포함한 국내외 한민족 모두가 협력하여 평양에도 훈민정음 기념탑을 건립한다는 장기적인 목표를 세우고 있다.

Q. 어떠한 효과를 기대할 수 있는가?

훈민정음 탑을 건립하면 세계 만방에 훈민정음의 우수성을 인식시킬 수 있는 효과와 함께 세계 최고의 문자인 훈민정음을 보유한 대한국인의 자긍심을 고취하는 것은 물론 대한민국을 상징하는 교육과 문자 문화 강국의 국격을 드높이고, 문화 관광 자원으로서 세계인의 관심을 받을 수 있을 것으로 기대한다.

첫째, 『범국민 훈민정음 경필쓰기 운동(추진위원장 김동연 국립현대미술관 초대작가)』을 전개하고 있으며 이를 좀 더 효과적으로 펼쳐나가기 위해 민간 자격 '훈민정음 경필 쓰기 검정'을 시행하고 있다.

둘째, 훈민정음 탑 건립을 위한 범국민 서명운동과 함께 국보로 지정되어 있는 『훈민정음 해례본』의 영인본(박영덕 훈민정음 각자 명장 판각본)을 한 가정 한 권 소장하기 운동도 펼쳐나갈 것이다.

셋째, 앞서 설명한 대로, 훈민정음 언해본의 '나랏 말쓰미 중국과 달라
~'로 시작하는 어제 서문 글자 수인 108자를 의미하는 '108인의 훈민정
음 글모음' 책을 훈민정음 28자를 뜻하는 28권을 순차적으로 출간하는
사업도 전개하고 있다. 이 책이 출간되면 각계각층의 3,024명의 글이 게
재되는 훈민정음에 관한 생각을 집대성한 국내 최초의 역작이 될 것이다.
또한, 기네스북에 등재되도록 힘을 기울이는 한편 주요 언어로 번역하여
각국에 보급해 나갈 계획으로 진행하고 있는데, 훈민정음 탑 건립조직위
원회 명예조직위원장이신 반기문 전 유엔사무총장께서는 벌써 출간 축사
를 보내오셨다.

넷째, 훈민정음 노래 경연대회를 개최하여 K-한류 열풍 속에 대한민국
에 대한 동경심을 갖는 전 세계 청소년들에게 각국의 예선 대회를 통과하
면 대한민국에서 개최되는 본선에 진출할 수 있는 동기를 부여하여 훈민
정음 노래가 전 세계에 주목을 받는 계기가 될 것이다.

이러한 추진 사업은 훈민정음의 공동 계승자인 남북한의 문자 문화 교
류를 통한 상호 이해의 폭을 넓혀갈 수 있을 뿐만 아니라, 세계 각지의 우
리 교민들에게는 훈민정음 보유국인 조국에 대한 애국심과 자긍심을 고취
하고 대한국인이 대동단결하는 구심점 역할을 할 수 있을 것이다.

Q. 세계문자공원 내에 훈민정음과 관련한 시설이나 행사계획은 무엇인가?

세계문자공원에는 세계적인 관광 명소가 될 훈민정음 기념탑 건립 외
에 「훈민정음 대학원 대학교 설립(설립 추진위원장 이상면 서울대학교 법
과대학 명예교수)」을 추진하고 있다. 이 대학원 대학교는 앞으로 국내 학
생은 물론이고 세계 각국의 문자학 전공자나 전공 예정자를 유치하여 훈
민정음 창제 원리에 관한 학문적 연구의 기회를 제공해 나갈 것이다. 그리
고 훈민정음 탑 건립 완공 시기에 맞춰서 가칭 세계 문자 엑스포 같은 국

제 행사를 계획하고 있다.

Q. 박 이사장이 직접 도안한 훈민정음 탑 건립조직위원회 로고에는 특별한 의
미가 담겼다고 하는데?

훈민정음 탑 건립조직위원회 로고는 모든 빛깔의 바탕이 되는 세 가지
기본색 즉, 빛의 삼원색인 빨강, 파랑, 초록이 어떠한 색이든지 표현할 수
있듯이 자음 17자와 모음 11자인 훈민정음 28자는 세상의 어떤 소리도
나타낼 수 있다는 의미를 담았다.

중앙의 '훈민정음' 네 글자는 창제 당시(1443년)의 표기법으로 표현하
였고, 두 번째 원에는 창제 당시의 하늘 아(•)를 포함한 모음 11자를 해례
본 순서에 따라 표기하였으며, 세 번째 바깥 원에는 창제 당시의 자음 세
글자(ㅇ, ㅿ, ㆆ)를 포함하여 17자를 해례본 배열 순서에 따라 표기하였
다. 그리고 세 개의 원은 훈민정음 탑 기단부를 예시하면서 천지인(天地人)
사상을 나타냈다.

Q. 훈민정음 탑 건립조직위원회 주요 인사들의 격려사를 짧게 소개해 달라.

본 단체의 명예조직위원장으로 추대된 반기문 제8대 UN사무총장님과
대표조직위원장 황우여 전 부총리 겸 교육부장관님, 훈민정음 탑 건립부
지를 무상으로 기증한 나기정 전 청주시장님의 격려사를 소개하겠다.

(반기문 제8대 유엔사무총장) : 세계에서 유일하게 창제일 창제자 창제
기본 원리가 알려진 문자로서 전 세계가 인정하는 백성을 가르치는 바른
소리 훈민정음을 기념하는 상징물이 국내에 없는 것을 안타까워하던 차에
각계각층의 뜻있는 분들이 훈민정음 탑 건립 조직위원회를 결성하게 되었
다는 소식을 접하여 치하하는 바입니다. 세계의 문자사에 이정표가 될 훈
민정음 탑이 건립될 수 있도록 작은 힘이나마 도움이 되도록 노력하겠습

니다.

(황우여 제56대 부총리 겸 교육부장관) : 훈민정음 탑 건립은 훈민정음을 창제하신 세종대왕의 경천애민의 얼을 계승 발전시키고 훈민정음이 명실공히 세계 문자 문화사에 길이 남을 뛰어난 문자임을 만방에 알리는 이정표가 될 것을 믿어 의심치 않습니다. 훈민정음 탑 건립을 계기로 훈민정음이 세계적인 소리글자로서의 참모습을 되찾고 세계에서 가장 우수한 문자를 보유하고 있는 대한민국 국민 누구나 문화적인 자부심을 느끼고 살아갈 수 있게 되기를 기대해 봅니다.

(나기정 전 청주시장) : 자신의 억울함을 표현하지 못하는 어리석은 백성들의 마음을 안타까이 여겨 문자를 창제한 세종대왕의 동상은 여러 곳에 세워져 있지만, 정작 세계 최고의 문자로 인정받는 훈민정음을 기념하는 상징물은 전혀 없다고 해도 과언이 아닐 것입니다. 역사상 완벽한 문자로 인정받는 훈민정음을 기념하는 탑을 건립하면 인류문화유산의 표석이 될 수 있을 뿐만 아니라 후세에 길이 남을 자랑스러운 문자 이정표가 되어 세계적인 문자 관광지가 될 수 있다고 확신합니다.

## Q. 훈민정음 탑 건립 성금을 기부하려면 어떻게 해야 하는가?

세계적인 훈민정음 탑을 건립하려면 범 국민적 관심과 동참이 절실히 필요합니다. 이 사업은 거국적인 사업이기 때문에 정부와 지방자치단체의 정책지원과 재정적인 뒷받침이 선행되어 뜻있는 분들이 힘을 모아야 가능하다.

후원하는 방법을 소개하면 먼저 CMS(자동이체)를 통한 정기적으로 후원하는 방법이 있고, 지정기부금으로 하는 방법이 있는데 국민은행 698901-01-189544(예금주 : 사단법인 훈민정음기념사업회)로 송금하면 된다. 문화체육관광부 소관 사단법인 훈민정음기념사업회는 지정기부금단체(기획재정부 고시 제2024-10호)로 지정기부금 영수증을 발행하며, 기탁 성금은 「사단법인 훈민정음기념사업회 홈페이지 www.hoonminjeongeum.kr」에 명단(금액 포함)을 공개하여 투명하게 집행하고 있다. 기부금 관련 문의는 031-287-0225나 이메일 hmju119@naver.com으로 하면 안내를 받을 수 있다. (대담 김동영 발행인 겸 기자)

2022년 8월 31일자 『새용산신문』에 특별기획 대담형식으로 보도되었던 내용임.

▲ 훈민정음탑 모형도

# ✵ (사)훈민정음기념사업회, '108인의 훈민정음 글 모음' 첫 출간 … "역사적 자산"

대한민국의 각계 인사들은 훈민정음에 대해 과연 어떤 생각을 가지고 있을까? 또한 세계에서 가장 뛰어난 글인 훈민정음의 역사·문화적 가치를 드높이면서 후대(後代)까지 계승·보전시킬 수 있는 대안들은 과연 어떤 것들일까?

사단법인 훈민정음기념사업회가 각계각층의 인사 108인(人)의 훈민정음에 관한 다양한 생각들을 집대성(集大成)한 「108인의 훈민정음 글모음」을 출간했다. 박재성 이사장을 만나 책 출간에 관한 이야기를 나눠봤다.(대담 : 김동영 새용산신문 발행인)

Q. 2022년 임인년(壬寅年) 한 해가 저물어가는 시점에 『108인의 훈민정음 글 모음』을 출간하시니 의미가 더욱 크시겠습니다. 우선 각계각층의 108인으로부터 훈민정음에 대한 소감과 자신들의 생각을 '글모음' 하겠다는 기획이 매우 독창적이라는 생각이 듭니다. 기획 동기부터 듣고 싶습니다.

아시는 바와 같이 저희 훈민정음기념사업회는 문화체육관광부 소관 사단법인으로 지난 2021년 2월 25일 출발했습니다. 이제 겨우 출범 2년째를 목전에 두고 있는 신생 단체입니다. 짧은 연륜에도 불구하고 임직원들이 한마음 한뜻으로 열심을 다해 정말 소중한 책자를 발간하게 됐습니다. 이 책자는 대한민국의 훈민정음 역사에 기리 남을 소중한 자산이 될 것입니다. 특히 세계 최고의 문자 '훈민정음' 보유국이라는 자부심을 드높이면서 우리 후손늘이 귀중한 우리 문화유산을 계승 발전시키는 새로운 전기(轉機)를 마련하는 촉매제가 될 것으로 확신합니다.

이런 까닭에 저희 법인 임직원들은 무한한 자긍심과 함께 보람을 느끼고 있습니다. 이 책을 통해 저희 훈민정음기념사업회가 한 단계 더 성숙해져 뿌리 깊은 나무가 되기를 소망합니다. 동기는 아주 단순합니다. 어느 날 불현듯, 세종께서 창제하신 훈민정음에 대한 국민의 생각들이 어떠한지 궁금했고, 좋은 발전 방안들이 있다면 고견(高見)을 직접 듣고 싶었습니다. 그래서 훈민정음 언해본의 어제 서문 글자 수에 해당하는 「108인의 훈민정음 글모음」을 편찬하기로 했습니다. 책을 만들어보자고 처음 나설 때만 하더라도 원고를 쓰겠다는 신청자가 너무 많으면 어떻게 108인의 인사를 선정할지 고민했습니다. 하지만 막상 원고를 청탁하는 과정에서 우리가 그토록 자랑하고 내세우는 '세계 최고의 문자 훈민정음'이라는 명성과 역사적 가치에 비해 실제로 인지도나 자긍심은 기대에 크게 미치지 못한다는 현실을 발견하게 되었습니다. 아이러니라 할 수 있을 것 같습니다. 하지만 이것이 현실입니다.

Q. 『108인의 훈민정음 글모음』 발간을 축하하신 분들도 많은 것으로 알고 있습니다만…?

예, 그렇습니다. 제8대 유엔사무총장을 역임하신 후 '보다 나은 미래를 위한 반기문 재단'을 설립하여 왕성한 활동을 하고 계시는 반기문 이사장님께서 "「108인의 훈민정음 글모음」 발간은 훈민정음의 세계화에 매우 의미 있는 계기가 될 것"이라며 "세계인들에게 훈민정음의 위대함을 알리는 역사에 남는 책이 되기를 소망한다."라는 내용의 축사를 보내주셨습니다.

또한 국회 문화체육관광위원회 홍익표 위원장은 "108명의 필자가 각기 훈민정음에 관한 생각을 담은 글을 통해 훈민정음의 훌륭함이 널리 알려지기 바라고, 훈민정음 자모음 글자 수인 28권으로 출간될 이번 시리즈가 잘 마무리되어 훈민정음의 위대함이 전 세계에 알려질 수 있기를 기원한다"는 말씀을 전해 주셨습니다. 국회 문화체육관광위원회 간사인 이용호

의원은 훈민정음에 대한 우리 민족의 생각을 정리해 놓은 책이나 학술적인 연구가 없었던 차에 이번 「108인의 훈민정음 글모음」의 출판은 훈민정음에 대한 국민의 관심을 다시금 높이고, 후대에게 자부심을 느끼게 하는 귀한 밑거름이 될 것으로 확신한다면서 이 책이 각국의 언어로 번역되어 훈민정음 창제의 위대함을 전 세계에 널리 알려지기를 기원한다는 축사를 보내왔습니다. 특히 주호영 국회 운영위원장은 "「108인의 훈민정음 글모음」 발간은 창제 578년이 지나도록 훈민정음에 대한 자국민의 의식을 집대성한 발간물이 거의 없었기에 더더욱 의미가 있다"면서 "이 글 모음집이 훈민정음에 대한 우리 국민의 자긍심을 고취하고 역사적 정통성을 세우는 또 하나의 초석이 되고, 전 세계에 훈민정음의 위대함을 알리는 바이블이 되기를 진심으로 기원한다"고 격려하는 축사를 보내주셨습니다.

Q. 『108인의 훈민정음 글모음』 발간에 참여한 필자들의 특징이 있다면 간단하게 소개해 주시기 바랍니다.

「108인의 훈민정음 글모음」 1집에 참여한 필자들은 말 그대로 각계각층의 인사들입니다. 특히 프랑스와 중국에서도 참여하였으며, 서울, 부산, 용인, 청주, 충주, 수원, 광주, 인천, 대구, 여주, 포항, 대전, 군포, 안동, 안양, 제주, 진주, 함양, 세종, 전주, 임실, 천안, 서산, 강릉, 양구, 화천, 고양, 의정부, 부천, 파주, 성남 등 전국적으로 다양한 계층의 필자가 '훈민정음'에 대한 생각을 담은 훌륭한 글을 보내주시어 명실상부하게 사회 각계각층이 참여한 「108인의 훈민정음 글모음」으로 탄생하게 되었습니다. 이 중에서 부산 토성초등학교 6학년 박지빈 어린이의 '훈민정음 경매'라는 제목의 글은 우리 기성세대에게 던지는 날카로운 지적으로 훈민정음을 훼손하고 있는 현대인들에게 경종을 울리는 우수한 글로 선정되었습니다.

그래서 12월 14일 국회 학술토론회에서 108인의 필자 대표로 글을 낭

독할 계획입니다.

Q.『108인의 훈민정음 글모음』출판 기념회 개최 계획이 있으면 소개해 주시
기 바랍니다.

2022년 12월 14일(수) 14:00~17:00까지 국회의원회관 제2소회의실에
서 국회 문화체육관광위원회 홍익표 위원장가 이용호 간사, 이장섭 의원이
공동 주최하는 '「훈민정음 법」 제정 촉구를 위한 학술토론회 및 전시회'
를 사단법인 훈민정음기념사업회가 주관하게 되었습니다. 이에 앞서 오전
11시에 국회의원회관 3층 로비에서 훈민정음 관련 자료 전시회를 겸해서
「108인의 훈민정음 글모음」 출판기념회를 조촐하게 가지고 12월 16일(금)
까지 3일동안 전시할 계획입니다.

Q.『108인의 훈민정음 글모음』은 연작으로 출판할 계획이라고 들었습니다.
구체적 방향은 이미 설정돼있으신지요?

「108인의 훈민정음 글모음」은 훈민정음 글자 수에 맞게 28권으로 연
작 출판할 예정인데, 권마다 108인의 필자가 참여하게 되므로 28권이 모
두 출간되면 3,024명의 필자가 참여하는 단일 주제로 출판된 도서 중 가
장 많은 필자가 참여하는 책이 되리라 생각합니다. 그래서 기네스북 등재
를 목표로 또 다른 최초의 명성을 얻는 도서가 되도록 준비해 나가고 있습
니다. 아울러 뜻있는 독지가 등이 후원하여 경제적인 여건이 마련된다면
영어, 프랑스어, 중국어, 일본어와 스페인어 등 세계 주요 언어로 번역하여
훈민정음의 위대함을 널리 알려 나갈 계획입니다.

Q. 또한, 국내 최초로 훈민정음 달력을 제작해서 보급한다고 들었는데 어떤 달
력인지 궁금합니다.

훈민정음 달력의 특징을 몇 가지만 소개하면 첫째, 매 요일을 영문이 아닌 훈민정음 창제 당시의 동국정운 체로 표기했고 둘째, 요일의 한자 글꼴을 〈훈민정음 해례본〉에서 집자(集字)해서 역사성을 표방했으며 셋째, 매달 훈민정음 28자를 2개 글자씩 〈훈민정음 해례본〉의 순서에 맞춰 글꼴로 배열하고 해당 월의 뒷면에는 앞면에 제시된 훈민정음 글자에 대한 〈해례본〉과 〈언해본〉의 내용을 배치하여 훈민정음 창제 원리를 친근감있게 다가갈 수 있도록 나타내었습니다. 그리고 24설기를 한글과 한자로 함께 적은 것은 기본이고, 훈민정음 창제일과 훈민정음 완성일, 최만리 반대 상소일 등 훈민정음과 관련된 주요 내용을 기록하였을뿐만 아니라 세종대왕의 출생일, 세자 책봉일, 승하일과 소헌왕후의 홍서일 등은 물론, 훈민정음 창제 이후 간행된 주요 서적의 발행일, 완성일 등을 당시의 음력 날짜를 그레고리력으로 변환한 양력 날짜로 기록하였고 〈훈민정음 해례본〉의 어제 서문과 〈언해본〉의 어제 서문을 독창적인 디자인으로 특별 편집하였습니다. 그래서 이 훈민정음 달력은 연도가 바뀌어도 훈민정음에 관한 자료로 활용될 수 있을 것으로 생각합니다. 덧붙이면 지난 11월 25일 특허청에 달력 디자인 특허를 출원(출원번호 30-2022-0049255)하였습니다. (김현진 기자)

2022년 12월 12일자 『새용산신문』에 특별기획 대담형식으로 보도되었던 내용임.

# ✤ 닿소리와 홀소리를 아시나요?

"우리나라 고유 글자의 이름. 닿소리 글자 14자, 홀소리 글자 10자로써 낱내 단위로 모아쓰게 된 낱소리 글자. 우리말을 적는 글자로서 조선 제4대 임금인 세종 대왕이 세종 25년(1443)에 창제하여 동왕 28년(1446)에 반포하였다. 창제 당시에는 훈민정음(訓民正音)이라 하였는데, 그 후에 언문, 반절(反切), 암글, 가갸글, 국문 등 여러 이름으로 불리다가 구한국 말에 주시경이 처음으로 한글이라고 부르기 시작하였다.

한글은 논리적 구성의 글자이다. 낱내글자가 완성되기 위해서는 첫 닿소리 글자 19자와 홀소리 글자 21자와 받침 닿소리 글자 27자가 일정한 모아쓰기 논리에 따라 모아져야 한다. 모아쓰기 방법엔 크게 세 가지가 있는데, 첫 닿소리 글자와 홀소리 글자가 가로로 모이는 가로모임, 첫 닿소리 글자와 홀소리 글자가 세로로 모이는 세로모임, 그리고 첫 닿소리 글자와 홀소리 글자가 가로와 세로로 모이는 섞임모임이 그것이다. 이 세가지 모임 방법은 받침 닿소리 글자를 붙이고 안붙이고 따라 각각 두 가지로 다시 나뉘어져 결국 가로모임 민글자와 가로모임 받침글자, 세로모임 민글자와 세로모임 받침글자, 섞임모임 민글자와 섞임모임 받침글자의 총 여섯 가지 모임꼴의 글자가 만들어진다."

이 글은 [네이버 지식백과]에서 제공하는 '한글'이라는 항목에 대해서 「한글글꼴용어사전」에서 풀이하고 있는 내용인데, 이 사전은 〈세종대왕기념사업회〉의 한국글꼴개발연구원에서 한글 글꼴과 관련된 용어를 모아 가나다순으로 정리해서 2000. 12. 25. 편찬한 사전이라고 설명하고 있다.

세종대왕은 입안에서 작용하면서 만들어지는 소리를 어금닛소리[牙音(아음)], 혓소리[舌音(설음)], 입술소리[脣音(순음)], 잇소리[齒音(치음)], 목구멍소리[喉音(후음)]로 구분하여 발음 기관과 발음 작용을 상형하여 기본글자 ㄱ, ㄴ, ㅁ, ㅅ, ㅇ 다섯 자를 만든 후 가획의 원리로 나머지 글자 12개의 글자를 합하여 자음 17자를 만드시고, 天·地·人 三才인 하늘, 땅, 사람의 모양을 본떠서 모음 기본자 ·, ㅡ, ㅣ를 만든 후 합성원리로 모음 11개의 글자를 만들어 주셨다.

이렇게 멋들어진 우리 겨레의 소리[音]를 바르게[正] 적을 수 있는 자음과 모음 스물여덟 자를 만들어 백성들이 쉽게 익히어서 날마다 편하게 쓰라고 만들어 주신 《훈민정음》을 「한글」이라는 이름으로 설명하면서 '닿소리 글자 14자, 홀소리 글자 10자로써 낱내 단위로 모아쓰게 된 낱소리 글자'로 이루어진 '한글은 논리적 구성의 글자이다. 낱내글자가 완성되기 위해서는 첫 닿소리 글자 19자와 홀소리 글자 21자와 받침 닿소리 글자 27자가 일정한 모아쓰기 논리에 따라 모아져야 한다.'라고 하면서, '세로모임, 섞임모임, 가로모임 민글자, 가로모임 받침글자, 세로모임 민글자와 세로모임 받침글자, 섞임모임 민글자와 섞임모임 받침글자'라는 용어의 뜻을 세종대왕은 이해하실 수 있을지 궁금해진다.

사람이 입을 통해서 내는 말소리는 분절된다는 점에서 다른 소리와 차이가 있다. 말소리는 뜻과 생각을 담고 문화와 인격을 드러내는 연장이다. 그래서 좋은 소리는 마음과 벗을 멋들어지게 만들고 웃음을 자아내게 하고 행복한 기운을 선해준다.

폐에서 나가는 바람이 입을 통과하면서 여러 가지 소리를 내게 되는데 입안을 좁거나 넓히는 모양을 통해 바람이 입안을 통과하면서 다양한 소리가 만들어지게 된다. 이렇게 혀와 입술이 입안의 곳곳에 닿아서 내는 말소리를 적을 수 있는 기호가 글자이다.

이런 까닭에 소리와 글자를 떼어서 생각할 수 없는 것이다. 세종대왕은 한자를 절대 쓰지 말고 순우리말로 바꿔 적으라고 훈민정음을 만들어 주지 않으셨다는 것을 기억하고 싶다. 더불어 필자의 이 글이 마치 「세종대왕기념사업회」를 시샘한 데서 비롯된 글이라고 오해받을까 봐 수없이 망설이다가 용기를 내어 쓴다는 것을 변명 삼아 덧붙인다.

2024년 4월 25일자 인터넷 『훈민정음신문』에 특별기고문으로 보도되었던 내용임.

## 범국민 훈민정음 쓰기 운동을 위한 『훈민정음 경필 쓰기』 도서 출간

문화체육관광부 소관 사단법인 훈민정음기념사업회(이사장박재성)는 세계 문자 가운데 가장 뛰어난 문자로 평가받는 위대한 문자 훈민정음의 창제 정신을 통해서 세종대왕의 얼을 생각하고, 문자 강국의 자긍심을 갖는 계기를 마련하기 위하여 '범국민 훈민정음 쓰기 운동 (추진위원장 김동연)'을 전개하고 있다.

훈민정음기념사업회는 훈민정음 쓰기 운동을 체계적으로 전개하기 위해 훈민정음 경필 쓰기 도서를 출간했다고 발표했다.

『훈민정음 경필 쓰기』 도서의 특징은 전 세계에 존재하는 70개의 문자 중에서 유일하게 창제자·창제연도·창제 원리를 알 수 있는 독창성과 창작성으로 유네스코에 인류문화 유산으로 등재되어 세계에서 가장 우수한 문자로 인정받는 위대한 문자 「훈민정음」을 보유한 문자 강국의 자긍심을 느낄 수 있을 뿐만 아니라, 『훈민정음』을 바르게 알리기 위해서 심혈을 기울여 현대에 맞게 번역하여 국민 누구나 쉽게 이해할 수 있도록 편집하였으며 스마트폰과 컴퓨터 생활로 글씨를 쓰는 기회가 점점 사라지는 현대인에게 마음을 표현할 수 있는 예쁜 글씨를 써볼 수 있도록 편집

하였다.

이 책을 엮은 박재성 이사장은 "전 세계에 존재하는 70여 개의 문자 중에서 유일하게 창제자·창제연도·창제원리를 알 수 있는 독창성과 창작성으로 유네스코에 인류문화 유산으로 등재되어 세계에서 가장 우수한 문자로 인정받는 위대한 문자가 훈민정음인데 우리는 세종대왕이 주신 위대하고 영원한 선물을 제대로 활용하지 못하고 오히려 파괴하고 있을 뿐만 아니라, 더욱이 현대인은 스마트폰과 컴퓨터 생활로 글씨를 쓰는 기회가 점점 사라지고 키보드로 글을 치게 되기 때문에 지구상에 존재하는 생명체 중에 인간만이 누릴 수 있는 글씨 쓰는 특권을 포기하는 것과 마찬가지이므로 키보드와 마우스가 대세인 젊은 세대일수록 손으로 글씨를 많이 써야 하는 이유"라고 강조했다.

국립현대미술관초대작가인 김동연 위원장은 "이 교본이 세상에 나옴과 함께 글씨 쓰는 한국의 참모습을 널리 선양하여 그 어디서나 예쁜 글씨, 바른 글씨가 사람들의 마음과 몸을 더 아름답게 피워내는 꽃밭을 열어 글씨 향기 넘치는 우리의 물레가 되기를 바라면서 추천사에 가름

한다."라고 말했다.

이 책의 특징은 『훈민정음 해례본』과 『훈민정음 언해본』의 내용 풀이에만 그치지 않고, 훈민정음의 창제원리를 이해하기 쉽도록 내용 중에 어려운 용어에 대한 보충 설명을 미주로 풀이하여서 독자 누구나 바르게 이해할 수 있도록 편집하였으며, 내용에 사용된 한자 및 한자어를 분석하여 한자에 대한 훈음을 붙은 주요 한자의 필순을 책 앞에 실어서 누구나 한자를 바르게 알고 쓸 수 있도록 편집하였다.

또한, 훈민정음기념사업회가 시행하는 민간자격 훈민정음 경필 쓰기 검정도서를 겸하면서, 국보 훈민정음 해례본과 언해본 목판본을 부록으로 실어서 소장 자료로서도 가치가 있다고 자랑했다.

엮은이 박재성 이사장은 교육학박사이자 명예철학박사로 훈민정음탑건립조직위원회 상임조직위원장과 훈민정음대학원대학교 설립추진위원회 상임추진위원장으로 활동하고 있다.

저서로는 육군사관학교 필독도서로 선정된 『소설로 만나는 세종실록 속 훈민정음 (㈜)』과 『세종어제 훈민정음총록 (문자교육)』, 『우리말로 찾는 한자사전 (훈민정음㈜)』 등 20여

종의 저서를 출판했다.

보도자료와 관련한 자세한 사항은 사단법인 훈민정음기념사업회사무처 031-287-0225 또는 hmju119@naver.com 으로 문의하면 된다.

▲ 경남연합신문 기사

# 훈민정음 경필쓰기 운동을 펼치는 훈민정음기념사업회
# 박재성 이사장에게 듣는다

『훈민정음탑 건립』, 『훈민정음대학원대학교 설립』, 『훈민정음해설사 자격시험』, 『훈민정음과거시험』, 『훈민정음 경필쓰기 검정』 추진하고 있어

▶사단법인 훈민정음기념사업회 박재성 이사장

세계에서 가장 우수한 문자로 인정받는 훈민정음의 효용성에 대한 국제적인 공감대를 적극적으로 확산시켜 나가고자 설립된 사단법인 『훈민정음기념사업회』는 공조사업으로 『훈민정음 탑 건립』, 『훈민정음대학원대학교 설립』, 훈민정음해설사 자격시험』, 『훈민정음과거시험』, 『훈민정음 경필쓰기 검정』 등의 목적사업을 추진하며 자랑스러운 문자강국의 자긍심 함양을 위해 노력하고 있다.
오는 여름방학을 기하여 대한민국 최초로 훈민정음 경필쓰기 검정을 추진하고 있는 훈민정음기념사업회 박재성 이사장을 본지 편집국에서 만났다.

**문:** 훈민정음기념사업회에 대해서 간단히 소개를 해달라.

**답:** 사단법인 훈민정음기념사업회는 세상의 모든 소리를 표현할 수 있는 위대한 훈민정음이 인류 문화유산으로 우뚝 서기를 기원하고, 백성에게 사람다움을 가르치기 위하여 애족·애민의 사상을 바탕으로 창제된 바른 소리 〈훈민정음〉 보유국에 대한 자긍심과 세계에서 가장 우수한 문자로 인정받는 훈민정음의 효용성에 대한 국제적인 공감대를 적극적으로 확산시켜 나가고자 『훈민정음 탑 건립』, 『훈민정음대학원대학교 설립』, 『훈민정음 해설사 자격시험』, 범국제 『훈민정음 경필쓰기 운동』을 위하여 『훈민정음 경필쓰기 검정』 등의 목적사업을 추진하여 자랑스러운 민족의 후예로써 문자 강국의 자긍심을 후손에 길이 심어주기 위하여 문화체육관광부 소관(제2021-0007호) 공익법인으로 설립되었습니다.

**문:** 훈민정음 경필쓰기를 범국민 운동으로 펼친다는데 어떻게 하는 것인가요?

**답:** 우리 대한민국은 전 세계 70여개 문자 중에서 창제자와 창제연도와 창제원리를 알 수 있는 유일한 문자이기도 하지만, 세상의 모든 소리를 적을 수 있는 인류 역사상 가장 위대한 문자로 평가받고 있는 〈훈민정음〉을 보유하고 있습니다.
그런데 우리는 〈훈민정음〉을 박물관 유리상자 속에서나 만날 수 있는 문화재로만 생각할 뿐, 창제 정신이나 창제원리에 대해서는 잘 모르고 있는 것이 현실입니다. 이에 세종대왕이 창제한 훈민정음에 깃든 우리 민족의 얼을 생각하고 문자 강국의 자긍심을 살리고 세계 밑 인류의 위대한 『범국민 훈민정음 경필쓰기 운동(추진위원장 서예가 김동연 국립현대미술관 초대작가)』을 전개하기

위하여 『훈민정음 경필쓰기 검정』을 민간자격(제2022-002214호)으로 등록하여 시행하고 있습니다.

**문:** 경필쓰기는 좀 생소한 용어이다. 쉽게 풀이해 달라.

**답:** 경필은 뾰족한 끝을 반으로 가른 얇은 쇠붙이로 만든 촉을 대에 꽂아 잉크를 찍어서 글씨를 쓰는 도구라는 뜻이지만, 동양의 대표적인 필기구인 붓이 부드러운 털로 이루어졌다는 뜻에 대해서 단단한 재료로 만들어진 글씨 쓰는 도구란 의미로 '단단할 경(硬)·붓 필(筆)' 즉, 연필이나 연필 또는 철필, 만년필 등으로 글자를 쓰는 것을 '경필(硬筆)'이라고 합니다.

**문:** 훈민정음 경필쓰기 검정제도는 어떤 것인가요?

**답:** 『훈민정음 경필쓰기 검정』은 '훈민정음 경필쓰기' 교본에 따른, 각종 필기구를 활용하여 표음문자인 '훈민정음'을 바르게 경필로 글씨 쓰는 법을 습득하고, 이를 활용한 올바른 문서의 작성과 경필글씨 지도업무를 직무내용으로 하며 사범, 특급, 1급, 2급, 3급의 총 5개 등급으로 시행하는데, 〈5급은 『훈민정음 해례본』의 '전문(全文)'을 경필로 쓰는 실력과 '훈민정음 일반상식' 에 대한 바른 이해 및 해설을 할 수 있는 실력 및 지도력 정도를 평가하고, 〈특급〉은 『훈민정음 해례본』 중 '정인지 서문'을, 〈1급〉은 『훈민정음 해례본』 중 '어제 서문'과 '예의편'을, 〈2급〉은 『훈민정음 언해본』 중 '예의편'을, 〈3급〉은 『훈민정음 언해본』 중 '어제 서문'을 경필로 쓰는 실력을 소정의 심사규정에 따라서 평가한 후 합격자에게는 민간 자격증을 발급하여 경필쓰기 실력을 객관적으로 인증해주는 제도입니다.

**문:** 훈민정음 경필쓰기 검정의 응시자격은 어떻게 되나요?

**답:** 『훈민정음 경필쓰기 검정』의 응시자격은 〈사범〉은 연령, 학력, 국적, 성별과는 무관하게 누구나 응시할 수 있지만, 반드시 '훈민정음 경필쓰기 검정' 특급 합격자만 응시할 수 있으며, 〈1급〉, 〈2급〉, 〈3급〉은 연령, 학력, 국적, 성별과는 무관하게 누구나 응시할 수 있습니다. 다만, 전 단계 등급을 합격한 후 상위 등급 응시자에게는 10점의 가산점이 부여됩니다.

**문:** 훈민정음 경필쓰기 검정에 응시하려면 어떻게 접수하나요?

**답:** 『훈민정음 경필쓰기 검정』 지정도서[훈민정음(주)에 '별책'으로 제공하는 검정 응시용 원고 중에서 응시 희망 등급의 검정용 원고를 정성껏 작성한 후 검정 홈페이지 또는 이메일로 반드시 응시료 입금을 한 후에 우편으로 접수하거나 택배로 접수하면 됩니다.

**문:** 훈민정음 경필쓰기 검정 합격기준을 설명해 달라.

**답:** 『훈민정음 경필 쓰기 검정』 심사기준은 필기거[20점], 오자 유무[10점], 필맥의 정확성[20점], 필획의 유연성[10점], 균형[15점], 조화[15점], 서체의 창의성[20점], 전체의 통일성[20점]으로 이 중에서 필기거 점수가 가장 많은 것은 『훈민정음 경필쓰기 검정』이 주로 필기구를 활용한 경필쓰기 능력을 심사하는 것이기 때문입니다. 그리고 합격기준은 특급, 1급, 2급, 3급은 검정기준 총점의 60점 이상을 취득한 자이고, 사범은 검정기준 100점+실기 30점+훈민정음이 20점 총점의 70점 이상 취득하여야 합니다.

**문:** 훈민정음 생활서예 김정 도서가 출판되었다는데 특징을 설명해 달라.

**답:** 〈훈민정음 경필쓰기〉 도서는 해례본[사범, 특급, 1급]용과, 언해본[2급, 3급]용 두 종류로 발간했는데, 이 책은 문화체육관광부 소관 사단법인 훈민정음기념사업회가 『훈민정음 해례본』을 바르게 알리기 위해서 심혈을 기울여 현대에 맞게 번역하여 그 뜻을 누구나 쉽게 이해할 수 있도록 편찬하여, 그리고 전 세계에 존재하는 70여 개의 문자 중에서 유일하게 창제자 · 창제연도 · 창제원리를 알 수 있는 독창성과 창작성으로 유네스코에 인류문화 유산으로 등재되어 세계에서 가장 우수한 문자로 인정받는 위대한 문자 『훈민정음』을 보유한 문자 강국의 자긍심을 느낄 수 있도록 편집하였으며, 『훈민정음 해례본과 언해본』의 내용 풀이에만 그치지 않고, 내용을 이해하기 어려운 역사용어도 미주에 보충 설명을 하여 �서 바르게 역사를 알 수 있도록 편집하였습니다. 또한 『훈민정음 해례본과 언해본』에 쓰인 한자어에 대한 훈음은 물론 속자, 약자, 동자 일목요연하게 정리하여 한자에 한자어를 저절로 알 수 있도록 편집하였으며, 무엇보다도 이 책은 스마트폰과 컴퓨터 생활로 글씨를 쓸 기회가 점점 사라지는 현대인에게 훈민정음으로 마음을 표현할 수 있는 예쁜 글씨를 쓸 때 사용할 수 있도록 편집하였습니다.

**문:** 훈민정음 경필쓰기 검정에 대해서 궁금한 사항은 어디로 문의하면 되나요?

**답:** 사단법인 훈민정음기념사업회 사무처 031-287-0225 또는 hmju119@naver.com으로 문의하면 됩니다.

[인터뷰 대담: 편집국장 류재주]

논술 및 필기시험에서 좋은 성적을 원한다면

# 훈민정음 경필쓰기
## 에 도전하세요

▲ 2022년 7월 25일 경남연합신문 훈민정음경필쓰기 운동펼치는 훈민정음기념사업회 박재성 이사장

다방면에서 우리에게 위협이 될 수 있는 존재이고, 그러한 능력도 갖추고 있다.

지금도 우리와 주변국들은 여러 가지 사안으로 마찰과 갈등을 겪고 있으며 이는 우리가 세력 균형자로서 물리적·심리적으로 우월함을 가지고 있지 않다고 봤기 때문이다.

그러나 이제는 정반대의 상황으로 흘러가고 있다. 얼마 전 4.5세대 전투기인 KF-21 보라매가 공개되고 미사일 지침이 폐지되면서 기지개를 켤 시간이 온 것이다.

여기에 지금보다 사거리가 연장된 새로운 탄도 미사일을 보유하게 된다면 그 자체만으로도 충분히 우리에게 엄청난 힘을 가져다줄 것이다. 이러한 이유로 지금이야말로 자강(自强)을 위한 시기라고 생각한다.

고조선부터 삼국시대, 고려, 조선을 지나 현재에 이르기까지 역사를 되돌아보면 현재 동북아의 상황이 낯설거나 새롭지 않다. 우리는 이런 상황에서 따른 세력 균형자로서 담당히 맞선 적도 있지만 그렇지 못한 경우도 많았다.

이제는 담당하게 우리의 역할을 해나가야 한다. 누구를 위협하거나 압박하기 위한 것이 아니라 존재만으로도 억제와 동시에 평화를 추구할 수 있는 세력 균형자가 되어야 한다.

※ 본 지면에 게재된 글들은 본지의 공식 견해가 아닙니다.

국방일보    발행인 박창식 편집인 어깅호

1954년 11월 16일 창간(일간) | 2010년 7월 13일 등록번호 서울 7900337 | 문의 문제대표

독자관리 별숨론대구지구부 02-2079-3851-2 | 팩스 02-757-9309
연락처 kookbang.dema.mil.kr | 04363 서울시 용산구 두텁바위로 54-99

디지털저작팀    디지털뉴스 02-2079-3710-4    군947-3710-4
            국방대기 02-2079-3715-6    군947-3715-6
취재팀      취재 02-2079-3730-42    군947-3730-42
            사진 02-2079-3761-4    군947-3761-4
편집팀      편집 02-2079-3770-85    군947-3770-85
            교열 02-2079-3791-4    군947-3791-4
광고운영    02-2079-3123    군947-3123

## 외국인이 본 훈민정음

기고 /

박 재 성
사단법인 훈민정음기념사업회 이사장

"우리 조선은 태조 때부터 지성스럽게 대국을 섬기어 한결같이 중화의 제도를 따랐습니다. 이제 글을 같이 하고 법도를 같이 하는 때를 당하여 언문을 창제하신 것은 보고 듣는 이를 놀라게 하신 일입니다."

이 글은 훈민정음을 반포하기도 전에 사대모화에 젖은 보수파 학사 일곱 명을 대표해 최만리가 세종대왕에게 올린 장문의 상소문 중 일부분이다. 600년이 다 되어가는 2021년 다시 읽어봐도 내 얼굴이 화끈거린다.

지난 1886년 23세 나이로 한국에 와서 외국어를 가르치고 광무황제(고종)의 외교 자문을 맡으면서 '한국인보다 한국을 더 사랑한 외국인'으로 알려진 미국인 독립운동가 호머 배절릴 헐버트(Homer Bezaleel Hulbert) 박사는 131년 전 미국 언론에 기고한 '조선어(THE KOREAN LANGUAGE)'라는 기고문에서 "알파벳과 비슷한 훈민정음을 완벽한 문자"라며 '조선어(훈민정음) 철자는 철저히 발음 중심이다. 영국이나 미국에서 오랫동안 갈망하고 학자들이 심혈을 기울였으나 성공을 거두지 못한 과제가 조선에서는 수백 년 동안 현실로 존재했다"라고 평가했다.

19세기 서양인들이 이 땅에 도착해 우리나라 사람들을 보고 느낀 첫인상

문맹률이 세계에서 가장 낮다"라고 극찬하고 있다.

세계적인 언어학자인 시카고대 제임스 매콜리(J.D. McCawley) 교수는 "훈민정음은 지구상의 문자 중에서 가장 독창적인 창조물이다. 한국인들이 1440년대에 이룬 업적은 참으로 놀라운 것이다. 500년이 지난 오늘날의 언어학적 수준에서 보아도 그들이 창조한 문자 체계는 참으로 탁월한 것"이라고 했다. 이렇듯 서양인들이 훈민정음의 놀라운 특성을 발견하면서 그들이 가졌던 부정적 선입관에서 벗어나 한국인은 지구상에서 문자를 제대로 쓰고 있으므로 머지않아 한국이 세계적인 지도자의 나라가 될 것이라고 한 지 어언 한 세기가 지났다.

그동안 우리나라는 문자의 엄청난 구조적 변화를 겪으면서 세종대왕이 심혈은 날을 연구해 창제한 훈민정음 28자의 위대함을 애써 외면한 채 여지로 비틀어 24자로 줄어 쓰는 것도 모자라 훈민정음을 사용하는 것을 부끄러워하게 되었다. 동사무소가 언제부터인지 '주민센터'로 바뀌고, 전국의 아파트 이름은 영어인지 우리말인지 모를 정도로 국적 불명의 영어의 조합을 해야만 고급 아파트로 생각하기 시작했다.

오늘의 대한민국을 만약 호머 헐버트 박사가 방문해서 보게 된다면 어떤 생

20세기에 들어서도 서양 학자들은 한결같이 훈민정음의 위대성을 극찬하기를 주저하지 않는다. 미국 컬럼비아대학의 언어학자인 게리 키스 레디어드(Gari Keith Ledyard) 교수는 "훈민정음은 세계 문자 사상 가장 진보된 글자다. 한국은 그 무엇과도 비교할 수 없는 문자학적 사치를 누리고 있는 민족"이라고 했고, 미국 캘리포니아주립대 재러드 다이아몬드(Jared Diamond)는 "세계에서 가장 합리적인 문자는 훈민정음이다."

훈민정음은 인간이 쓰는 말의 반사경

▲ 2021년 6월 7일 국방일보 기사 '외국인이 본 훈민정음'

---

『소설로 만나는 세종실록 속 훈민정음』1200권 육사에 기증

훈민정음기념사업회

육군사관학교(육사)는 31일 훈민정음기념사업회에서 펴낸 『소설로 만나는 세종실록 속 훈민정음』1200권을 기증받았다. 강창구(중장) 교장 주관으로 열린 기증 행사에서 육사는 학교를 방문한 박재성 훈민정음기념사업회 이사장에게 감사패를 증정했다.

『소설로 만나는 세종실록 속 훈민정음』은 역사적 사실을 기반으로 세종대왕과 학자들의 훈민정음 창제 과정을 담았다. 특히 세종

대왕의 혁신적인 사고와 자주·애민정신, 수많은 난관을 지혜롭게 극복해 나가는 모습이 묘사돼 생도들에게 큰 울림을 줄 것으로 육사는 기대하고 있다.

강 교장은 "미래 대한민국의 안보를 이끌어 갈 청년 사관생도들이 이 책을 통해 국가·국민에 대한 사랑과 자긍심을 배양하고, 나아가 훌륭한 리더의 본질과 역할, 변화·혁신의 시대를 주도하는 올바른 리더십, 통찰과 혜안을 얻기를 바란다"고 말했다.

명수열 기자

31일 육군사관학교 운동장에서 열린 도서 기증식에서 강창구(오른쪽) 교장과 박재성 훈민정음기념사업회 이사장이 기증서를 들고 기념사진을 찍고 있다.    육사 제공

---

공군 군사경찰단, 한국셉테드학회와 업무협약

군 범죄예방 환경설계 적용키로

일시 | 2022. 3. 31.(목)    장소 | 군사경찰 회의

류연주(왼쪽) 공군 군사경찰단장과 이동욱 사단법인 한국셉테드학회 교육원장이 31일 군 범죄예방 환경설계 적용을 위한 상호 합의서를 들어 보이고 있다.    공군 제공

공군 군사경찰단은 31일 부대 회의실에서 사단법인 한국셉테드학회와 '군 범죄예방 환경설계 적용을 위한 업무합의서'를 체결했다.

이번 합의서 체결은 군 환경을 종합적으로 진단·개선해 범죄 발생의 연결고리를 차단하고, 범죄·사고로부터 안전한 공군을 만

들기 위해 추진됐다.

군사경찰단은 합의서 체결을 토대로 셉테드 군 적용 방안 연구 및 정책 수립, 군 셉테드 전문가 양성을 위한 교육 프로그램 운영, 전문가 자문 등을 한국셉테드학회와 함께 하기로 했다.

아울러 군 최초로 범죄·사고 예방 활동에 셉테드를 도입해 범죄·사고 발생 가능성을 줄이는 데 노력할 계획이다. 또 셉테드 시범

운영으로 보완점을 파악해 부대 환경에 맞는 적용법을 수립할 예정이다.

셉테드(CPTED·Crime Prevention Through Environmental Design)는 범죄가 유발될 가능성이 있는 건축물이나 시설 주변 환경을 개선해 범죄·사고 발생 가능성을 줄이는 종합적 범죄예방 기법이다. 국내에는 지난 2005년 처음 도입됐다.

류연주(대령) 군사경찰단은 "이번 합의서 체결을 계기로 민간의 발전된 범죄예방 기법을 군에 적용하게 됐다"며 범죄예방 효과를 기대했다.

서현우 기자

▲ 2022년 4월 1일 국방일보 '소설로 만나는 세종실록 속 훈민정음' 육사에 기증하는 박재성 이사장

## 훈민정음 칼럼

**《훈민정음 해례본》 당신은 누구입니까?**

논설위원 박재성
교육학박사
사단법인 훈민정음기념사업회 이사장
훈민정음탑건립조직위원회 상임조직위원장

더욱이 훈민정음을 연구한 조선 시대 학자들마저도 어찌하여 당신의 이름을 직접 언급한 사람은 단, 한 사람 외에는 없을까요?

더더욱 궁금한 것은 지금 우리가 국보 제70호라고 떠받들고 있는 당신은 표지에도 당신의 떳떳한 이름 《훈민정음 해례본》이라고 밝히지 못하고 《훈민정음》이라고 표기되어 있을까요?

아무리 생각해봐도, 이해가 되지 않는 한들이 아닙니다.

첫 번째 궁금한 것은 성군이라고 칭송받는 당신의 주인이신 세종대왕께서 인류 역사상 전무후무한 위대한 문자 훈민정음 창제원리와 사용법을 기록한 《훈민정음 해례본》 당신을 왜 목판본으로 간행하였을까요?

당시 국가사업으로 만든 책은 거의 모두 활자본으로 간행하였을 뿐만 아니라, 세계에서 가장 오래된 금속활자로 인쇄한 책이라고 유네스코 세계기록유산으로 등재된 「직지심체요절」을 발명한 문자 강국인데 말입니다.

또한, 올해 6월 29일 서울 종로구 인사동에서 훈민정음 창제 당시 표기 기법대로인 가장 이른 시기인 조선 전기에 제작된 훈민정음 금속 활자 1600여 점이 발굴되었는데 어찌하여 당신을 누가 어떤 이유로 목판본으로 태어나게 했을까요? 뒤에서 언급하겠습니다만, 세종 5년(1423)에 승문원(承文院)에서 당신의 주자소(鑄字所)에서 「시자조건(詩字條件)」 10만 부(《좌치나(左治鈔)》) 15부와 《수륙의(水陸儀)》 15부를 인쇄하게 했답니다. "난고 계(啓)하시니, 오히려 "각각 50부씩 인쇄하라."라고 명하셨던 분이신데, 어찌하여 당신만이 무려 50부의 목판본으로 존재시키는 것도 이상하지만 목판본인 금속 활자본으로 인쇄하였고 명명했는데 기록조차 찾아볼 수 없을까요?

두 번째 궁금한 것은 당신은 언제 태어났을까요? 세종실록에는 세종 28년 9월 29일 자 기록에 '이달에 훈민정음이 이루어졌다'라고 하였는데, 훈민정음 해례본의 끝부분에 기록된 정인지 서문 혹은 정인지 후서에는 간행하여 당신의 출생신고일을 '정통 11년 9월

상한(上澣)'이라고 두리뭉실하게 표현해 놓았을까요? 세 번째 궁금한 것은 위대한 문자의 해례를 기록해 놓은 당신을 애초에 몇 부 인쇄하여 얼마 동안이나 지켜 훈민정음을 창제한 1443년으로부터 497년 동안이나 꼭꼭 숨어 있었가 1940년에 와서야 나타났는가요? 아직도 당신의 존재는 안동본과 상주본 단 두 둘뿐인데, 혹시 다른 곳에서 숨어다녔지는 않는가요?

그래서 저는 천학 비재를 무릎쓰고 이런 추측을 해 봅니다. 지금 국보 제70호이자 1997년 10월 유네스코 세계기록유산으로 등재된 당신의 진본이나 혹은 초기 복제품이 임진왜란과 정유재란 때 왜놈들에게 납치되어 일본의 어느 서고에 갇혀있으면서 구원해달라고 외치고 있지는 않은지 애절한 생각에 잠을 이룰 수가 없습니다.

왜냐하면, 우리에게는 1940년에야 발견된 당신의 존재가 당신만이 알 수 있는 '자청왕비 설정왕비(정의공주 《죽계집》' 등의 내용을 인용하여 입궐 화자 '하연다 아천보세(하연보계(河演譜系))'가 1819년에 지은 「신자립문원(新字立文源)」에 표기된 것을 근거로 추정했습니다.

그럴게 추정하는 합리적인 이유는 얼마 전에 국외에서 활동하신 문화재재단이 국내에서는 전혀 알려지 15세기 금속 활자로 즉, 1423년(세종 5년) 제작된 '경자자'라고 하는 금속 활자로 발명된 (이하 지나)이라는 책을 일본 도쿄 와세다 대 도서관에서 찾아냈다는 보도가 있었기 때문입니다.

결론적으로 모두가 침묵하며 마지않는 당신의 존재를 부정하려고 하는 것이 아닙니다. 오히려 정반대로 당신의 참모습을 자손만대에 정확하게 계승시켜주기 위해 당신의 존재를 바르게 알아야 한다는 사명감으로 우리는 사단법인 훈민정음기념사업회를 설립하였고, 문화재청과 국회 문화체육관광위원회에 이의 규명을 위한 학술토론회를 포함하여 일본 어느 곳에서 지금까지 감금되어 있을 당신을 하루 속히 모셔오는데 관심을 가져달라고 요청하려고 받아들 여겨지 않을 있다는 답답함을 알리고 싶기 때문입니다.

**| 칼럼**

**훈민정음 창제를 서두른 이유**

박재성
사단법인 훈민정음기념사업회 이사장
훈민정음탑건립조직위원회 상임조직위원장
한문교육학박사

세종 28년은 1446년이다. 그해 9월 29일 자 《세종실록》에 '이달에 훈민정음이 이루어졌다'라고 기록되어 있고, 그 뒤에 예조판서 정인지 등의 서문이 실려 있다.

그런데 3년 전인 세종 25년(1443) 12월 30일 자 《세종실록》에 여미의 훈민정음의 정제를 사실상 발표해 놓았을 뿐만 아니라 훈민정음의 실용성을 시험해 보기 위하여 정인지·권채·안지 등 1게 《동국정운》을 3년게 하여 훈민정음을 반포하기 1년 전인 1445년에 완성하였고, 이 기간에 《운회》를 언해하고, 하권들에게 언문을 가르쳐 서 행정실무에 이용하도록 하는 등 세 살에 비해 더 알뜰한 '업무'로 보여졌음을 세상스럽게 여러분 서문, 그리고 해례를 발간하는 1446년 11년 반 한 것을 보기 까탈인가?

그 답을 훈민정음해례본의 정인지 서문에서 찾아보고자 한다.

즉, 정인지 서문의 끝에는 서문을은 날씨가 정통 11년 9월 상한이라고 기록되어 있는데 '정통(正統)'이란 단어 뒤에 바래킨 계통, '정상한 철통 뒤는 사전 중심이라는 의미로 사용되고 있지만, 이 서문의 철통은 명나라 영웅 황제의 연호이고, '상한(上澣)'은 상순과 같은 관념에서 영종 이래 9번째 부터 명통까지를 일면는 달마기 세도가 세종정통과 9월 29일 지어 정확한 날짜보다 20여 일 전에 집들였 것이 분명하기 때문이다.

그런다면 세계 탁은 문자 선로까지 장 완벽하다고 뽐내던 위대한 훈민정음을 이토록 3년 만에 발표한 이유는 어디에서 찾을 수 있을까 연구가 이들에 대한 심마리는 명나라와의 관계에서 찾아볼 수 있을 것이다. 당신에는 명나라 황제의 권력이 막강하여 소국을 크게 봤에는 상태에서 조선같이 작은 나라가 조선만이 새로운 문자를 만들었다고 단 도서관에 자랑을 할 수 있는 상항이 아니였다. 조선은 명나라는 '독립 국제 서도문(事大交邻), 事大(사대)'를 생명처럼 받들고 있는데, 이는 '수레바퀴 난달를 같도가 서로 같고, 같은 문자를 사용하고 있다'라는 뜻이다.

그러니까 정치제도와 문자 생활에

서로 같은 나라들과 같이서, 따라서 명나라와 독자적인 문자를 만들어 사용한다면 이는 명나라 황제에 대한 반역으로 오해받을 위험이 매우 크다. 그런다가 세종 17년(1435)에 명나라에서 가장 악한 황제가 등극했다. 바로 9세 어린 나이에 6대 황제로 등극한 영웅(英宗) 정통제(正統帝)이다. 그는 명 황조 사상 및 목격 황제 연령에 정등 연호를 사용하였다가, 복위 후에 천순(天順)으로 개원하였으니, 어려나 대책이 성징했다.

그렇다 바로 이러했을 새로운 문자의 문자 훈민정음을 정제할 수 있는 하능이 나라손 절묘의 기회로 포착한 도다. 그래서 이미 28세길 장성한 세자에게 관례의 실상 부분을 넘기고 같이 정음 창제의 업적이라고 하지 세자의 대리청정을 구구 반대한 신하들에게 세종 24년(1442년) 8월 23일 다음과 같이 의미심장한 말을 전다.

"경들은 자세하고 세밀한 뜻을 갈 알지 못한다. 한것 아닌가 이왕에 옛날 제도에 가지고 과시 아뢰 봤다면 《좌전 未知詳密之意, 徒執古道以欲奪也. 이러히 있다 未知》처럼 뿐만들다.

여기서 임금이 '자세하고 세밀한 뜻' 어떤 것인지를 나는 정음 창제의 뜻을 암시하였다고 살짝 위 문을 연구가 가운하어 지만 세지의 대리청정을 명할 때문제로 있는 것은 아닌 것이 분명히 훈민정음 창제를 위함을 찾지 위해 자신도 알 수 없다면 이 세자의 대리청정을 시키지 않을 수 없다는 것을 예술난 표현한 것이 아닐까?

**훈민정음 해례본 범국민 써보기 운동**

논설위원 박재성
한문교육학 박사
훈민정음기념사업회 이사장
훈민정음탑건립조직위원회 상임위원장

사람은 글씨를 통해 마음을 표현할 수 있으므로, 글씨는 마음을 전달하는 수레라고 표현한다. 그래서 '마음이 바르면 글씨도 바르다'라는 말이 있는 듯하다.

이말은 '심교필정(心敎筆正)'이라는 유교를 풀이한 것인데, 이와 원금 지배에 우리에게 낯익 신시암담이 만 원권 지폐에서도 만날 수 있는 그녀로 아 늘의 봐나 나누에게 친해있게 점을 오른쪽에 접들수 있어 그랬던지 우리에게 친숙하게 하지만, 이 말의 출전은 당나라 때 구양순, 안진경, 조맹부와 함께 '해서 4대가'로 불리는 유공권(柳公權)의 일화에서 찾게 된다.

당나라 목종에게서 뛰어난 글씨 받아 우승유·한림 시서학사를 배명하고, 목종, 경종, 문종 3대에 걸쳐 봉직했던, 유공권

에게 목종이 글씨 쓰는 법을 묻자 '붓을 때뿐는 것은 마음에 달려 있으니 마음이 바르면 붓도 바르게 됩니다.

이것은 가비 법이 될 수 있습니다(用筆在心, 心正則筆正, 乃可爲法)'라고 답했다.

목종은 당시 내실 궁이 있다가 이내 얼굴을 고쳤고, 그가 글씨 쓰는 것을 가지고 간언하는 것을 알았다. 이후 역사서에는 유공권이 발째을 빌어 주어의 진실로 인후함은 우수한 인간됨을 인정받는 훈민정신이 마는 고 것이다.

그런데 우리는 세종대왕이 주신 위대하고 영원한 선물을 제대로 활용하지 못하고 있을 뿐만 오히려 원형을 파괴하고 의미 불명의 신조어(新造語)를 판단해야는 '신언서판(身言書判)'은 글씨로 마음을 다스릴 수 있는 사람에게 나랏일을 맡겠다는 의미이다.

그래서 글씨가 의사소통의 도구라고 표현하는데, 우리는 의

사소통의 도구 중에서도 가장 쉽고 간편하여 효과적으로 의사 표현을 할 수 있으므로 세계인 부러워하는 특별한 문자를 갖고 있다.

그것은 바로 전 세계에 존재하는 70여 개의 문자 중에서 유일하게 창제자·창제연도·창제원리·창제성을 유네스코에 인류문화유산으로 등재되어 세계에서 가장 우수한 문자로 인정받는 훈민정순이 마는 그것이다.

뿐이다.

임인년 호랑이의 해를 시작하면서 지금부터라도 세계인이 부러워하는 훈민정음 해례본을 모든 국민이 한 번이라도 써보면 좋겠다고 제안해본다.

왜냐하면, 훈민정음 해례본을 써보므로 얼굴을 수 있는 것이 다음과 같이 너무 많기 때문이다.

첫째, 위대한 문자 훈민정음을 내게게 바를 수가 없으 뽐뿌터 글자 자긍심을 키우고 글씨 가능력까지 키울 수 있다.

둘째, 훈민정음을 보유한 민족 자 국가의 자긍심을 알고 후손에게 자랑스러운 문화를 계승할 수 있다. 셋째, 훈민정음 창제에 담긴 역사를 바르게 알 수 있어 왜곡되고 부정되 일부 그롯된 가치관을 바로잡을 수 있다.

넷째, 한자로 쓰인 훈민정음 해례본에 대한 724자의 한자만 알아도 일상생활에 별다른 어려움이 없다는 것이 확인된다.

다섯째, 스마트폰과 컴퓨터 생활로 글씨를 쓰는 기회가 점점 사라지고 키보드와 스마트 대세인 현대에게 마음을 표현할 수 있는 예쁜 손 글씨를 많이 쓰게 된다.

결론적으로 글씨를 쓴다는 것은 지구상에 존재하는 생명체 중에 인간만이 할 수 있는 특권을 누린다는 것이다.

이제부터라도 국보 「훈민정음 해례본」을 간송미술관의 유리 상자 속에에 남겨둘 것이 아니라, 대한국인이라면 누구나 한 번쯤은 반드시 직접 써보고 세계 최고의 문자 훈민정음을 보유한 후예로서 자긍심을 가져야 할 것이다.

# 본지 협력기구 훈민정음기념사업회 임원간담회

▲박재성 이사장, 반기문 전 유엔사무총장, 황우여 전 부총리 등 참석

본지 경남연합신문 협력기구인 (사)훈민정음기념사업회 논설위원, 이사장 박재성) 및 훈민정음판건립위원회는 지난 6일 회의 명예조직위원장 반기문 전 유엔 사무총장 초청으로 황우여 대표조직위원장, 나기정 공동조직위원, 김동연 공동운영위원장, 박재성 이사장이 참석하여 2022년도 훈민정음사업회 업무추협의를 위한 회의와 관련 주요 핵심임원 간담회를 가졌다.

강순영 기자

## 훈민정음신문 창간사

# 뿌리 깊은 나무처럼 흔들리지 않는 신문이 되겠습니다

뿌리 깊은 나무가 바람에 아니 흔들리듯이 세파에 흔들리지 않은 신문이 되겠다는 다짐으로 「훈민정음신문」을 창간합니다.

샘이 깊은 물이 가뭄에 아니 그쳐 내를 이뤄 바다에 가듯이, 훈민정음이라는 깊은 샘물을 퍼 올려서 위대한 문자 훈민정음이 세계를 향해서 나아가는 역사적 대업에 작은 힘이나마 보태고자 합니다.

박재성 이사장
(사)훈민정음기념사업회

스물여덟 자 훈민정음에는 민족의 얼이 숨을 쉬고, 백성을 사랑한 세종대왕의 혼이 서려 있고, 미래 AI 시대에 가장 적합한 문자라고 평가를 받는 예지가 담겨 있습니다. 577년 동안 살아 숨 쉬고 있는 생명의 문자인 훈민정음의 창제 정신을 바르게 보존하고 바르게 계승하며 바르게 발전시켜 나아갈 우리들의 목소리를 모아 볼 필요를 생각하고 있었습니다.

따라서 다가올 4차산업 시대에 가장 적합한 문자로서의 훈민정음에 대한 소식들을 발굴하여 관심없이 전달해 주는 명실상부한 문자를 위한 문자에 의한 문자에 대한 언론의 책임과 의무를 절감하면서 조용한 도전을 시작합니다.

이제 「훈민정음신문」은 대한민국을 상징하는 훈민정음기념탑이 건립될 수 있도록 여론 형성의 선도적 임무를 수행할 것이며, 훈민정음 대학원대학교 설립의 초석을 쌓는 일에 동참하여 우리의 실정과 특성에 맞는 교육기관의 사명과 전통문화 창달의 확실한 담보가 될 것입니다.

또한, 문제해 소를 위해 실질적인 방향을 제시하는 선봉이 되도록 노력할 것입니다. 문자 영역의 진화는 대분지로서 각계각층의 여론을 끌어내어 미래를 대비해야 할 어려운 문제들을 푸는 데 있어서 훈민정음신문의 역할은 매우 크리라 봅니다.

작지만 결코 무엇과도 바꿀 수 없는 사명감 다하겠다는 훈민정음의 정통성 회복과 계승을 위한 정보나 아름다운 미담을 발굴하여 기사화하는 것은 물론, 기회가 된다면 세계의 문자 문화도 심층 취재하여 전달할 꿈도 갖고 있습니다. 말이 아닌 실천하는 행동으로 소박한 첫발을 내디디며 문자교육 문제를 해결하는 방안을 세세하게 나아가겠습니다.

현실은 비록 우리의 내일을 약속해 주지 못하는 미완성의 공간이지만 최선을 다하겠다는 사명감은 언제까지나 버릴 수 없는 우리의 신념이 될 것입니다. 이러한 사명감을 가지고 훈민정음과 관련된 문자 강국의 자긍심을 북돋아 줄 수 있는 올바른 언론이 될 수 있도록 적극적인 관심에서 나오는 창조적 비판과 애정 어린 충고를 기대합니다.

「훈민정음신문」은 뿌리 깊은 나무처럼, 샘이 깊은 물처럼 국민이 찾아서 읽어주고 비평을 해 줄 수 있는 사랑받는 신문이 되도록 노력하겠습니다. 본지가 문자 강국 대한민국의 위상을 드높이는 정론지가 될 수 있도록 독자 여러분의 많은 관심과 응원을 기대합니다.

---

# '친히'라는 말은
# 엄중한 저작권 선포다

한글날 특별기고

박재성
(사)훈민정음기념사업회 이사장

인간 능력의 한계는 어디까지일까? 각 분야에서 보통 사람의 능력을 뛰어넘는 전문가들을 보면 이런 의문을 갖게 된다.

인간의 힘으로는 도저히 이룰 수 없을 것 같은 인류 역사상 가장 위대한 작업을 이룬 인물로서, 더 불세출한 사람을 역사에서 찾아내기도 어려운 그는 지금으로부터 577년 전인 1443년 12월 30일 훈민정음 28자를 친히 창제한 조선의 네 번째 임금 세종대왕이다.

21세기 자타가 인정하는 세계적 언어학자이며 미국 시카고대학교의 제임스 매콜리(J.D. McCawley) 교수는 "한국인들이 1440년대에 이룬 업적은 참으로 놀라운 것으로 훈민정음은 지구상 문자 중에서 가장 독창적인 창조물이다. 500년이 지난 오늘날의 언어학적 수준에서 보아도 그들이 창조한 문자 체계는 참으로 탁월한 것이다"라고 찬탄하고 있다.

"이달에 임금이 친히 언문 28자를 지었는데, 그 글자가 옛 전자를 모방하고, 초성·중성·종성으로 나누어 합한 연후에야 글자를 이루었다. 무릇 문자에 관한 것과 이어(俚語)에 관한 것을 모두 쓸 수 있고, 글자는 비록 간단하고 요약하지마는 전환하는 것이 무궁하니, 이것을 '훈민정음'이라고 일렀다(是月上親制諺文二十八字其字倣古篆分爲初中終聲合之然後乃成字凡于文字及本國俚語皆可得而書字雖簡要轉換無窮是謂『訓民正音』)."

위 글은 세종대왕이 훈민정음을 친히 창제했다고 기록한 『세종실록』이다. '친(親)히'라는 말은 아무리 임금이라 할지라도 자신이 하지 않은 일에 함부로 쓸 수 있는 표현이 아니다. 사관이 누구인가? 엄격한 사실 기록에서 어떤 양보도 하지 않았던 사람이 그 말을 함부로 썼을 리는 만무하다. 그런데 『세종실록』에는 '친히'라는 표현이 14번 등장한다. 세종이 주어인 '임금이 친히 언문 28자를 지었다'는 기록은 세종이 직접 행했다는 뜻이다. 다시 말해, 혹자의 왜곡처럼 집현전 학사들에게 새로운 문자 만드는 작업을 시켜놓고 감독만 한 임금이 훈민정음이 완성되자 '친히'라는 말을 쓴다는 것은 상상할 수 없거니와 『세종실록』은 세종 승하 후에 기록된 사초로 정인지가 감수하지 않았던가?

『세종실록』을 기록한 사관의 일은 임금의 명령도 침투할 수 없는 엄격한 사실성이 보장된 것이었다.

이제는 훈민정음을 세종이 아닌 다른 사람이 만들었다고 허무맹랑한 억지를 부리지 말자. 해괴한 설을 만들어내는 자들은 필시 다른 사람이 이룬 것에 대한 질투에서 비롯해 자신으로서는 상상할 수 없는 불가사의한 일을 인간 세종이 혼자서 해냈을 리 없다고 믿고 싶어 하는 딱한 인간들일 것이다.

---

훈민정음 칼럼 17

# 훈민정음 기념탑 건립의 첫 삽을 뜨는 새해를 위하여

논설위원 비 재 성

한문교육학 박사
훈민정음기념사업회 이사장
훈민정음탑건립조직위 상임위원장
교육학박사

어떤 뜻깊은 일을 오래도록 잊지 아니하고 마음에 간직하기 위하여 세운 탑을 기념탑이라고 한다. 넓은 의미로는 무언가를 기념하거나 칭송하기 위하여 만들어진 건축물인 기념비, 기념관, 현충탑 등을 아울러 기념건축물이라고 하는데 이것은 한 지역이나 나라를 대표하는 랜드마크가 되기도 한다.

각국은 우리가 익히 알고 있는 기념건축물을 보유하여 세계적인 관광명소로서의 영예를 누리고 있다.

예를 들면, 1889년에 준공된 프랑스 파리의 384m 에펠탑, 1885년에 완공된 미국의 169m 워싱턴 기념탑, 1808년경 영국 런던의 트라팔가 광장에 세워진 57.6m 넬슨 기념탑, 1706년에 세워진 오스트리아 인스브루크에 있는 안나 기념탑, 1931년에 세워진 브라질 리우의 대표적인 랜드마크인 예수상은 높이 38m, 양팔의 길이 28m, 무게 1,145t의 규모 때문에 세계 7대 불가사의로도 알려져 있다.

이밖에 미국 뉴욕항의 리버티섬에 1884년 세워진 무게 225t, 횃불까지의 높이 약 46m, 대좌 높이 약 47.5m의 거대한 자유 여신상은 1984년 유네스코 세계유산으로 지정되었다. 또 다른 세계 7대 불가사의 건물로 유명한 이탈리아 토스카나주에 있는 피사 대성당에 있는 피사의 사탑은 1173년부터 짓기 시작한 후 공사를 진행하면서부터 기울어지는 현상이 발견되어 결국 200년이 지난 1372년 완공되었을 때는 기울어진 탑의 모습이 되었으나 무너지지 않는 경이로움으로 세계인의 시선을 끌고 있는 등 세계적인 기념건축물은 일일이 열거할 수 없을 정도로 많다.

**우리도 대한민국을 대표하는 기념건축물을 세우자. 세계에서 5번째로 높다는 잠실롯데월드타워처럼 높이를 강조하는 건축물보다는 세계 문자 중에서 유일하게 창제연도와 창제원리 및 창제자를 알 수 있을 뿐만 아니라, 세상의 모든 소리를 적을 수 있는 뛰어난 문자 훈민정음 창제를 기념하는 탑을 세우자.**

이 탑의 층수는 훈민정음 자모음 28자를 상징하는 28층이었으면 좋겠고, 높이는 훈민정음 언해본 서문인 '나라의 말이 중국과 달라 ~ 편하게 하고자 할 따름이니라.'의 글자 수 108자를 상징하는 108m 높이로 관람객이 기념탑 내부에 들어가서 함께 공감하는 문자박물관은 물론 집현전 8학사 기념관, 학술관, 훈민정음 명장 전시장을 비롯한 다양한 체험공간이 배치되는 명소를 만들었으면 좋겠다는 바람이다.

이러한 훈민정음 기념탑이 들어설 부지는 청주시장을 역임한 나기정 세계직지문화협회 회장이 2021년 초에 충북 청주시 청원구 내수읍 우산리 산 48-5에 있는 136,095㎡ 넓이의 귀한 토지를 사단법인 훈민정음기념사업회에 기증하였다.

이곳은 초정약수로 유명할 뿐만 아니라 세종대왕이 훈민정음 반포 즈음에 2차례나 머물며 지병을 치료했던 행궁이 있는 곳이다.

청주에서 20년 가까이 직지세계문자서예대전을 개최하면서 수집한 세계 각국의 다양한 문자 관련 자료를 소장하고 있는 세계문자서예협회(이사장 김동연)와 함께 세계문자공원을 조성하고, 세계적인 디자인 공모전을 통해 선발된 건축디자인으로 대한민국의 랜드마크가 될 훈민정음 기념탑을 건립(명예조직위원장 반기문 전 유엔사무총장)하며, 훈민정음대학원대학교를 설립(대표 추진위원장 이상면 서울법대 명예교수), 국내외 문자 학도를 유치해 세계적인 문자 전문 교육기관으로 육성할 계획이다.

우리 대한민국이 세계에서 가장 자랑할 수 있는 위대한 문화적 자산인 훈민정음을 기념하는 탑이 세계 문자의 이정표가 될 수 있도록 온 국민의 정성으로 건립되기를 기대한다.

그러면 관광대국으로서의 위상도 높일 수 있게 될 것이고 천년 후를 내다보는 문화유산을 후손에게 물려준 선견지명의 조상으로 역사는 기록할 것이라고 확신한다.

---



칼럼

# '세종대왕'도 모르는 훈민정음

박재성
사단법인 훈민정음기념사업회 이사장
훈민정음탑건립조직위원회 상임조직위원장
한문교육학박사

대한민국 서울특별시 종로구 세종로 광화문광장에 있는 세종대왕 동상은 기단만 4m에 동상 높이가 6.2m, 폭 4.3m나 되는 거대 조각물로 홍익대 김영원 교수가 제작하여 2009년 10월 9일 한글날을 기해 세워진 대한민국 수도를 상징하는 기념물로 위용을 자랑하고 있다.

"세종대왕은 민족의 영웅으로서 경복궁에서 즉위하여 승하하신 최초의 임금이었던 역사적 사실 등을 고려해 새로운 정신으로 세종대왕 동상을 건립하여 민족의 자긍심을 높이고, 민족의 우수성을 세계에 널리 알리기 위해 세종대왕 동상을 제작하게 되었다"라고 한국관광공사 홈페이지는 소개하고 있는데, 세종대왕의 동상 아래의 기단에 새겨진 '세종대왕'이라는 네 글자는 훈민정음 글꼴로 표현하였다는 것을 누구나 알아차릴 수 있도록, 모음의 점을 둥근 원점으로 찍었고, '종'자와 '왕'자의 받침 글자, 즉, 종성을 지금은 사라져 버린 옛이응 'ㆁ'으로 표기하고 '세'자와 '대'자는 현대 국어 표기법으로 적어 놓은 것을 발견하고서 '세종대왕' 네 글자가 현대 국어 표기법에도 맞지 않을 뿐만 아니라, 세종 당시의 표기법에도 맞지 않으므로 '종'과 같이 받침 글자(종성)를 굳이 옛이응(ㆁ)을 쓰고자 한다면 통일성이 있도록 '세'자와 '대'자도 훈민정음 창제 원리의 가장 중요한 원리인 삼성 법을 적용하여 솅종·땡왕으로 표기하던지, 아니면 현대적 글꼴로 표기하려면 세종대왕과 같이 표기하여야 할 것이라고 필자는 사단법인 훈민정음기념사업회 이사장의 직함으로 세종대왕 동상을 관리하는 서울특별시에 이의 시정을 요청하는 민원을 2021.11.7. 제기하여 정확히 10일 지난 2021.11.17. 서울특별시 광화문광장 기획 반장이 발신한 민원답변서를 받게 됐다.

그런데 이 답변서의 내용이 필자를 어리둥절하게 하여 소개한다. '세종대왕'의 글씨체는 동상 건립 당시 세종대왕 동상 자문위원회에서 한글학회와 세종대왕기념사업회 자문위원들의 의견에 따라 훈민정음 해례본에서 집자하되 현대인들이 읽기 쉽게 한다는 원칙에 따라 전문가들의 논의를 거쳐 제작된 것이고, 또한 2012년 유사한 내용의 민원이 제기된 바 있었지만, 세종대왕 동상 기단 글자에 대해 수차례 여러 전문가의 자문을 거친 결과 건립 시 정한 원칙 유지가 필요한 점, '세종대왕' 글자가 훈민정음 해례본에서 집자한 근거가 있는 점(월인천강지곡에 유사한 글씨체 존재), '세종대왕' 글자도 작품 디자인의 일부인 점 등을 감안해 수정하지 않는 것으로 정리된 건임으로 민원의 의견을 수용하지 못하는 점을 이해 바란다고 답변하였기 때문이다.

필자의 과문한 탓인지는 모르겠으나 『훈민정음 해례본』 어느 곳에 '세종대왕' 네 글자를 집자할 수 있는 글자가 있는지 본 적이 없을 뿐만 아니라, 필자가 소장하고 있는 『월인천강지곡』 영인본을 수차례 검토해봐도 世를 '세'로 大를 '대'로 표기한 사례가 없는데 근거가 있다고 주장을 하니 어안이 벙벙할 수밖에 없다. 그리고 서울시가 인용한 『훈민정음 해례본』은 그 이름이 5 解(제자해, 초성해, 중성해, 종성해, 합자해)와 1 例(용자례)로 편찬되었기 때문에 '해례'라고 한 것이고, 그 5해 중 「합자해」에서 중요하게 다루는 '초성, 중성, 종성 3성이 합하여 글자를 이룬다'라는 훈민정음 창제 원리를 도외시한 한글학회와 세종대왕 기념사업회 자문위원들이 자문했다고는 믿기지 않을 뿐만 아니라 『훈민정음 언해본』의 「어제 서문」에서도 '솅조'이라고 표기되어 있지 '세조' 이라도 되어 있지 않음은 중등교육을 받은 대한민국의 국민이라면 누구나 알 수 있는 사실을 우겨대는 서울시는 과연 훈민정음에 대한 기본 상식이 있는지 의심하지 않을 수가 없다.

더욱이 '세종대왕' 글자도 작품 디자인의 일부라고 설명하였는데, 서두에서 인용한 세종대왕 동상의 건립 취지에 대해서 한국관광공사의 홈페이지에 소개한 내용처럼 "-전략- 새로운 정신으로 세종대왕 동상을 건립하여 민족의 자긍심을 높이고, 민족의 우수성을 세계에 널리 알리기 위해…"서라면 오히려 세종대왕의 여러 업적 중 '훈민정음' 창제가 가장 뛰어난 업적이라는 점을 대외적으로 알리려면 디자인보다 더 중요한 것은 훈민정음 창제 원리에 맞는 정확한 표기법으로 표기하였을 때 광화문을 찾는 국민뿐만 아니라 세계 각국의 관광객에게 훈민정음에 대한 바른 인식과 문자와 문화 강국이라는 이미지를 심어줄 수 있다는 것을 대한민국의 수도 서울시가 인식했으면 좋겠다는 바람이다.

---



[훈민정음 칼럼]-19

# 훈민정음을 연구한 조선 시대 학자 열전(2)

논설위원 박 재 성

교육학박사
훈민정음기념사업회 이사장
훈민정음탑건립 상임조직위원장

"세종 28년에 세종대왕이 창제하신 훈민정음은 그 예(例)가 반절(反切 두 한자의 음을 반씩만 따서 한 음으로 읽는 방법)의 뜻을 취했고, 그 모습은 서로 바꾸면서 1배(倍)를 보태는 법을 사용했다.

그 글은 점과 획이 매우 간단하면서도 맑고 탁하고, 열리고 닫히며, 초성, 중성, 종성이 서로 어울려 붙어 있어서 마치 그림자처럼 보인다.

그 글자가 많지 않지만, 그것을 사용하는 방법이 매우 세밀하여 쓰기가 매우 편하고, 배우기도 매우 쉬우며, 천만 가지 말들을 다 표현할 수가 있다. 비록 여성이나 아이들이라도 모두 사용하여 글로 표현하고 정을 통할 수가 있다.

이것은 옛 성인(聖人)이 미처 연구하여 만들지 못한 것이고, 온 천하를 통틀어도 없는 것이다.

여러 나라가 쓰는 문자가 있지만, 모두가 어지럽고 보잘것없는데, 훈민정음은 비단 우리나라에만 그 혜택이 미치는 것이 아니라 온 천하 성음(聲音)의 대전(大典)이 될 만하다. 그래서 성인께서 만든 뜻이 정미하고도 깊지만, 당시 유신들이 해석을 제대로 하지 못하여 후세의 백성들이 날마다 쓰면서도 모르고 있다.

성음의 이치가 밝지만 앞으로 다시 어두워질 것이다.

나같이 천한 사람이 어찌 감시 그 심오한 이치의 만분의 일이라도 알겠느냐마는 좁은 구멍으로 엿보고 추측하여 이 도해를 만들어 놓이에 붙이고자 한다. 그저 잊지 않겠다는 뜻만 있을 뿐이다."

윗글은 조선시대 영조 때 지리학자 신경준(申景濬 1712~1780)이 그의 저서 《훈민정음운해(訓民正音韻解)》의 후반부에 첨가한 〈훈민정음도해서(訓民正音圖解序)〉라는 글을 통해서 밝힌 심경이다.

그런데 신경준이 《훈민정음운해》를 집필을 할 때 《훈민정음 해례본》을 보고서 자신의 주장을 편 것인지, 아니면 그 책을 보지 못했는지 궁금하다. 왜냐하면, 그의 저서에서 확인한 신경준의 해석은 소옹(邵雍)의 성운해(聲韻解) 이론에 너무 집착하여 음성학의 측면에서는 진보된 것이 많지만, 정작 훈민정음의 고유한 문자적 특성을 밝히는 데에는 이르지 못하였기에 《훈민정음 해례본》과 비교해 보면 비슷한 점도 있지만, 오히려 후퇴한 듯한 느낌을 주기 때문이다.

그러나 위 도해 서문은 훈민정음 창제 약 300여 년이 흐른 뒤에도 훈민정음의 우수성을 정확히 서술하고 있을 뿐만 아니라 세종을 성인(聖人)으로 평가하면서 최고의 존경심을 나타내고 있다는 점을 눈여겨볼 만하다.

그리고 위의 인용문에서 "당시 유신들이 그 심오한 이치를 충분히 해석하지 못했다"라고 한 말이 해례본의 미흡함을 지적한 것인지, 아니면 정인지 등이 쓴 서문이 미흡하다는 것인지 알 수는 없지만, 신경준은 신숙주의 막내아우 신말주의 10대손이므로 세종대 이후 훈민정음을 연구한 조선 시대 학자 중 훈민정음 해례본을 보았을 가능성이 크다고 추측할 수 있다.

이밖에도 신경준과 비슷한 시기의 실학자 이사질(李思質 1740~1794)은 ≪훈음종편(訓音宗編)≫이라는 글에서 훈민정음 제자의 원리에 대한 의견을 적었는데, 전 세계의 어마어마한 화제를 몰고 왔던 '오징어 게임'에 등장한 ○, □, △의 유래를 밝힐 수 있는 실마리를 제공할 수 있는 글이기에 다음에 기회가 있으면 다뤄보고자 한다.

# 발문

　박재성 이사장의 문장력은 이미 〈소설로 만나는 세종실록 속 훈민정음〉에서 무게 있게 보여준 바 있거니와 그의 첫 산문집인 '훈민정음에서 길을 찾는다'에서도 감각적이고 날카로운 그의 역사의식이 잘 표현되어 있다.

　한문교육학 박사인 박 이사장은 어떤 의미에서 훈민정음을 위해 태어난 사람처럼 느껴진다. 4년 전 천년 앞을 내다보는 대한민국의 상징으로 훈민정음 탑을 건립하겠다고 찾아왔을 때 한바탕 지나가는 객기쯤으로 여겼으나, 그는 '훈민정음의 오해와 진실'이라는 주제로 각 전후방 가리지 않고 군부대를 찾아가 강연을 하여 젊은 군인들과 소통을 하는 훈민정음 전도사이고, '훈민정음 노래'와 '훈민정음 28자'라는 곡을 쓴 작사가로, 국립합창단의 창작합창서사시 '훈민정음' 제호를 쓴 서예가 등 다방면에서 활동을 하고 있기 때문이다.

　그렇게 활동하는 중에도 「서예문인화」 같은 월간지나 「국방일보」 등 여러 매체에 칼럼을 쓰다가, 반년 전부터는 이틀에 한 번씩 칼럼을 써서 카톡으로 보내오기에 몇 번 보내다가 그만두겠지 했는데, 벌써 50여 회나 된다면서 그동안 쓴 글들을 모아서 첫 번째 산문집 '훈민정음에서 길을 찾는다'를 출간하게 되었다고 축사를 청한다.

링컨이 죽었을 때 그에 대한 최대의 칭찬은 '그는 한 사람의 평범한 시민이었다'라고 하거니와 이 말 속에는 평범하다는 것이 자기의 하는 일에 충실했다는 것으로 나는 풀이한다.

박 이사장을 만날 때 내가 느끼는 평범함은 자기가 할 일을 알고 있다는 것이 믿음직하다는 것이다. 그의 훈민정음에 대한 집념이 담긴 이 산문집은, 문자에서 포괄하기 힘든 영역까지를 일단 다 반영하겠다는 의지의 일환으로 보여지며 이러한 노력은 시대와 역사에 대한 그의 성실한 학구적 자세로 구체화 되고 있다.

박 이사장의 역작 산문집 '훈민정음에서 길을 찾는다'라는 이 책을 손에 들게 되는 사람들은 잊을 수 없는 책 가운데 또 한 권의 책으로 기억하리라 생각하면서 출간을 축하하는 발문을 맺는다.

2024년 4월

제56대 부총리 겸 교육부장관
사단법인 훈민정음기념사업회
훈민정음탑건립조직위원회
대표조직위원장 **황 우 여**

# 후 기

　나는 국문학자가 아니다. 10살 때부터 한문만 공부해 온 말 그대로 뼛속까지 한문이 스며들어 있는 한문학자이다.

　그러던 내게 국문학자이셨던 선친께서 남겨주신 수많은 장서 속에서 《훈민정음해례본》 원본을 찍은 사진을 발견하면서 한문으로 쓰인 『훈민정음』과 처음 만나게 되었다.

　그것이 내 삶의 변환점이 되었다. 그 후 그저 아무런 이유 없이 『훈민정음』이 좋았다. 아주 오래전부터 알아 왔던 것처럼 내 삶의 시간을 점령하고 있었다.

　시간이 더해 갈수록 세종께서 온갖 역경을 극복하면서 창제하여 주신 『훈민정음』이 뜻밖에도 놀라우리만치 너무 많이 왜곡되고 있는 현실을 보게 되면서 안타까운 마음으로 창제 정신이 올바르게 계승되었으면 하는 바람으로 훈민정음을 연구하면서 알게 된 사실들을 알리기 위해 강연하고 글을 쓰기 시작했다.

　그리고 서두르지 않고, 천천히 한 걸음 한 걸음 묵묵히 걸어가야겠다고 스스로 다짐하면서 부족한 나에게 기도하는 일과 더불어 쓰는 일까지 주신 하나님께 감사를 드릴 뿐이다.

　평소 즐겨 읽었던 「백범일지」에서 만난 다음의 글귀가 오늘 우리에게 훈민정음이 있다는 사실에 자부심을 느끼게 하는 의미로 다가왔다.

　"나는 우리나라가 세계에서 가장 아름다운 나라가 되기를 원한다. 가장 부강한 나라가 되기를 원하는 것은 아니다. 내가 남의 침략에 가슴이 아팠으니, 내 나라가 남을 침략하는 것을 원치 아니한다. 우리의 부력(富力)은 우리의 생활을 풍족히 할 만하고, 우리의 강력(強力)은 남의 침략을 막을 만하면 족하다. 오직 한없이 가지고 싶은 것은 높은 문화의 힘이다. 문화의 힘은 우리 자신을 행복하게 하고, 나아가서 남에게 행복을 주기 때문이다."

　끝으로 바쁘신 중에도 귀한 발문으로 격려해 주신 훈민정음 탑 건립 조직위원회 대표조직위원장 황우여 제56대 부총리 겸 교육부 장관님, 그리고 생면부지인 서생의 요청에 훈민정음기념사업회의 진정성을 알아봐 주고 조건 없이 귀한 삽화의 사용을 허락해 주신 장선환 화백과 출판 불황 속에서도 기도로 결행하신 가나북스 배수현 대표님께 깊은 감사의 마음을 전한다.

훈민정음 창제 580년 4월

사단법인 훈민정음기념사업회
이사장 **박 재 성**

| 글쓴이 소개 |

# 박재성 朴在成(호: 鯨山, 滿波, 夏川)

· 명예효학박사(성산효대학원대학교)
· 교육학(한문전공) 박사(국민대학교 대학원)
· 고려대학교 대학원 최고경영자과정 수료
· 전) 중국산동대학교 객원 교수
· 전) 서울한영대학교 교육평가원 원장
· 한국고미술협회 감정위원
· 훈민정음 신문 발행인
· 사단법인 훈민정음기념사업회 이사장 겸 회장
· 훈민정음 탑 건립 조직위원회 상임조직위원장
· 훈민정음 대학원 대학교 설립추진위원회
  상임추진위원장

## 수상 실적
· 국전 서예부문 특선 1회, 입선 2회(86~88)
· 무등미술대전 서예부문 4회 입특선(85~89) /
  전각부문 입특선(87~88)
· 한양미술대전 서예부문 대상(1987)
· 아세아문예 시 부문 신인상 수상(2015)
· 고려대학교 총장 공로패(2016)
· 대한민국문화예술명인대전 한시
  명인대상 2회 연속 수상(2016, 2017)
· 서욱 국방부장관 감사장(2021)
· 제8군단 군단장 강창구 중장 감사장과 감사패(2021)
· 제15보병사단 사단장 김경중 소장 감사장(2022)
· 육군사관학교 교장 강창구 중장 감사패(2022)
· 육군참모총장 남영신 대장 감사장(2022)
· 육군참모총장 박정환 대장 감사장(2022)
· 지상작전사령부 사령관 전동진 대장 감사장(2022)
· 공군사관학교 교장 박하식 중장 감사장(2022)
· 제55보병사단 사단장 김진익 소장 감사장(2023)
· 한국을 빛낸 자랑스러운 한국인 대상(2023)
· 제5군단 군단장 김성민 중장 감사패(2023)
· 드론작전사령부 사령관 이보형 소장 감사장과 감사패
  (2023)
· 육군참모총장 박안수 대장 감사장(2024)
· 동원전력사령부 사령관 전성대 소장 감사패(2024)

## 작품 활동
· 성경 서예 개인전 2회(금호 미술관. 1986, 1988)
· CBS-TV방송 서예초대전(1984)

· 임진각 『평화의종 건립기념』비문 찬(1999)
· 원폭 피해자 평화회관 건립 도서화전 초대 출품
  (서울, 동경 1990)
· 강원도 설악산 백담사 『춘성대선사』비문 서(2009)
· 국방일보 〈한자로 쉽게 풀이한 군사용어〉 연재 중
  (2020~현재)
· 월간 서예문인화 〈훈민정음 칼럼〉 연재 중
  (2021. 4월호~현재)
· 제8군단사령부 구호 휘호(2022)
· 드론작전사령부 창설부대명 휘호(2023)
· 육군훈련소 구호 휘호(2024)
· 동원전력사령부 구호 휘호(2024)
· 제5군단사령부 '스맛디' 휘호(2024)

## 저서
· 서예인을 위한 한문정복요결(1989 국제문화사)
· 한자활용보감(2000 학일출판사)
· 한자지도 완결판(2004 이지한자)
· 간체자 사전 2235(2011 도서출판 하일)
· 성경보감(2011 도서출판 나)
· 한자에 숨어 있는 성경 이야기(2011 도서출판 나)
· 신비한 성경 속 한자의 비밀(2013 가나북스)
· 맛있는 성경 상식(2013 가나북스)
· 재밌는 성경 속 사자성어(구약편)(2013 가나북스)
· 재밌는 성경 속 사자성어(신약편)(2013 가나북스)
· 인성보감(2016 한국교육삼락회)
· 세종어제 훈민정음 총록(2020 문자교육)
· 특허받은 훈민정음 달력(2023 훈민정음 주)
· 훈민정음 경필쓰기 검정(2024 가나북스)
· 소설로 만나는 세종실록 속 훈민정음(2024 가나북스)
· 훈민정음 언해본 경필쓰기(2024 가나북스)
· 훈민정음 해례본 경필쓰기(2024 가나북스)
· 훈민정음 해설사 자격시험 예상문제집(2024 가나북스)
· 우리말로 찾는 정음자전(2024 가나북스)
· 어린이 훈민정음을 위한 교과서 한자어[전학년]
  (2024 가나북스) 외

## 글쓴이와 소통
(사)훈민정음기념사업회 www.hoonminjeongeum.kr

| 참고 문헌 |

·《조선왕조실록》 국사편찬위원회
·《국어국문학자료사전》 1998. 이응백, 김원경, 김선풍
·《한국민족문화 대백과사전》 한국정신문화연구원
·보성 중학교 인수와 훈민정음 구입.《간송미술문화재단》
·김은주의 시선 - 전형필의 문화유산 지키기. 연합뉴스. 2017.07.27.
·김용직 - 김태준 평전 : 지성과 역사적 상황. 2007년
·박종덕 - 훈민정음해례본의 유출에 대한 연구.《한국어학》 31호, 2006년
·김주원 - 훈민정음해례본의 뒷면 글 내용과 그에 관련된 몇 문제《국어학회》 45호, 2005년
·조동진 - 훈민정음 해례본 5백년만에 '햇빛' / 안동 MBC. 2008.07.31.
·박영규 - 한권으로 읽는 조선왕조실록. 웅진지식하우스 1996년 110쪽
·'라랴러려' 분청사기..."16세기 지방 하층민도 한글 사용". YTN. 2011.09.08.
·이진명 - 훈민정음 해례본 - 한글의 창제 목적과 원리를 밝히다.《간송미술문화재단》
·《한국민속 대백과사전》 한글날 (문화체육관광부, 국립민속박물관)
·최준식 - '한글' 세상에서 가장 신비한 문자.《간송미술문화재단》
·장용준(장콩), 조성덕, 양희석, 주상태 - '훈민정음' 세계가 인정하는 우리글
《장콩 선생님과 함께 묻고 답하는 세계문화유산 이야기(한국편)》, 2011.03.15.
·박영준 외 - 한글 가치의 재발견, 주시경《우리말의 수수께끼》, 2002.04.20.
·훈민정음 [訓民正音]《한국고전용어사전》, 2001.03.30. 세종대왕기념사업회
·한글글꼴용어사전, 2000. 12. 25. 세종대왕기념사업회 한국글꼴개발연구원
·김범, 장선환 - '최만리[崔萬理]' 한글 창제에 반대 상소를 올린 집현전의 수장
《인물한국사》
·《세종실록》 세종 26년, 1444년 2월 16일
·문중양 외 - 15세기, 조선의 때 이른 절정.《민음 한국사》166-168쪽. 2014년
·이진명 - '훈민정음 해례본' 한글의 창제 목적과 원리를 밝히다
《위대한 문화유산, 간송미술문화재단》
·박영준, 시정곤, 정주리, 최경봉 - 새로운 시작, 훈몽자회《우리말의 수수께끼》, 2002.04.20.
·박재성 - 세종어제 훈민정음 총록.《주식회사 문자교육》 2020.10.20.
·훈민정음 해례본 나무위키 https://namu.wiki/w/훈민정음
·훈민정음 위키백과 https://ko.wikipedia.org/wiki/훈민정음

∷如欲字中聲

ㅛᄂᆞᆫ如셩欲욕字ᄍᆞᆼ中듕聲셩ᄒᆞ니라

ㅛᄂᆞᆫ如셩欲욕字ᄍᆞᆼ가온딧소리ᄀᆞ튼니라

ㅑ如穰字中聲

ㅑᄂᆞᆫ如셩穰양字ᄍᆞᆼ中듕聲셩ᄒᆞ니라

ㅑᄂᆞᆫ如셩穰양字ᄍᆞᆼ가온딧소리ᄀᆞ튼니
라

凡뻠字ᄍᆞᆼㅣ必必合ᅘᆞᆸ而ᅀᅵ成쎵音ᅙᆷ
ᄒᆞ니

凡뻠은믈읫ᄒᆞ논ᄠᅳ디라必비ᇙ은모
로매ᄒᆞ논ᄠᅵ라成쎵은일씨라

들읫字ᄍᆞᆼㅣ모로매어우러ᅀᅡ소리이
ᄂᆞ니

∷如戌字中聲

ㅠᄂᆞᆫ如셩戌ᇙ字ᄍᆞᆼ中듕聲셩ᄒᆞ니라

ㅠᄂᆞᆫ如셩戌ᇙ字ᄍᆞᆼ가온딧소리ᄀᆞ튼니라

ㅕ如彆字中聲

ㅕᄂᆞᆫ如셩彆ᄫᅵᇙ字ᄍᆞᆼ中듕聲셩ᄒᆞ니라

ㅕᄂᆞᆫ如셩彆ᄫᅵᇙ字ᄍᆞᆼ가온딧소리ᄀᆞ튼니
라ᄒᆞ논ᄠᅵ라

終즁聲셩은復뿡用용初총聲셩ᄒᆞ니

乃냉終즁ㄱ소리ᄂᆞᆫ다시첫소리를ᄡᅳ
ᄂᆞ니라

ㅇ을連련書셔脣쓘音ᅙᆷ之징下ᅘᅡᆼᄒᆞ면
則즉爲윙脣쓘輕켱音ᅙᆷᄒᆞᄂᆞ니라連련은니ᅀᅥ
ᄡᅳ라논니라

ㅇ을입시울쏘리아래니ᅀᅥ쓰면입시
울가ᄇᆡ야ᄫᆫ소리도외ᄂᆞ니라